Kohlhammer
Urban-
Taschenbücher

16.

Band 32

Rudi Paret

Mohammed und der Koran

Geschichte und Verkündigung des arabischen Propheten

Sechste Auflage

Verlag W. Kohlhammer
Stuttgart Berlin Köln Mainz

Umschlagbild: Handschrift Ma VI 214. 16. Jh. Sure 87, 1–3. Universitätsbibliothek Tübingen. Text in deutscher Übersetzung:
»Im Namen des barmherzigen und gnädigen Gottes.
Preise den Namen deines (aller)höchsten Herrn,
der (den Menschen) geschaffen und geformt,
und der (ihm sein) Maß und Ziel
gesetzt und (ihn) rechtgeleitet hat.«

CIP-Kurztitelaufnahme der Deutschen Bibliothek

Paret, Rudi:
Mohammed und der Koran: Geschichte u. Verkündigung
d. arab. Propheten / Rudi Paret. –
6. Aufl. – Stuttgart, Berlin, Köln, Mainz:
Kohlhammer, 1985.
(Urban-Taschenbücher; Bd. 32)
ISBN 3-17-008998-6
NE: GT

Sechste Auflage 1985

Verlagsort: Stuttgart
Umschlag: hace
Gesamtherstellung: W. Kohlhammer GmbH
Grafischer Großbetrieb Stuttgart
Printed in Germany

Inhalt

Der Inhalt der frühesten Verkündigungen

Der Glaube an den allmächtigen Schöpfergott

Die frühere Heilsgeschichte

Der Unglaube der Mekkaner

Die Auseinandersetzung mit den Juden

Vorbemerkung

Die *Umschrift* arabischer Wörter und Eigennamen erfolgt nach den von der Deutschen Morgenländischen Gesellschaft ausgearbeiteten Regeln, wobei jeder arabische Buchstabe durch einen einzigen lateinischen Buchstaben wiedergegeben wird. Zur *Aussprache* ist folgendes zu bemerken: Der Buchstabe ḍ gibt ein etwas dumpf klingendes stimmhaftes d wieder; ḏ stimmhaftes englisches th; ǧ stimmhaftes dsch; ġ ein erweichtes, dem Gaumen-r ähnliches g; ḥ ein scharfes, ganz hinten in der Kehle gesprochenes h; ḫ das rauhe ch wie im Schweizerdeutschen; q ein hinten am Gaumensegel gesprochenes k ohne folgenden Hauchlaut; š stimmloses sch; ṣ ein breites stimmloses s; ṭ ein dumpfes t ohne folgenden Hauchlaut; ṯ stimmloses englisches th; z ist immer als stimmhaftes s zu sprechen (so wie s immer als stimmloses s); ẓ ist ein dumpfes, stimmhaftes s oder ein ebensolches ḏ. Mit ʾ wird der in der Kehle gebildete schwache Explosionslaut bezeichnet, wie er im Deutschen vor jedem anlautenden Vokal gesprochen wird; mit ʿ ein eigenartig gepreßter, ganz weit hinten gebildeter a-haltiger Kehllaut. Der Buchstabe y ist Konsonant und entspricht dem deutschen j. Die Kürze der Vokale wird nicht besonders, die Länge mit übergesetztem Strich (ā ī ū) wiedergegeben.

Betont wird jeweils die letzte Silbe des Wortes, wenn sie aus einem langen Vokal oder Diphtong und schließendem Konsonanten besteht (z. B. islám, Ḥunáin, aber Mínā), andernfalls die vorletzte Silbe, wenn sie (bei mehr als zweisilbigen Wörtern) einen langen Vokal oder einen Diphtong hat oder mit einem Konsonanten schließt (z. B. Muḥámmad), sonst die vorletzte Silbe.

Bei der Zitierung von Koranstellen werden die Verse nicht mehr wie in den früheren Auflagen nach der veralteten Textausgabe von Flügel gezählt, sondern nach der für wissenschaftliche Arbeiten vorzuziehenden offiziellen ägyptischen Ausgabe mit sogenannter kufischer Verszählung. Diese ist auch in der Kohlhammerschen Taschenbuchausgabe der Koranübersetzung ([1]1979, [2]1980) allein berücksichtigt, so daß alle im Buch zitierten Stellen ohne Schwierigkeit identifiziert werden können. Bei Übersetzungsproben wird der Beginn eines neuen Verses durch ein Sternchen (*) angedeutet.

Abgesehen von der Umstellung auf die kufische Verszählung und der Anpassung wörtlich zitierter Koranstellen an die neueste Fassung der Übersetzung sind im Text und in den Literaturangaben gegenüber der 4. Auflage nur ganz geringfügige Änderungen vorgenommen worden.

Einleitung: Die Umwelt

Die arabische Halbinsel ist auf der Landseite fast ebensosehr isoliert wie auf den Seiten, auf denen sie vom Meer umschlossen wird. Hafenstädte wie Dschidda und Aden sind leichter zu erreichen als etwa von Syrien aus die ersten größeren Oasenstädte jenseits des Wüstengürtels. Nur wenige Karawanenstraßen führen aus dem Innern durch das Wüstengebiet hindurch in die Kulturländer, bzw. von den Kulturländern in das Innere des Landes. Auf ihnen hat sich nie ein Massenverkehr abgespielt. Mit Heerstraßen sind sie nicht gleichzusetzen.

Das muß man sich einmal klar gemacht haben, um zu verstehen, daß jene Gegend, in der Mohammed im 7. Jahrhundert unserer Zeitrechnung mit seiner Botschaft aufgetreten ist, recht eigentlich in einem toten Winkel lag. Die Geschichte der großen Welt hat Arabien abseits liegen lassen. Die kriegerischen Auseinandersetzungen, die im Altertum im Vorderen Orient ausgetragen worden sind, haben die Halbinsel der Steppen und Wüsten in einem großen Bogen umgangen. Von den Großmächten aus gesehen war und blieb Arabien ein verschlossenes, barbarisches Land. Man mußte zufrieden sein, wenn man grenznahe Beduinenverbände für sich gewinnen und auf diese Weise das Kulturland gegen die Steppe abschirmen konnte. Mit dem Binnenland wollte man nichts zu schaffen haben.

Auch der Austausch geistiger Güter hatte unter der Verkehrsfeindlichkeit der arabischen Halbinsel zu leiden. Das kulturelle und im besonderen das religiöse Geschehen bewegte sich in der Hauptsache ebenso wie das politische an Arabien vorbei. Es beschränkte sich anfangs jeweils auf die Kulturländer und ließ die Halbinsel abseits liegen. Nur langsam und erst nachträglich setzte ein Einsikkerungsprozeß ein, und zwar in Richtung vom Kulturland nach dem Innern. So hat vor allem religiöses Gedankengut von Palästina, Syrien und Irak aus bei der grenznahen arabischen Bevölkerung Eingang und Anklang gefunden und ist von dort immer weiter, aber dafür mit abnehmender Intensität, nach Innerarabien durchgesickert. Im großen und ganzen handelt es sich dabei um Ideen und Vorstellungen christlicher und jüdischer Herkunft. Die Wiege des Islam lag zwar am Rand der Ökumene, aber doch noch im Strahlungsbereich der beiden älteren Schwesterreligionen.

Die religiös-politische Gemeinschaft der Juden hat den Höhepunkt ihrer Geschichte bekanntlich in Palästina erlebt, in unmittelbarer Nachbarschaft mit Arabien, aber mit deutlichem Abstand von diesem Land der Steppen und Wüsten. Erst in nachchristlicher Zeit hat sie auf Arabien übergegriffen, und auch da nur mit einzelnen, vom Gesamtvolk abgesplitterten Gruppen. Immerhin sind seit dem 1. Jahrhundert n. Chr. Vertreter des Judentums in Arabien nachweisbar. Vermutlich sind im Anschluß an die Eroberung Jerusalems durch Titus (70 n. Chr.) und an die Niederschlagung des Aufstands von Bar Kochba (135 n. Chr.), vielleicht auch noch später, geschlossene Gruppen von Juden aus Palästina nach Arabien eingewandert. Sie haben sich in verschiedenen Oasen des nordwestlichen Arabien festgesetzt und sind im Lauf der Zeit durch Übertritte von Arabern wenigstens zahlenmäßig weiter verstärkt worden. Wie das im einzelnen vor sich gegangen ist, läßt sich nicht mehr ausmachen. Nur das Endergebnis ist greifbar. Es datiert aus der ersten Hälfte des 7. Jahrhunderts, also aus der Zeit Mohammeds, und ist in den arabischen Werken über die frühislamische Geschichte, mittelbar auch im Koran literarisch bezeugt. Damals bestanden geschlossene jüdische Siedlungen in Taimā, Fadak, Ḫaibar, Wādi l-Qurā und in Medina. Im letztgenannten Ort machten die Juden, solange sie noch nicht von Mohammed des Landes verwiesen oder auf andere Weise dezimiert worden waren, etwa die Hälfte der gesamten Einwohnerschaft aus. Außerdem war das Judentum in Südarabien vertreten, nachweisbar allerdings erst vom 4. Jahrhundert an.

Die jüdischen Siedlungsgruppen des nordwestlichen Arabien – nur über sie liegen einigermaßen brauchbare Angaben vor – waren stammesmäßig gegliedert und anscheinend auch sonst durch die beduinisch-arabische Lebensform stark beeinflußt. Und doch hoben sie sich vom übrigen arabischen Milieu auch wieder deutlich ab. Sie gehörten durchweg der seßhaften Bevölkerung an und verdienten ihren Lebensunterhalt mit landwirtschaftlicher, teilweise auch mit handwerklicher Betätigung, außerdem durch Handel und Geldgeschäfte. Ihr eigentliches Charakteristikum bestand aber in ihrer Zugehörigkeit zur jüdischen Religion. Sie besaßen ihre heilige Schrift, die Thora, die wohlgemerkt nicht ins Arabische übersetzt war, also in einer landfremden Sprache verlesen wurde. Sie hatten ferner ihre eigenen gottesdienstlichen Riten und waren sich bewußt, Träger einer besonderen Heilsgeschichte zu sein.

Auf die zeitgenössischen Araber müssen diese in Arabien lebenden

Juden einen zwiespältigen Eindruck gemacht haben. Einerseits waren sie dem arabischen Milieu zuzurechnen. Sie unterhielten sich mit den Arabern in der Sprache des Landes. Einzelne Juden versuchten sich sogar in der einheimischen Dichtkunst, wobei sie sich in Form und Inhalt streng an den Typus hielten und auf alle Individualität verzichteten. In der Landesgeschichte – wenn man von einer solchen überhaupt sprechen darf – spielten sie eine ähnliche Rolle wie die einheimischen Sippenverbände und Stämme. Sie waren in verschiedene politische Einheiten aufgespalten, und diese schlossen sich ihrerseits mit verschiedenen arabischen Einheiten in Form von Bündnissen und Klientelverhältnissen zusammen. Die einzelnen Gruppen der jüdischen und der arabischen Bevölkerung waren so in der landesüblichen Weise ineinander verzahnt. Das gilt zum mindesten für die Verhältnisse in Medina, über die wir einigermaßen gut unterrichtet sind. Zwischen Juden und Arabern ließ sich hier, wenigstens im Bereich der politischen Ordnung, keine klare Grenzlinie mehr ziehen. Alles war partikularistisch durchsetzt und aufgespalten. Die Einheitlichkeit der großen Kollektive hatte sich in ein buntes Gewirr von Querverbindungen aufgelöst. Die Judenschaft von Medina ist ja dann auch dem Propheten gegenüber nie als eine geschlossene Einheit aufgetreten. Damit ist aber nur die eine Seite des Phänomens gekennzeichnet, die der politischen Gliederung. Auf der anderen Seite, im Bereich des Religiösen, wollten die Juden nach wie vor etwas Besonderes sein. Sie glaubten, das Jenseits „gepachtet zu haben“ (wenn man den Wortlaut von Sure 2, 94 so frei wiedergeben darf. Sie behaupteten, echt arabisch ausgedrückt, im Gegensatz zu den übrigen Menschen in einem besonderen Klientelverhältnis zu Gott zu stehen (62, 6). Die arabischen Zeitgenossen haben eine solche Einstellung zuerst wohl als anmaßend empfunden, vielleicht auch als lächerlich. Jedenfalls stand sie im Widerspruch zu all dem, was sie von ihren Vätern und Vorvätern überkommen hatten.
Aber eines ist dabei zu beachten. Die Juden waren in Medina schon seit Generationen ansässig. Man hatte sich an sie gewöhnt, auch daran, daß sie in mancher Hinsicht anders waren als die übrigen Zeitgenossen. Die Araber lernten an ihrem Beispiel, an der Tatsache, daß sie in ihrem Dasein anders waren als sie selber, eine Art Toleranz. Und mehr noch als das. In der dauernden Berührung mit ihnen mochte man mit manchen Einzelheiten aus ihren Glaubenslehren und ihrer heilsgeschichtlichen Überlieferung vertraut geworden sein. Vermutlich ist auch die Vorstellung, daß irgendeinmal ein neuer Heilsbringer, ein Messias, auftreten werde, nicht auf den Kreis der Juden beschränkt geblieben. Jedenfalls griff jüdisches

Gedankengut zwangsläufig, wenn auch unkontrollierbar, auf die arabische Umwelt über. Der zur Unfruchtbarkeit erstarrte Boden der einheimischen Tradition wurde mit neuen, keimkräftigen Ideen durchsetzt und innerlich aufgelockert. Kein Wunder, daß Mohammed, nachdem er mit seiner religiösen Botschaft in Mekka tauben Ohren gepredigt hatte, schließlich eben von den Arabern von Medina, der Stadt der Juden, gehört und verstanden worden ist.

Christliche Missionierung

Die jüdischen Siedlungen standen in ihrer Umwelt auf verlorenem Posten. Es waren Kolonien, die kein Mutterland mehr besaßen. Ganz auf sich selbst gestellt, liefen sie Gefahr, infolge einer geistigen Inzucht wenn nicht abzusterben, so doch zu verknöchern. Das jüdische Reich, aus dem sie vor Jahrhunderten abgesprengt waren, gehörte der Vergangenheit an und lebte nur mehr in der Erinnerung fort. Alle politischen Erwartungen und Hoffnungen hatten sich ins Eschatologische verflüchtigt.

Die Christen, die zur Zeit von Mohammeds Auftreten in Arabien lebten, befanden sich in einer wesentlich günstigeren Lage. Sie bezogen ihre geistige Nahrung aus den an die Halbinsel angrenzenden Kulturländern, – aus Gebieten, in denen das Christentum schon längst festen Fuß gefaßt hatte, und in denen es fortdauernd eine das ganze Leben bestimmende Macht ausübte. Im Nordwesten und Westen lagen Syrien, Palästina und Ägypten, Provinzen des allerchristlichsten Reiches der Byzantiner. Das Zweistromland, das im Norden vorgelagert war, gehörte zwar größtenteils zu dem nichtchristlichen Reich der Sasaniden. Aber die Mehrzahl der Bevölkerung bekannte sich auch hier zum christlichen Glauben. Im Südwesten, jenseits des Roten Meeres, lag ein weiterer christlicher Machtblock: das Reich des Negus von Abessinien. Hier war ebenso wie in Byzanz das Christentum bereits im 4. Jahrhundert zur Staatsreligion erhoben worden. Vor allem Südarabien stand von da ab im Ausstrahlungsbereich des abessinischen Christentums. In den Jahren 525–575 war es sogar unmittelbares abessinisches Herrschaftsgebiet. Anschließend geriet das Land allerdings unter die Oberhoheit der Sasaniden. Das christliche Reich jenseits des Roten Meeres blieb aber auch so noch in erreichbarer Nähe. Als sich um 615, einige Jahre vor der bekannten Hiğra, eine Gruppe von Mohammeds Anhängern unter dem Druck ihrer heidnischen Landsleute zur Emigration entschlossen, wandten sie sich eben nach Abessinien. Das Reich des christlichen Negus war, von Mekka aus gesehen, das nächstgelegene Asyl.

Unter den genannten Umständen ist es nicht zu verwundern, daß das Christentum in den Randgebieten der arabischen Halbinsel am stärksten vertreten war, d. h. eben in denjenigen Landstrichen, die den christianisierten Kulturländern am nächsten lagen. Mit der Entfernung vom Kulturland nahmen die arabischen Christen zahlenmäßig ab. Eine Ausnahme bildete nur die Gemeinde von Nağrān im Innern von Südarabien, eine Art Enklave, die sich als geschlossene christliche Siedlung jahrhundertelang gehalten hat. In der Regel war das Christentum – im Gegensatz zum Judentum – nicht in der seßhaften, sondern in der nomadisierenden Bevölkerung heimisch geworden. Die alten beduinischen Formationen blieben bei der Annahme des Christentums im allgemeinen bestehen. Die kleinen Gruppen und Einzelgänger, die zur neuen Religion übertraten, wanderten daraufhin nicht etwa aus, schlossen sich anscheinend auch nicht mit anderen christlichen Arabern enger zusammen, sondern gehörten nach wie vor der alten Stammes- und Sippengemeinschaft an, – eine Regel, die nur von den ʿIbād in Ḥīra, einer christlichen Siedlung am Rand des Zweistromlandes, durchbrochen worden zu sein scheint. Diese Freiheit, um nicht zu sagen Achtlosigkeit in Fragen der äußeren Organisation war dadurch bedingt und möglich, daß die arabischen Christen sich noch nicht als Glieder eigenständiger Kirchen und Gemeinden fühlten. Sie waren Hörige des Kulturlands. Sie hingen noch an den Rockschößen der syrisch-mesopotamischen Mutterkirchen. Kirchensprache war auch nicht etwa Arabisch, sondern Syrisch.

Die christliche Missionierungsarbeit wurde übrigens nicht von Vertretern der byzantinischen Staatskirche getragen, sondern von Vertretern der Ostkirchen, nämlich von Angehörigen des monophysitischen und – vor allem im Zweistromland – des nestorianischen Bekenntnisses. Die arabischen Christen gehörten also streng genommen nicht der Orthodoxie an. Wahrscheinlich waren auch Sektierer darunter. Sonst wäre Mohammed kaum mit der Lehre bekannt geworden, daß Christus nicht in eigener Person gekreuzigt worden sei (4, 157). Daß er die christliche Trinitätslehre nicht auf Gott Vater, Sohn und Heiligen Geist, sondern auf Gott, Jesus und Maria bezogen hat (5, 116), weist in dieselbe Richtung. Jedenfalls brachte er über das Leben und Wirken von Jesus herzlich wenig in Erfahrung. Ausführlicher wußte er über die Geburtsgeschichte und über die Jugend der Maria Bescheid, dies offensichtlich in Abhängigkeit vom apokryphen Protevangelium des Jakobus (3, 35–37). Zur Zeit des Propheten konnte man sich eben in Mekka nur mangel- und bruchstückhaft über das Christentum orientieren. Die Stadt lag – von den Kulturländern aus gesehen – zu sehr an der Peripherie. Die Flut der christlichen Missionsbewegung hatte sie nur mit einem letzten, schwachen Wellenschlag erreicht. Weder in Mekka noch in Medina hat es jemals eine christliche Gemeinde gegeben. Die wenigen Christen, die sich vorübergehend oder dauernd in der Vaterstadt des Propheten aufhielten, waren Einzelpersonen, in der Mehrzahl wohl Sklaven, die aus Abessinien oder Syrien stammten. Mochten sie von der Wahrheit ihres Glaubens noch so sehr überzeugt sein, so waren sie doch nicht gebildet genug, um wirklich sachkundig darüber aussagen zu können.

Die arabischen Christen haben allerdings nicht nur durch die Verbreitung ihrer Glaubensanschauungen auf ihre Umwelt gewirkt, sondern auch durch ihr persönliches Verhalten und durch ihre Frömmigkeitsübungen. Besonders die christlichen Mönche und Einsiedler haben unter den arabischen Zeitgenossen Aufsehen erregt, von den eigenartigen Säulenheiligen ganz zu schweigen. Ein altarabischer Sänger erwähnt in einem bekannten Gedicht die Lampe des Einsiedlers, die spät am Abend in die Finsternis hinausleuchtet. Der Durchschnittsaraber mit seiner realistischen, auf sich selbst bezogenen Einstellung muß sich zum mindesten gewundert haben, wenn er Selbstlosigkeit und hingebende Frömmigkeit in einem Mönch leibhaftig verkörpert fand. Im Koran heißt es einmal von den Anhängern Jesu, daß Gott ihnen Mitleid und Barmherzigkeit ins Herz gegeben habe (57, 27). Weiter wird – im Gegensatz zum Verhalten der zeitgenössischen Juden – ihre Demut gerühmt (5, 85). Besonderen Eindruck müssen sie jedoch mit ihren Gebetsübungen gemacht haben, mit all den Verneigungen und Niederwerfungen und der Verlesung heiliger Texte. Im islamischen Gebetsritus, so wie er von Mohammed eingeführt worden ist, wirkt noch heute das Vorbild christlich-arabischer (und jüdisch-arabischer) Kultformen nach.

Altarabische Götter

Den Ideen, Vorstellungen und Bräuchen christlicher und jüdischer Herkunft, die zu Beginn des 7. Jahrhunderts auf Arabien übergriffen oder bereits übergegriffen hatten, standen im Innern der Halbinsel jahrhundertealte, fest eingewurzelte Glaubensanschauungen und Lebensformen gegenüber. Man hat sie nachträglich unter dem Begriff der Ǧāhilīya, der »Unwissenheit«, d. h. des altarabischen Heidentums, zusammengefaßt. Mohammed ist in eben dieser Ǧāhilīya, der Welt heidnisch-arabischer Vorstellungen und Bindungen, aufgewachsen und groß geworden, ehe er, vom Vorstellungsgut der außerarabischen Kulturreligionen befruchtet, zum Propheten und zum Verkünder eines neuen Glaubens wurde.

Über die Glaubensvorstellungen der vorislamischen Araber sind wir nur mangelhaft unterrichtet. Weder die Inschriften noch die Nachrichten, die die arabischen Philologen und Historiker nachträglich zusammengestellt haben, vermitteln uns einen wirklichen Einblick in das religiöse Leben jener frühen Zeit. Aber so viel ist jedenfalls sicher, daß im alten Arabien eine ganze Anzahl von Göttern und Göttinnen verehrt worden ist. Von vielen wird berichtet, daß sie diesem oder jenem Stamm zugehörten, d. h. von ihm besonders (oder ausschließlich?) verehrt wurden, oder daß sie an diesem oder jenem Ort ihren Sitz hatten und etwa in einem Baum, einem besonders gestalteten Felsblock oder einem Stein gegenwärtig waren. Vielleicht hat es nebenher auch einen Gestirnkult gegeben (Sonne, Mond, Venus). In Mekka galt ein schwarzer Stein als besonders heilig (und ist es bis heute noch). Er war in die Außenwand der Kaʿba eingemauert, eines würfelförmigen Baus, der seinerseits als Sitz der Gottheit galt. Eben in Mekka wurde übrigens – vermutlich als Stadt- und Stammesgott – der männliche Hubal verehrt. Außerdem ließ man drei weiblichen Gottheiten, der ʿUzzā, der Lāt und der Manāt, Verehrung zuteil werden. Diese waren aber nicht in Mekka selber, sondern in Ortschaften der weiteren Umgebung lokalisiert. Die anderorts auf der arabischen Halbinsel verehrten Gottheiten brauchen hier nicht im einzelnen aufgezählt zu werden. Auch erübrigt es sich, auf die Besonderheiten der Götterwelt des fernen Südarabien einzugehen.

Wichtig ist, daß der gemeinsemitische Gattungsbegriff für »Gott« auch im Arabischen vertreten und anscheinend allgemein bekannt war. Er lautete ilāh, was dem hebräischen elōah genau entspricht, mit dem bestimmten Artikel versehen al-ilāh »der Gott«. Neben dieser mit dem Artikel versehenen Normalform muß es schon in alter Zeit die kontrahierte Kurzform al-lāh (mit Ausfall des i) gegeben haben, – dieselbe Form, die dann im Islam als Allāh allgemeingültig geworden ist. Das gibt zu denken. Im lebendigen Sprachgebrauch hat man die mit dem Artikel versehene Bezeichnung für Gott, also al-ilāh, »der Gott«, anscheinend so häufig verwendet, daß sie im Lauf der Zeit zu al-lāh abgeschliffen worden ist. Mit anderen Worten, es war gang und gäbe, von »Gott« überhaupt zu sprechen, anstatt etwa von Hubal oder irgendeinem anderen mehr oder weniger begrenzten Einzelgott. Damit ist allerdings noch nicht gesagt, daß schon im vorislamischen Arabien die vielen Einzelgötter in dem einen und alleinigen Gott aufgegangen wären. Der Monotheismus hatte sich noch keineswegs durchgesetzt. Das geht aus den vielen Koranstellen hervor, in denen sich Mohammed gegen den Polytheismus seiner Landsleute ereifert. Den heidnischen Zeitgenossen von Noah, die im Koran als ein getreues Abbild der Zeitgenossen Mohammeds gezeichnet werden, wird der Ausspruch in den Mund gelegt: »Gebt doch eure Götter nicht auf, den Wadd, Suwāʿ, Yaġūṯ, Yaʿūq und Nasr!« (71, 23; die angeführten Namen bezeichnen durchweg altarabische Götter). Und über den Propheten selber sagen seine Gegner voller Entrüstung: »Will er denn aus den (verschiedenen) Göttern einen einzigen Gott machen? Das ist doch merkwürdig!« (38, 5). Derartige Formulierungen zeigen, wie fest der Polytheismus im Glauben seiner Gegner verwurzelt war. Es gibt jedoch auch Koranstellen, in denen Mohammed bei seinen Gegnern den Glauben an Allah als den Schöpfer der Welt und Förderer alles Lebens (29, 61–3; 39, 38; 31, 25) und als den Helfer in Seenot (29, 65; 17, 67; 31, 32) voraussetzt, und in denen er ihnen nur den Vorwurf macht, daß sie nicht folgerichtig einen Schritt weiter gehen und Allah als alleinigen Gott anerkennen, neben dem es keine anderen Götter gibt. In Sure 12, 106 wird der Sachverhalt kurz und treffend auf den Begriff gebracht: »Die meisten von ihnen glauben nicht an Gott, ohne (ihm gleichzeitig andere Götter) beizugesellen.«

All diese Stellen zusammengenommen ergeben ein ziemlich klares Bild. Der Glaube an Allah als einen Weltgott oder obersten Gott hatte sich schon weithin durchgesetzt. Aber im täglichen Leben hielt man sich an denjenigen der alten Stammes- und Lokalgötter, der sozusagen für einen zuständig war. Und man erkannte ohne weiteres an, daß es daneben auch noch andere Götter gab. So stand speziell in Mekka der Glaube an den Stadt- oder Stammesgott im Vordergrund, mochte man ihn nun Hubal nennen, oder »Herr des Hauses« (d. h. der Kaʿba), oder einfach »Herr«, oder auch »Gott« (Allah). Gleichzeitig waren al-Lāt, al-ʿUzzā und Manāt als drei weitere, weibliche Gottheiten allgemein anerkannt und hoch geschätzt. Außerdem nahm man wohl als selbstverständlich an, daß in anderen Gegenden zusätzlich andere Gottheiten Verehrung genossen.

Auch Mohammed muß ursprünglich eine solche Einstellung gehabt haben. Aus dem Koran kann man das allerdings nicht direkt beweisen. Zwar wird in einer Stelle zur Verehrung des »Herrn dieses Hauses« (nämlich der Kaʿba) aufgefordert, und in einer anderen heißt es: »Mir ist geboten worden, den Herrn dieser Ortschaft zu verehren, die er zu einem heiligen Gebiet gemacht hat.« Aber die erste Stelle (106, 3) ist speziell an die Mekkaner gerichtet und natürlich auch im Wortlaut auf sie abgestimmt. Die Formulierung kommt der einheimischen Gottesvorstellung entgegen. Man würde sie jedoch völlig mißverstehen, wenn man daraus die Verehrung eines mekkanischen Lokalgottes heraushören wollte. Und in der zweiten, späteren Stelle (27, 91) folgt unmittelbar der Ausspruch: »Und ihm gehört alles.« Der »Herr dieser Ortschaft« ist also durchaus nicht mehr als Lokalgott aufgefaßt, sondern als Herr über Mekka *und* Herr über das All. Trotzdem darf man annehmen, daß in Mohammeds Bewußtsein der mehr lokale »Herr des Hauses« erst nach und nach zu dem universalen »Herrn der Welten« (rabb al-ʿālamīn) geworden ist, wie er später im Koran so häufig genannt wird. Jedenfalls hat der Prophet in seinen ersten Verkündigungen den Monotheismus höchstens vorausgesetzt, aber nicht programmatisch vertreten. In einer schwachen Stunde ist er sogar einmal bereit gewesen, die drei Göttinnen al-Lāt, al-ʿUzzā und Manāt als Fürsprecherinnen bei Gott anzuerkennen (s. unten S. 67 u. 103 zu 53, 19–22).

Die Tatsache, daß die Vorstellung von Allah als einem höchsten Gott sich unter den alten Arabern bereits eingebürgert hatte, noch ehe Mohammed mit seiner Verkündigung aufgetreten war, ist in Kreisen der Fachwissenschaft verschieden erklärt worden. Julius Wellhausen hat seinerzeit die Ansicht vertreten, der Ausdruck Allah, »der Gott«, der zunächst innerhalb jedes Stammes gewöhnlich statt des Eigennamens als Titel des Stammgottes gebraucht worden sei, und der im sprachlichen Verkehr fast die Alleinherrschaft bekommen habe, habe übergeleitet zu dem Gedanken eines identischen, allen Stämmen gemeinsamen, einen und allgemeinen Gottes. »Die Sprache ist es wohl überhaupt gewesen, die Allah zunächst geschaffen hat, ich meine nicht bloß das Wort, sondern den Gott selber« (Reste 218). Diese Ansicht läßt sich nicht mehr aufrechterhalten. Sie enthält wohl ein Körnchen Wahrheit, trifft aber nicht den Kern der Sache. Man wird mit zwei anderen Möglichkeiten rechnen müssen, die sich übrigens gegenseitig nicht vollständig auszuschließen brauchen. Entweder liegt hier eine Art primitiver Monotheismus vor (wobei der Ausdruck »primitiv« natürlich nicht in abwertendem Sinn gemeint ist), oder eine Einwirkung der monotheistischen Religionen des Kulturlandes, also des Christentums und des Judentums.

Für die letztgenannte Möglichkeit lassen sich einleuchtende Gründe anführen. Besondere Beachtung verdienen in diesem Zusammenhang die Überlieferungen der Historiker über sogenannte Ḥanīfen, altarabische Gottsucher, die, am überkommenen Glauben irre geworden, bei Juden und Christen Anschluß suchten, jedoch ohne vollständig zum Judentum oder Christentum überzutreten. Der Ausdruck Ḥanīf ist zwar noch nicht eindeutig erklärt worden, und die einzelnen Nachrichten über die damit bezeichneten Gottsucher sind mit Vorsicht zu verwerten. Auch wäre es verkehrt, die Vertreter des Ḥanīfentums als Angehörige einer besonderen Sekte zu bezeichnen oder gleich von einem »nationalarabischen Monotheismus« zu sprechen (J. Fück, ZDMG 1936, 516). Aber an der Sache selbst ist kaum zu zweifeln. Vereinzelt muß es im alten Arabien schon vor Mohammed nachdenkliche, grüblerisch veranlagte Menschen gegeben haben, die in der einheimischen religiösen Tradition keine Befriedigung mehr fanden und um so bereitwilliger Ideen aufgriffen und sich zu eigen machten, die von Christen und Juden – wenn man so sagen darf – laufend angeboten wurden. Daß sie sich im besonderen zum Monotheismus bekannten, läßt sich mittelbar aus dem koranischen Sprachgebrauch erschließen. Hier hat der Ausdruck Ḥanīf etwa die Bedeutung »muslimischer Monotheist«. Er wird meist auf Abraham als den angeblichen Begründer des rein islamischen, monotheistischen Kaʿbakultes angewandt. Und an vielen Stellen wird ausdrücklich hinzugefügt, daß der als Ḥanīf Bezeichnete »nicht zu den Heiden (Polytheisten, mušrikūn) gehört hat«.

Kultformen. Die Wallfahrt

Als der Prophet im Jahr 630 als Sieger in seiner Vaterstadt Mekka eingezogen war und unter den arabischen Stämmen weit und breit Anerkennung gefunden hatte, nahm der altarabische Götter- und Götzendienst ein klägliches Ende. Am hartnäckigsten scheinen sich die Banū Ṯaqīf in der südöstlich von Mekka gelegenen Stadt Ṭā'if gewehrt zu haben. Als sie etwa ein Jahr nach der Eroberung von Mekka ihre Unterwerfung anmeldeten, baten sie – übrigens ohne Erfolg – darum, Mohammed möge ihr lokales Heiligtum der Göttin al-Lāt erst nach Ablauf einer gewissen Frist zerstören lassen. Sie hatten aber nur taktische Gründe dafür anzuführen. »Sie wollten sich«, wie es in der Mohammedbiographie von Ibn Hišam heißt (S. 916), »vor den Dummköpfen, Weibern und Kindern des Stammes sichern und vermeiden, daß das Volk noch vor seinem Übertritt zum Islam kopfscheu werde.« Die Zerstörung des Heiligtums wurde dann unbehindert durchgeführt, wie das vorher mit den Heiligtümern von al-ʿUzzā und Manāt geschehen war. Nirgends kam es zum Versuch einer Gegenwehr. Die altarabischen

Glaubensvorstellungen waren schon lange verblaßt, bevor sie endgültig durch den Islam abgelöst wurden. Das geht auch daraus hervor, daß die Ungläubigen an vielen Stellen des Korans der Aufforderung Mohammeds, die ihm geoffenbarte Religion anzunehmen, immer wieder mit demselben nichtssagenden Einwand begegnen, sie wollten bei dem bleiben, was ihnen von ihren Vätern überliefert sei. Wenn man einen Glauben nur damit begründen kann, daß er durch die Überlieferung gegeben ist, ist es schlecht um ihn bestellt.

Der Inhalt des alten Glaubens hatte sich schon weit verflüchtigt. Er war so in Vergessenheit geraten, daß später die arabischen Philologen und Antiquare trotz ihres Sammeleifers und ihrer wissenschaftlichen Neugier kaum mehr etwas Wesentliches darüber auszusagen wußten. Aber um so stärker hatte sich das kultische Brauchtum am Leben erhalten. So kommt es, daß wir darüber auch eher Bescheid wissen. Das gilt ganz besonders für das Brauchtum, das in Mekka und in der näheren Umgebung lokalisiert war. Denn dieses ist nachträglich, seines heidnischen Charakters entkleidet und mit einem neuen, monotheistischen Ideengehalt erfüllt, aber sonst im großen und ganzen unverändert, in den Islam herübergenommen worden. In Form der Wallfahrtsriten ist es seither für jeden Muslim verbindlich. Viele Tausende von Gläubigen unterziehen sich alljährlich in den heiligen Bezirken von Mekka und dem Berg ʿArafa dem uralten Zeremoniell.

Am besten wissen wir natürlich über die Wallfahrtsriten in ihrer islamischen Umformung Bescheid. Das vorislamische Ritual läßt sich aber in seinen Grundzügen leicht daraus erschließen, zumal in seinem äußeren Bestand. Man kann fast sagen, daß es von Mohammed seinerzeit in Bausch und Bogen übernommen worden ist. Die Abänderungen beschränkten sich, abgesehen von der neuen Ausrichtung auf den Islam, auf mehr oder weniger nebensächliche Einzelheiten und auf die Gliederung des Gesamtkomplexes. Vielleicht die umfangreichste dieser Änderungen bestand darin, daß das Zeremoniell von zwei verschiedenen heiligen Bezirken, dem von Mekka und dem vom Berg ʿArafa, im einheitlichen Ritual der sogenannten Großen Wallfahrt zusammengefaßt worden ist.

Die Zeremonien innerhalb des heiligen Bezirks von Mekka spielten sich in der näheren Umgebung der Kaʿba ab und setzten sich – wie heute noch die sogenannte Kleine Wallfahrt oder ʿUmra – aus zwei verschiedenen Prozessionen zusammen: dem siebenmaligen Umgang um die Kaʿba (mit Berühren des in die Mauer eingelassenen Steins) und dem siebenmaligen Lauf zwischen den beiden Hügeln Ṣafā und Marwa, die vielleicht beide von einem steinernen Idol gekrönt waren. Für die drei ersten Umgänge um die Kaʿba und den mittleren Abschnitt der Laufstrecke zwischen Ṣafā und Marwa war eine beschleunigte Gangart vorgeschrieben. Die Zeremonien des heiligen Bezirks von ʿArafa bestanden ebenfalls in Prozessionsgängen, und zwar nach ʿArafa und von dort zurück über die Orte Muzdalifa und Minā. Diese Prozessionsgänge waren von einem kultischen »Haltmachen« (Wuqūf) in ʿArafa und Muzdalifa unterbrochen. Auf das Haltmachen setzte die Prozession beidesmal in beschleunigter Gangart ein. Nach dem Eintreffen in Minā mußte auf drei Steinhaufen eine bestimmte Anzahl von Steinchen geworfen werden. Zum Abschluß wurden, ebenfalls in Minā, auch noch Opfertiere geschlachtet. Während des ganzen Zeremoniells befand sich der Pilger in einem Weihezustand. Er mußte ein besonderes, aus zwei Tüchern bestehendes Gewand tragen, wobei der Kopf unbedeckt blieb, und durfte sich erst nach Erfüllung aller Vorschriften das Haar schneiden lassen.

Das ganze Ritual war jahreszeitlich festgelegt. Die Wallfahrt nach dem Berg ʿArafa spielte sich – wie nachmals im Islam die Große Wallfahrt – an bestimmten Tagen des Monats Ḏūlḥiğğa ab, woraus man schließen zu können glaubte, daß es ursprünglich ein Herbstfest gewesen sei, ähnlich dem jüdischen Laubhüttenfest. (Zu Mohammeds Zeit war die Kalenderrechnung allerdings in Unordnung geraten, so daß der Monat Ḏūlḥiğğa schließlich in das Frühjahr fiel.) Das Zeremoniell im heiligen Bezirk von Mekka, das man später unter der Bezeichnung Kleine Wallfahrt zusammenfaßte, war vermutlich auf den Monat Rağab festgelegt. Daraus hat man geschlossen, daß es ursprünglich (aber nicht mehr zu Mohammeds Zeit) in den Frühling gefallen sei und demnach mit der jüdischen Passahfeier verglichen werden könnte. Falls die hier angedeuteten zeitlichen Berechnungen überhaupt stimmen, besaß das Kaʿba- und das ʿArafa-Zeremoniell infolge der Kalenderverschiebung zur Zeit des Propheten nicht mehr den ursprünglichen Charakter einer Frühjahrs- und Herbstfeier. Die beiden heiligen Zeiten wären geradezu miteinander ausgetauscht worden. Wie dem auch sein mag, an *einem* Charakteristikum ist nicht zu zweifeln: die Monate, auf die das Zeremoniell festgelegt war, galten als heilig. Als Monate des ʿArafa-Zeremoniells (der islamischen Großen Wallfahrt entsprechend) wurden der Ḏūlḥiğğa sowie der vorausgehende Ḏū lqaʿda und der nachfolgende Muḥarram, also insgesamt drei Monate, als heilig gehalten, als Monat des Kaʿba-Zeremoniells (der islamischen Kleinen Wallfahrt entsprechend) wahrscheinlich der Rağab. In diesen Monaten herrschte eine Art Gottesfriede, und zwar nicht nur im eng begrenzten heiligen Bezirk – dieser galt das

ganze Jahr durch als unverletzlich –, sondern im ganzen Land. So konnte man ungefährdet von weither nach Mekka oder nach dem ʿArafa-Bezirk kommen, um am Fest teilzunehmen.
Daß dabei nicht nur gefeiert wurde, versteht sich eigentlich von selbst. Mit den Festen waren Jahrmärkte oder Messen verbunden. Diese werden für manche Pilger sogar eine größere Bedeutung gehabt haben als die Kulthandlungen. Sie konnten unter dem Schutz des Gottesfriedens in aller Ruhe aufgesucht und abgehalten werden und förderten mittelbar auch den Wohlstand der Stadt Mekka. Mohammeds Landsleute hatten überdies den Vorteil, in einem »sicheren«, unverletzlichen Ort zu wohnen. Der Prophet hielt ihnen das als eine besondere Gnade Gottes vor, für die sie es an der nötigen Dankbarkeit fehlen ließen. »Sehen sie denn nicht, daß wir einen heiligen Bezirk gemacht haben, in dem Sicherheit herrscht, während die Leute rings um sie herum unter Raub und Plünderung zu leiden haben?« (29, 67; vgl. 27, 91). Auch war Mohammed anscheinend davon überzeugt, daß der heilige Bezirk weiter als unverletzlich gelten würde, selbst wenn die Einwohner Mekkas seinen Glauben annehmen und damit aus ihrer bisherigen heidnischen Kultgemeinschaft ausscheiden sollten. In diesem Sinn ist wohl der Wortlaut von Sure 28, 57 zu verstehen: »Sie sagen: ›Wenn wir mit dir der rechten Leitung folgen, werden wir (mit Gewalt) aus unserem Land weggeholt.‹ (Aber) haben wir ihnen denn nicht über einen heiligen Bezirk Macht gegeben, der sicher ist und in den alle möglichen Früchte eingeführt werden, (ihnen) von uns zum Unterhalt (bestimmt)? . . .«

Geisterwelt und Magie

Die Vielfalt der einzelnen Handlungen und Regeln allein beim mekkanischen Wallfahrtszeremoniell wirkt verwirrend. Dabei müßte das Bild, wie es im vorhergehenden in groben Strichen gezeichnet worden ist, noch bedeutend erweitert werden. Es gab ja nicht nur ein Zeremoniell der mekkanischen Pilgerfahrt. An anderen Orten der Halbinsel befanden sich ebenfalls lokale Heiligtümer, wenn sie auch nicht in demselben Ansehen standen wie die Kultstätten in und bei Mekka. Auch für sie waren natürlich irgendwelche Besuchs- und Prozessionsriten verbindlich. Daneben muß eine Unzahl kleiner Kultobjekte verehrt worden sein, Sippen- und Hausgötzen oder dergleichen, gleichfalls unter Einhaltung magisch-kultischer Formen. Außerdem wären die Schlachtopferzeremonien zu erwähnen, ferner die Regeln über die heiligen Bezirke und über die darin weidenden geweihten Kamele, schließlich gewisse Schwur- und Verbrüderungsriten. Das menschliche Leben war in ein Netz von sakralen Bindungen eingesponnen.

Daneben spielte der Glaube an Geister (ǧinn, ǧānn) eine große Rolle. Man sah in ihnen halb irdische, halb überirdische Wesen, die sich den Menschen zeigen oder sonstwie mit ihnen in Verbindung treten, ja sogar von ihnen Besitz ergreifen konnten. Einen Menschen, von dem ein Geist Besitz ergriffen hatte, nannte man maǧnūn, »besessen«. Wir wissen aus dem Koran, daß dem Propheten von seinen heidnischen Gegnern nachgesagt wurde, er sei „besessen" (maǧnūn, z.B. 81, 22), etwas anders ausgedrückt, er habe einen Ǧinn in sich (bihī ǧinna: 23, 70; 7, 184; 34, 46). In diesem Zusammenhang ist auch die Behauptung von Mohammeds Gegnern zu verstehen, er sei ein Dichter (šāʿir: 37, 36; 21, 5; 52, 30), oder etwas anders ausgedrückt, die koranische Verkündigung sei das Werk eines Dichters (69, 41). Die prophetische Inspiration wurde damit der dichterischen Eingebung gleichgesetzt. Man nahm wohl allgemein an, daß der Dichter seine Eingebungen einem Geistwesen verdankte, mochte man es nun Ǧinn oder sonstwie nennen. Für die Zeitgenossen hatte der Dichter überhaupt noch einen stark magischen Charakter. Seinen Schmähgedichten traute man eine durchaus reale Wirkungskraft zu. Er besaß ein höheres, übersinnliches Wissen. Šāʿir, »Dichter«, bedeutet von Haus aus »Wissender«. Ähnlich glaubte auch Mohammed mit der übersinnlichen Welt in Verbindung zu stehen und von da her inspiriert zu sein. Nur war nach seiner eigenen Überzeugung das Geistwesen, das ihm seine Eingebungen vermittelte, nicht irgendein Ǧinn, sondern ein Angehöriger der Engelwelt, ein »vortrefflicher Gesandter« (81, 19; 69, 40), der »zuverlässig« (26, 193; vgl. 81, 21), der »heilige« Geist (16, 102; vgl. 97, 4).

Zu den Menschen, die auf Grund einer Sonderbegabung glaubten, mit der Welt der Götter und Geister in näherer Verbindung zu stehen und von da her höhere Einsichten zu erhalten, gehörten auch die Wahrsager. Die Quellen, denen wir die Kenntnis der altarabischen Wahrsagerei verdanken, sind allerdings alle als sekundär zu bezeichnen. Sie stammen aus einer Zeit, in der das Wahrsagen als eine heidnische Kunst längst in Verruf und zum Teil auch in Vergessenheit geraten war. Bei den Aussprüchen, die von den falschen Propheten und Wahrsagern aus der Epoche unmittelbar nach Mohammeds Tod überliefert sind, muß man mit nachträglichen Fälschungen rechnen. Denn den islamischen Tradenten lag daran, jene angeblich heiligen Männer (und Frauen) verächtlich zu machen, und so ist es wohl möglich, daß Sprüche, die man ihnen in den Mund gelegt hat, als absichtlich schlechte Nachdichtungen zu alten Texten aus dem Koran anzusprechen sind. Bei der Verwertung von Einzelnachrichten, die die alten Wahrsager und ihre Aussprüche betreffen, ist also Vorsicht geboten. Trotzdem scheint sich bei kritischer Auswertung des ganzen Materials ein Gesamtbild zu ergeben, das im großen und ganzen als zuverlässig gelten darf.

Darnach pflegte man die heidnischarabsichen »Wahrsager« oder »Seher« in wichtigen Stammesangelegenheiten zu Rate zu ziehen, besonders vor kriegerischen Unternehmungen, aber auch in Angelegenheiten des Privatlebens. Sie konnten Träume deuten, verirrte Kamele ausfindig machen und Verbrechen aufklären. Ihr Wissen beruhte auf Inspiration, und diese verdankten sie ihrer Meinung nach einem Geistwesen, das verschieden benannt wurde: Ṣāḥib (Gefährte), Tābiʿ (Begleiter), Ra'ī oder Ri'ī (Seher) oder einfach Ǧinn. Das Geistwesen war eine Art zweites Ich des Wahrsagers. Die beiden standen fast wie in einem Verwandtschaftsverhältnis zueinander.

Eigenartig ist die Form, in die der Kāhin seine Wahrsprüche einzukleiden pflegte. Er verwendete dafür den sogenannten Saǧʿ, Reimprosa, d.h. kurze, rhythmisch, nicht wie in der Dichtung metrisch gebaute Sätze und Satzteile, die durchgehend oder auch wechselnd aufeinander reimten, also genauso, wie das vor allem bei den ältesten Stücken des Korans der Fall ist. Die formale Übereinstimmung zwischen den Sprüchen der Wahrsager und den alten koranischen Verkündigungen geht aber noch weiter. Die Rede erfolgt in der zweiten Person, denn der eigentliche Sprecher ist das Geistwesen, während der Wahrsager (ebenso wie Mohammed im Koran) angesprochen wird. Ganz besonders ist die Tatsache zu beachten, daß der Kāhin seinen Wahrspruch mit auffallenden Eiden beteuert, indem er etwa bei Himmel und Erde, bei den Gestirnen, bei Licht und Finsternis, bei bestimmten Tieren oder Pflanzen schwört. Denn mit eben solchen auffallenden, uns zum Teil kaum verständlichen Schwüren hat Mohammed einige seiner frühesten Verkündigungen eingeleitet. Diese mehr als zufällige Übereinstimmung in der Verwendung sprachlicher Stilmittel muß schon den Zeitgenossen des Propheten aufgefallen sein. Sonst hätten sie ihn schwerlich eben als Wahrsager (kāhin) bezeichnet (52, 29; 69, 42). Was das entwicklungsgeschichtlich zu bedeuten hat, darüber wird weiter unten im Abschnitt über Mohammeds Berufungserlebnis noch einiges zu sagen sein.

Daß Mohammed mit seiner Verkündigung gerade in Mekka aufgetreten ist und dabei selber ein geborener Mekkaner war, ist eine Tatsache, die der Historiker nur staunend zu Kenntnis nehmen, aber nicht erklären kann. Der Versuch von W. Montgomery Watt, für die damalige Zeit einen sozialen Umwandlungsprozeß nachzuweisen und ihn mit der werdenden religiösen Neueinstellung in Zusammenhang zu bringen, wirkt nicht überzeugend. Die geistige Atmosphäre, die in der Vaterstadt des Propheten herrschte, war ausgesprochen nüchtern. Kaufmännische Interessen standen im Vordergrund. Für Besinnlichkeit hatte man kein Verständnis, geschweige denn für religiöse Schwärmerei. Der von den Vätern ererbte Glaube an die einheimischen Götter und Götzen war insofern noch nicht eigentlich erschüttert, als man zum mindesten nach außen hin an der alten Tradition festhielt. Die Beduinen, die in der näheren und weiteren Umgebung zelteten und dem ganzen Land das Gepräge gaben, waren eher noch konservativer eingestellt. Der Gedanke, die überkommenen Glaubensvorstellungen könnten in Frage gestellt und von Grund auf umgewandelt werden, lag ihnen sicher völlig fern.
Trotzdem wird jeder, der sich näher mit dem Lebenswerk des arabischen Propheten beschäftigt, genötigt sein, auch die spezifische Form der menschlichen Gesellschaft, aus der er hervorgegangen ist, und auf die und durch die er gewirkt hat, in das Feld der Betrachtungen einzubeziehen. Mohammed war nun einmal ein Kind seiner Zeit. Er lebte auch in geistiger Hinsicht in der Gemeinschaft, der er leiblich angehörte, und mußte, wenn er mit Eigenem kam, auf die tatsächlichen Gegebenheiten Rücksicht nehmen und auf ihrer Grundlage weiterbauen. In seiner Stellung zur Frage des Kriegführens – um nur ein Beispiel zu nennen – ist er bis an sein Lebensende seiner Umwelt verhaftet geblieben, und es wäre ein Unrecht, wenn man ihm nachträglich daraus einen Vorwurf machen wollte.
Das menschliche Dasein im Innern der arabischen Halbinsel war zur Zeit Mohammeds, wie übrigens auch in den späteren Jahrhunderten bis herunter in die neueste Zeit, grundlegend bestimmt und gekennzeichnet durch die *beduinische Lebensform.* Beduinen hausen, wie ihr Name sagt, in der Steppe (arab. bedu). Genauer gesagt: sie hausen nicht, sie zelten. Denn die Großräumigkeit des wasserarmen Weidegeländes zwingt sie zur Beweglichkeit, folglich zur Benützung von Unterkünften, die auf Lasttieren verladen und transportiert werden können. Je nach Jahreszeit und Regenmenge

wechseln sie ihre Weidegründe und damit auch ihre Standquartiere. Das ist das wichtigste Kennzeichen ihrer Lebensform. Diejenigen, die zur Seßhaftigkeit übergehen – und dieser Fall kommt nicht selten vor –, hören damit auf, Beduinen zu sein. Das gilt allerdings nur für die Vollbeduinen, die hauptsächlich von Kamelzucht leben und auf ihren jahreszeitlichen Wanderungen Hunderte von Kilometern zurücklegen. Sogenannte Halbbeduinen betreiben Schaf- und Ziegenzucht, sind deshalb weniger beweglich und halten sich immer nur am Rand der Steppe auf, wo sie zum Teil in ortsfesten Hütten oder gar Häusern wohnen.

Ein weiteres Kennzeichen der beduinischen Lebensform besteht darin, daß der einzelne bei aller individuellen Freiheit eng an seine Sippe und darüber hinaus an seinen Stamm gebunden ist. Da das Solidaritätsgefühl einer ortsfesten Wohngemeinschaft, die erste Voraussetzung eines »bürgerlichen« Daseins, unter Beduinen überhaupt nicht aufkommen kann, bilden Sippe und Stamm für jede Art von menschlicher Existenz den einzig möglichen Rahmen. Das Individuum lebt und wirkt nur als Glied eines solchen größeren Verbands, hat durch ihn Teil an Weide und Wasser und führt mit ihm zusammen die jahreszeitlich bedingten Wanderungen nach den verschiedenen Standquartieren und Weidegründen durch. Es genießt seinen Schutz selbst für den Fall, daß es einen Totschlag begeht, hat aber auch umgekehrt mit Leib und Leben für jeden Stammesgenossen einzustehen, der etwa den Gesetzen der Blutrache verfallen ist. Außerhalb des Stammesbereichs herrscht grundsätzlich Kriegszustand oder allenfalls Waffenstillstand. Das gilt für die Beziehungen sowohl zu den beduinischen Nachbarstämmen als auch zu den seßhaften Bewohnern benachbarter Ortschaften oder angrenzender Kulturländer. Die arabischen Beduinen betrachteten es von jeher als erlaubt, ja als ehrenhaft und lobenswert, einen fremden Stamm zu überfallen und ihm mit Waffengewalt möglichst viel an beweglicher Habe abzunehmen. Der Ausdruck Razzia, ein Lehnwort aus dem Arabischen, hat ursprünglich die Bedeutung eines solchen beduinischen Raub- und Beutezugs gehabt.

Die grundsätzliche Bereitschaft des einzelnen Stammes, auf Kosten der Nachbarn Krieg zu führen und Beute zu machen, ist nun allerdings nie hemmungslos zur Auswirkung gekommen. Im weiten Umkreis von Mekka, wahrscheinlich sogar in ganz Innerarabien galten vier Monate des Jahres (der 11.–1. und der 7.) als heilig. Während dieser Zeit durften keine Fehden ausgetragen werden, während umgekehrt Karawanenreisen durchgeführt und größere Märkte in Stadt und Umgebung abgehalten werden konnten. Außerdem war in einem festgelegten Umkreis um die Kultorte jede Gewaltanwendung untersagt. Das gilt im besonderen für den heiligen Bezirk (ḥaram oder ḥimā) von Mekka. Für Einzelpersonen, die sich außer Stammes befanden, boten die ungeschriebenen Gesetze der Gastfreundschaft Schutz vor Angriffen und Ausplünderungen, wenigestens für kurze Zeit. Überdies konnten einzelne Außenseiter oder kleine Splittergruppen aus dem eigenen Stamm überhaupt ausscheiden und als Schutzbefohlene bei einem mächtigen Nachbarstamm Anschluß finden. Auch kam es vor, daß verschiedene Stämme sich aus irgendwelchen Gründen der Zweckmäßigkeit zu einem größeren Verband zusammenschlossen. Damit wurde ein Friedenszustand geschaffen, der weit über die natürlich gegebene Lebensgemeinschaft hinausgriff. Die durch gegenseitige Übereinkunft hergestellten Verbindungen zwischen kleineren oder größeren Gruppen sind im arabischen Raum immer wichtig gewesen. Sie haben wiederholt zu Neugruppierungen geführt, die nachträglich zu wirklichen Einheiten zusammengewachsen und dem arabischen Sippenempfinden entsprechend auch als genealogisch einheitlich verstanden worden sind. In diesem Zusammenhang muß schließlich auch auf das Gesetz der Blutrache hingewiesen werden, da es wegen seiner Unerbittlichkeit von jeher abschrekkend gewirkt hat. Bei den üblichen Raub- und Beutezügen hat man Blutvergießen möglichst eingeschränkt oder am besten ganz vermieden. Denn jeder Tote bedeutete eine Blutschuld, für die die Gemeinschaftsgruppe des Totschlägers früher oder später büßen mußte, entweder auch wieder mit einem Toten, oder mit einem hohen Wergeld.

Was die Lebensform der arabischen *Städtebewohner* angeht, so steht sie in einer Hinsicht derjenigen der Beduinen sehr nahe. Auch in den Städten ist der einzelne in erster Linie an seine Sippe und darüber hinaus an seinen Stamm gebunden. Die städtische Wohngemeinschaft ist ein Konglomerat von Sippen und Geschlechtern. Diese haben selbstverständlich die Tendenz, einander in Ruhe zu lassen und bei einer Bedrohung von außen sogar gemeinsam zu handeln. Sonst hätten sie sich ja nicht zu einer großen Wohngemeinschaft zusammengeschlossen. Aber primär fühlen sich die Städter als solche nicht solidarisch. Das kommt auch im arabischen Sprachgebrauch zum Ausdruck. Ein Mann aus der Stadt Ṭā'if wird nicht etwa als Ṭā'ifit, sondern nach dem in Ṭā'if angesiedelten Stamm der Banū Ṯaqīf als Ṯaqīfit bezeichnet, ein Mann aus Mekka, ebenso nicht als Mekkaner, sondern als Quraišit, einer aus Medina als Ausit oder Ḫazrağit oder als Angehöriger einer der kleineren dort heimischen Einheiten. Mit anderen Worten, bei Personennamen wird die Zugehörigkeitsbezeichnung, die sogenannte Nisba, von der genealogischen Einheit abgeleitet, nicht vom Wohnort. Und eben das ist bezeichnend.

In Mekka gehörten zur Zeit des Propheten alle Sippen ein und demselben Stamm an, dem der Quraiš. Die Sippen und Geschlechter wiesen im einzelnen an Zahl der Angehörigen, Ansehen und Einfluß starke Unterschiede auf, fühlten sich aber im großen und ganzen solidarisch, vor allem wenn die kaufmännischen Unternehmungen des einträglichen Überlandhandels auf dem Spiel standen. Mekka war wohl schon nahe daran, zu einem einheitlichen Organismus, zu einer Stadt in dem uns geläufigen Sinn des Worts, zusammenzuwachsen. In Medina lagen die Verhältnisse komplizierter. Hier wurde der heidnischarabische Bevölkerungsteil genealogisch den beiden Stämmen Aus und Ḫazraǧ zugerechnet. Die Fehden, die diese bis kurz vor der Hiǧra miteinander ausgefochten hatten, waren insofern besonders verwickelt, als sie von den Streitigkeiten der kleineren Einheiten, der Sippen und Geschlechter, vielfach durchkreuzt wurden, so daß man kaum von einem bloßen Dualismus zwischen Aus und Ḫazraǧ sprechen kann. Außerdem befanden sich in Medina jüdische Kolonien, vor allem die Qainuqāʿ, Naḍīr und Quraiẓa. Diese waren ihrerseits stammesmäßig gegliedert und spielten im Gleichgewicht der Kräfte eine bestimmende Rolle.

Nur nebenbei sei bemerkt, daß Mohammed in seiner Auseinandersetzung mit den heidnischen Mekkanern bei seiner Sippe, den Banū Hāšim, Rückhalt und Schutz gefunden hat, obwohl die Mehrzahl der Sippenangehörigen seine Botschaft ablehnte, also sachlich ebenso gegen ihn eingestellt war wie die übrigen Mekkaner. Das war echt arabisch. Die Gesamtheit der Sippe hatte im Notfall für den einzelnen einzustehen, auch wenn sie dessen Verhalten nicht billigte. Eine Zeitlang scheinen die Banū Hāšim, eben weil sie ihre schützende Hand über Mohammed hielten, von den anderen Sippen der Stadt regelrecht boykottiert worden zu sein. Als der Prophet schließlich alle Hoffnung auf einen Erfolg in Mekka aufgeben mußte, schied er mit seinen Anhängern – auch wieder echt arabisch – aus dem mekkanischen Sippenverband aus, um sich in die Gemeinschaft der medinischen Aus und Ḫazraǧ aufnehmen zu lassen. Das ist die eigentliche Bedeutung des Ausdrucks Hiǧra, nämlich »Loslösung«, »Ausscheidung« (aus dem eigenen Verband), und nicht »Flucht«, wie man meistens übersetzt.

Die Zugehörigkeit zu Sippe, Geschlecht und Stamm galt nach alledem bei Städtern gleich viel wie bei Beduinen. Im übrigen aber war man sich der Gegensätzlichkeit zwischen seßhafter und nomadisierender Lebensweise, zwischen Oase und Steppe oder, wie wir sagen würden, zwischen Stadt und Land stets bewußt. In der Stadt, besonders in einer so hoch entwickelten Stadt wie Mekka, herrschte Ordnung, Sicherheit und Friede. Auf dem Land war man seines Lebens nicht sicher und immer in Gefahr, ausgeraubt zu werden. Diese Gegensätzlichkeit spiegelt sich gelegentlich auch im Koran wider, und es ist nur natürlich, daß Mohammed dabei den Standpunkt des Städters einnimmt (vgl. 29, 67; 28, 57; 16, 112). Vielleicht ist ein Begriff, der im Koran eine wichtige Rolle spielt, auch aus diesem Zusammenhang heraus zu verstehen, obwohl er der Bedeutung nach bereits weiterentwickelt ist und weniger in soziologischem als in ethisch-religiösem Sinn Verwendung findet. Es handelt sich um den Ausdruck fasād, »Verderbnis«, »Unheil«, bzw. mufsid, »einer, der Verderbnis und Unheil stiftet«. Dieser Ausdruck wird merkwürdigerweise oft mit dem Zusatz fī l-arḍi »im Land« verbunden. Es sieht fast so aus, als hätte Mohammed – als ausgesprochener Städter – im räuberischen Beduinen, der draußen »im Land« sein »Unwesen« treibt, den Prototyp des Bösewichts gesehen, der die heilige Ordnung stört und sich damit gegen Gott auflehnt. Bezeichnenderweise setzt der Prophet es auch als selbstverständlich voraus, daß die früheren Gottesgesandten ebenso, wie dies bei ihm der Fall war, jeweils in einer Stadt (qarya) aufgetreten sind. Die frühere Heilsgeschichte setzt sich danach aus einer Reihe von Städtegeschichten zusammen. Das offene Land, die Welt der Beduinen, zählt nicht mit.

Führung und Gefolgschaft

Das innere Gefüge der arabischen Gesellschaftsordnung, wie es sich uns im Rahmen der kollektiven Einheiten von Familie, Sippe, Stamm und städtischer Wohngemeinschaft darstellt, besteht aus einer eigenartigen Mischung von Freiheit und Gebundenheit. Man kann sie je nachdem als patriarchalisch, aristokratisch, oligarchisch, demokratisch oder individualistisch bezeichnen und sagt damit immer etwas Charakteristisches aus, jedoch ohne der Fülle der tatsächlichen Gegebenheiten gerecht zu werden. Es ist deshalb besser, jede Art von Allgemeinurteilen einmal beiseite zu lassen und die Verhältnisse im einzelnen, so wie sie von Fall zu Fall historisch und ethnologisch greifbar sind, in Augenschein zu nehmen.

Ein intensives Zusammenleben kann sich nur in einer kleineren, vom einzelnen Individuum übersehbaren Gemeinschaft entwikkeln, in Familie, Sippe und Geschlecht. Unter »Geschlecht«, einem willkürlich gewählten Ausdruck, wäre in diesem Zusammenhang eine Gemeinschaft zu verstehen, die nicht so groß ist, daß die Mitglieder sich gegenseitig nicht mehr kennen würden. Man könnte dafür auch »Unterstamm« oder (speziell bei Beduinen) »Zeltlagergruppe«, oder irgendeine der bei den heutigen Arabern gebräuchlichen, aber nicht überall gleichbedeutenden Bezeichnungen verwenden. Die größeren Einheiten, die Stämme oder gar die Stammesverbände, treten nur gelegentlich wirklich geschlossen auf, bei Raubzügen, Kriegen oder anderen Großunternehmungen, und lösen sich anschließend wieder in ihre intensiver zusammengehörenden Teilgruppen auf.

In der Familie ist der Zusammenhalt natürlich am engsten. Hier verkörpert der Familienvater die oberste und unumstrittene Autorität, auch den erwachsenen Söhnen gegenüber, soweit diese nicht schon geheiratet und eine eigene, selbständige Familie gegründet haben. Er ist ein echter Patriarch. Frauen spielen in der Familie keine bestimmende Rolle, erst recht nicht in den größeren Gemeinschaften. Überall gibt es nur eine Männergesellschaft. Die Großfamilie oder Sippe wird in der inneren Struktur im allgemeinen der Familie ähnlich sein. Die Autorität ist hier immer noch von Natur gegeben.

Interessanter wird das Problem »Führung und Gefolgschaft« in der nächstgrößeren Einheit, im »Geschlecht«, dem »Unterstamm«, der »Zeltgruppe«, oder wie man sie sonst benennen mag, und darüber hinaus im Stamm. Denn hier muß sich eine autoritative Persönlichkeit als solche erst einmal durchsetzen und allgemein anerkannt werden. Aus einer Anzahl von angesehenen, vertrauenswürdigen Männern, die grundsätzlich alle in Betracht kommen, muß einer zum Anführer (arabisch Saiyid, in neuerer Zeit Šaiḫ) aufrücken.

Es ist bezeichnend für die freiheitliche Art des Zusammenlebens, daß es für ein solches Aufrücken keine festen Regeln, sondern nur gewisse Voraussetzungen gibt. Der künftige Saiyid muß einer angesehenen Familie angehören und reiner Abstammung sein (Sklaven zählen in der Gesellschaft nicht mit). Außerdem muß er über ein ansehnliches Vermögen verfügen, um für die Armen sorgen und den Fremden Gastfreundschaft gewähren zu können. Im übrigen wird all das bei ihm vorausgesetzt, was man unter der Bezeichnung Führereigenschaften zusammenzufassen pflegt: Gemeinsinn, Sachlichkeit, Überlegenheit im Urteil, die Fähigkeit zum Disponieren und nicht zuletzt die Kunst, das öffentliche Gespräch zu lenken und im rechten Augenblick das richtige Wort zu sagen. Daß er bei kriegerischen Unternehmungen das Kommando übernehmen kann, ist nicht unbedingt erforderlich. Für einen solchen

Fall ist öfters ein besonderer Anführer aufgestellt worden, Ra'īs oder Qā'id genannt, ohne daß deshalb der Saiyid außer Funktion getreten wäre. Der Ra'īs oder Qā'id wird zusätzlich ernannt. Ebenso tritt dem Saiyid gelegentlich ein Friedensrichter, Ḥakam, zur Seite, besonders dann, wenn ein Streitfall nur auf Grund einer genauen Kenntnis des (ungeschriebenen) Gewohnheitsrechts entschieden werden kann. Geistliche Funktionen (wie sie allenfals der Kāhin ausübt) stehen dem Saiyid nicht zu. Auch ist sein Amt in keiner Weise religiös sanktioniert. Es ist rein zweckmäßig begründet.

Wenn, was nicht selten vorgekommen ist, die Würde des Saiyid vom Vater auf den Sohn übergeht oder sonstwie in derselben Familie vererbt wird, müssen die maßgebenden Männer der betreffenden Einheit sich ausdrücklich damit einverstanden erklären. Grundsätzlich hat eben dieses Männerkollegium, die »Versammlung«, der »Rat« (mağlis, nadwa), den Saiyid aus den eigenen Reihen zu wählen. Eine solche Wahl hat man sich natürlich nicht im modernen Sinn vorzustellen, etwa gar mit Auszählung der Stimmen, sondern als eine bloße Absprache, allenfalls in Form der Akklamation. Die Männer der »Versammlung« haben keinen Grund, die Würde des Saiyid übermäßig zu betonen (er wird auch nicht als »Saiyid«, sondern nur mit seinem Namen angesprochen). Sie betrachten ihn weiter als einen ihresgleichen und haben ihrerseits das Recht, in allen wichtigen Angelegenheiten zu Rate gezogen zu werden. Nach alledem hat der Anführer überhaupt keine Befehlsgewalt. Für den Stamm oder Unterstamm kann er nur handeln, wenn er dessen Einverständnis voraussetzen darf oder mit den Männern der »Versammlung« übereingekommen ist. Die Macht, die er ausübt, ist moralischer Art. Wenn die Mitglieder der Gemeinschaft sich ihm unterordnen, tun sie das freiwillig, weil sie sich von seiner höheren Einsicht haben überzeugen lassen. Die Gefolgschaft kann aber jederzeit aufgesagt werden. Der Saiyid muß seine Autorität rechtfertigen, indem er sie immer wieder neu bewährt. Man könnte ihn, um nun doch zu Allgemeinurteilen zu greifen, einen demokratischen Aristokraten nennen, die Art des Zusammenlebens einer solchen größeren Einheit einen gebundenen Individualismus. Es ist bewundernswert, wie zweckmäßig in diesem gesellschaftlichen Gefüge alles funktioniert, ohne eigentlich organisiert zu sein.

In *Mekka* waren zu Mohammeds Zeit die verschiedenen Sippen und Geschlechter des Stammes Quraiš zu einer großen Wohngemeinschaft zusammengeschlossen. Eine einheitliche Führung schien hier besonders geboten. Die Stadt lag in einem »Wadi ohne

Getreidebau« (14, 37) und war auf die Einfuhr aller Lebensmittel angewiesen (2, 126; 14, 37; 28, 57; vgl. 16, 112). Die Mekkaner hatten daher für die Sicherheit der Karawanenstraßen Sorge zu tragen, vor allem dafür, daß mit den beduinischen Einheiten, durch deren Gebiet die Straßen führten, ein freundschaftliches Verhältnis aufrechterhalten wurde (vgl. 14, 37). Außerdem galt es, die kaufmännischen Großunternehmungen, die nach Art von Handelsgesellschaften unter Beteiligung der ganzen Einwohnerschaft durchgeführt wurden, zu organisieren und zu dirigieren. Schließlich mußte auch der Zustrom von großen Scharen von Pilgern und Messebesuchern organisatorisch bewältigt werden. Trotz alledem war nun aber die »Stadtverwaltung« – wenn wir diesen Ausdruck gebrauchen dürfen – nicht so weit zentralisiert, daß sie einen einzigen Mann an der Spitze gehabt hätte. Die Quraišiten hatten als Gesamtstamm überhaupt keinen Saiyid. Was die Maßnahmen angeht, die alljährlich während der Wallfahrtszeit durchgeführt werden mußten, so waren sie von vornherein auf einzelne Geschlechter aufgeteilt. Im übrigen wurden alle Belange der Öffentlichkeit von einem Gremium an sich gleichrangiger Notabeln beraten, und, soweit das möglich war, entschieden. Diese Notabeln, die »Oberen«, arabisch Mala', vertraten ihrerseits die einzelnen Sippen und Geschlechter und pflegten als eine Art Stadtrat im Rathaus, der Dār an-nadwa, zu tagen. Vermutlich ist eine Entscheidung, die von ihnen gefällt worden war, in der Regel widerspruchslos durchgeführt worden. Aber eine eigentliche Befehlsgewalt hatten sie ebensowenig wie ein Saiyid in seinem Stamm oder Unterstamm von Beduinen. Die einzelnen Geschlechter konnten eventuell sogar im Kriegsfall eine selbständige Haltung einnehmen. So sind die Zuhra und 'Adī eigenmächtig aus dem Truppenverband, der zur Schlacht nach Badr ausgerückt war, ausgeschieden und nach Mekka zurückgekehrt. Andererseits hatten natürlich die Vertreter besonders angesehener und mächtiger Geschlechter wie der Umaiya und Maḫzūm auch im »Stadtrat« von vornherein ein gewisses Übergewicht. Sie wußten, daß hinter ihnen die meiste Macht stand. Überhaupt werden machtpolitische Gesichtspunkte und Rivalitäten im Stadtrat von Mekka eine große Rolle gespielt haben. Das ganze war eine Handelsaristokratie mit ihren Licht- und Schattenseiten.

Es ist begreiflich, daß Mohammed mit seiner Verkündigung bei den »Oberen« seiner Vaterstadt wenig Anklang gefunden hat. Anfangs taten sie ihn wohl als törichten Schwärmer ab. Nachdem er mit seiner Polemik gegen den Polytheismus zu einem öffentlichen Ärgernis geworden war, müssen sie eine ausgesprochen feindselige

Haltung gegen ihn eingenommen haben. Nur so ist es zu erklären, daß der Ausdruck Mala' im Koran fast ausschließlich an Stellen vorkommt, in denen von Anfeindungen und Bedrohungen früherer Gottesgesandter die Rede ist. Die ungläubigen »Oberen« aus der Generation Noahs rümpfen die Nase darüber, daß ihm nur die Hefe des Volkes anhange, und machen sich fortgesetzt über den Bau der Arche lustig (11, 27. 38). Die hochmütigen „Oberen" aus der Generation des Šu'aib drohen diesen aus ihrer Stadt zu verjagen (7, 88). Die Männer, die dem Mose nach dem Leben trachten, werden ebenfalls als »Obere«, Mala', bezeichnet (28, 20). Mohammed hat hier, wie so oft, die Verhältnisse seiner eigenen Umgebung auf die früheren Epochen der Heilsgeschichte übertragen, so daß wir umgekehrt aus Aussagen über seine Vorgänger Rückschlüsse auf ihn selber und auf seine Umwelt ziehen können.

In *Medina* gab es zu Mohammeds Zeit (und schon lange vorher) keine einheitliche Verwaltung und Führung des Gemeinwesens, somit auch keine allgemeine Ratsversammlung nach Art des mekkanischen Mala'. Die einzelnen Gruppen, zu denen übrigens auch jüdische Stämme gehörten, hatten untereinander nicht genügend Zusammenhalt. Es fehlte an einem allen gemeinsamen Kristallisationspunkt. Schwere machtpolitische Kämpfe, die mit den Waffen ausgetragen worden waren, hatten zu einem Erschöpfungszustand geführt, und nur die Furcht vor einem völligen Chaos hielt vor weiterem Blutvergießen zurück. Die wenigen Persönlichkeiten mit Führereigenschaften konnten gegen den Stammes- und Sippenegoismus nicht recht ankommen, vielleicht weil sie selber zu sehr darin befangen waren. Eine Ausnahme scheint nur 'Abdallāh ibn Ubai gemacht zu haben, der Anführer des Geschlechts al-Ḥublā, von dem überliefert wird, er sei der einzige Mann gewesen, auf den die beiden großen Gruppen der Araber von Medina, Aus und Ḫazraǧ sich allenfalls hätten einigen können. Es ist aber sicher übertrieben, wenn es weiter heißt, man habe ihn sogar zum König krönen wollen (Ibn Hišām 411). Falls jemand im Ernst an so etwas gedacht haben sollte, ist jedenfalls aus dem Plan nichts geworden. Das Endergebnis war und blieb ein politisches Vakuum.

Darin lag nun für den Propheten eine Chance. Nicht daß er es von vornherein darauf abgesehen hätte, die Lage auszunützen und die politische Führung an sich zu reißen. Die Behauptung, er sei ein berechnender Taktiker gewesen und mit der Übersiedlung von Mekka nach Medina, grob ausgedrückt, von der Prophetie zur Politik übergegangen, läßt sich nicht aufrechterhalten. Auch würde man den Medinern, die nach Mekka kamen, um ihm zu huldigen, Unrecht tun, wenn man annähme, sie hätten damit hauptsächlich ein politisches Ziel verfolgt. Man darf ihnen schon zutrauen, daß sie ihrerseits die Verpflichtung auf den neuen Glauben ernstgenommen haben. Aber die politischen Gegebenheiten sind eben auch mit ins Spiel gekommen. Die Tatsache, daß das Gemeinwesen von Medina einer Führung entbehrte, hat dem Propheten die Möglichkeit erleichtert, dort Fuß zu fassen.

Hauptdaten. Alter zur Zeit der Berufung

Das Leben des arabischen Propheten weist zwei wichtige Einschnitte auf: das Berufungserlebnis, das in das Jahr 609 oder 610 n. Chr. anzusetzen ist, und die Hiğra, die Emigration von Mekka nach Medina im Jahr 622. Geboren ist Mohammed um das Jahr 570, gestorben am 8. Juni 632 nach christlicher, am 13. Rabīʿ I des Jahres 11 nach muslimischer Zeitrechnung.

Erst nachdem er sich seiner religiösen Berufung oder »Sendung« bewußt geworden war, hat Mohammed angefangen, für seine Umwelt und darüber hinaus für die Nachwelt bedeutsam zu werden. In einer weiteren Öffentlichkeit hat man sich erst für ihn interessiert, als er bereits eine kleine Schar von Anhängern um sich versammelt hatte und sich gedrungen fühlte, die Allgemeinheit für den neuen Glauben zu gewinnen. Je größer der Kreis wurde, in dem und auf den er wirkte, um so mehr nahm man von ihm Notiz. Gegen Ende seines Lebens hatte er fast schon weltgeschichtliche Bedeutung erlangt. Dementsprechend sind auch die einzelnen Daten aus Mohammeds Leben verschieden gut dokumentiert. Über die Zeit unmittelbar nach dem Berufungserlebnis liegen nur wenig verläßliche Angaben vor. Ergiebiger sind die Quellen über die Ereignisse der letzten Jahre vor der Hiğra. Wirklich ausführliche Nachrichten und genauere chronologische Angaben besitzen wir aber nur für den letzten Lebensabschnitt, die Zeit zwischen der Hiğra und dem Tod des Propheten. Dagegen ist natürlich die Dokumentierung über die Zeit *vor* der Berufung äußerst mangelhaft. Über Mohammeds ersten Lebensabschnitt, der – rein zahlenmäßig gerechnet – immerhin gegen zwei Drittel der gesamten Lebenszeit ausmacht, besitzen wir nur wenige einigermaßen verläßliche Angaben. Diese sind überdies chronologisch nicht genau festzulegen. Das Ganze läßt sich etwa folgendermaßen zusammenfassen:

Mohammed ist um das Jahr 570 (eher etwas früher) in Mekka als Angehöriger des Geschlechts der Hāšim geboren. Sein Vater, der ʿAbdallāh (»Diener Gottes«) geheißen haben soll, war wahrscheinlich schon vor der Geburt gestorben. Im Alter von sechs Jahren (also gegen 576) verlor er seine Mutter Āmina aus dem Geschlecht der Zuhra. Er kam unter die Obhut seines Großvaters (väterlicherseits) ʿAbdalmuṭṭalib und, als dieser nach weiteren zwei Jahren

gestorben war (also gegen 578) unter die Obhut des Abū Ṭālib, eines Bruders seines Vaters, der bis zu seinem Tod (619) treu um ihn besorgt blieb. Nachdem er herangewachsen war, trat er in den Dienst einer angeblich 20 Jahre älteren, wohlhabenden Kaufmannswitwe namens Ḫadīǧa. Im Alter von etwa 25 Jahren (also gegen 595) ging er mit ihr die Ehe ein und wurde nun selber ein wohlhabender Kaufmann. Ḫadīǧa schenkte ihm im Lauf der Zeit drei Söhne und vier Töchter. (Die Söhne starben alle im Kindesalter, während die Töchter, Zainab, Umm Kulṯūm, Ruqaiya und Fāṭima, am Leben blieben und später verheiratet wurden.) Als wesentlich ältere, erfahrene Frau hat Ḫadīǧa ihren Gatten in den langen Jahren einer glücklichen Ehe – sie starb etwa drei Jahre vor der Hiǧra – wohl ebensosehr bemuttert wie geliebt.
Wenn es schon wichtig ist zu wissen, daß Mohammed gerade in den entscheidenden Jahren seiner inneren Entwicklung von einer Frau geliebt und umsorgt worden ist, die um viele Jahre älter und daher auch abgeklärter war als er, so ist die Tatsache noch wichtiger zu nehmen, daß er selber zur Zeit seines Berufungserlebnisses bereits im reifen Mannesalter stand. Nach der Überlieferung war er damals 40 Jahre alt oder noch etwas älter. Diese Angabe wird durch Sure 10, 15f. indirekt bestätigt. Aus der Formulierung dieser Stelle läßt sich jedenfalls so viel herauslesen, daß Mohammed bei Beginn seiner prophetischen Tätigkeit kein Jüngling (so Buhl-Schaeder, S. 111), ja wohl auch kein junger Mann mehr war.
Wenn er nun aber eben zu diesem Zeitpunkt 40 Jahre oder noch etwas älter war, zählte er zur Zeit der Hiǧra über 50 Jahre. Er ist also in einem Alter von annähernd 55 Jahren zum erstenmal mit den Juden von Medina in nähere Berührung gekommen. Damals hätte er an sich Gelegenheit gehabt, über das Judentum als Ganzes und über viele Einzelheiten der biblischen Geschichte genauere Erkundigungen einzuziehen und seine bisherigen, auf Grund einer mangelhaften Orientierung gewonnenen Ansichten in einigen Punkten zu korrigieren. Wir wissen, daß er von dieser Gelegenheit nur in beschränktem Umfang Gebrauch gemacht hat. Er fand sich wohl dazu bereit, sein Wissen um den Inhalt der früheren Offenbarungsreligionen zu ergänzen. Aber von seiner – objektiv betrachtet – fehlerhaften Ansicht über gewisse heilsgeschichtliche Grundtatsachen ist er nicht mehr abgegangen. Und das ist verständlich. Wer sich im fünften Jahrzehnt seines Lebens unter vielerlei Kämpfen und Anfeindungen ein weltanschauliches System zurechtgedacht und mit der Leidenschaftlichkeit des Rechtgläubigen auch nach außen hin vertreten hat, wird im sechsten Jahrzehnt kaum mehr so elastisch sein, um sich – auf Grund eines

neu oder genauer erkannten Sachverhalts – eines Besseren belehren zu lassen.

Anhaltspunkte im Koran

Über Einzelheiten aus Mohammeds erstem Lebensabschnitt bietet der Koran nur wenig Anhaltspunkte. Am meisten sagt in dieser Hinsicht Sure 93 aus. Hier wird der Prophet, der sich unter dem Eindruck einer besonderen Notlage in einer geradezu verzweifelten seelichen Verfassung befunden haben muß und nun getröstet werden sollte, daran erinnert, daß er auch schon in früheren Zeiten Gottes Hilfe erfahren hat. »Hat er (dein Herr) dich nicht als Waise gefunden und (dir) Aufnahme gewährt? * Hat er dich nicht auf dem Irrweg gefunden und rechtgeleitet? * Hat er dich nicht bedürftig gefunden und reich gemacht?« (Verse 6–8). In dem ersten der drei zitierten Verse wird man eine Bestätigung der Überlieferung sehen dürfen, daß Mohammed früh Vater und Mutter verloren hat. Dem letzten Vers läßt sich entnehmen, daß er einmal in ärmlichen Verhältnissen gelebt hat und später (vielleicht durch die Verheiratung mit Ḫadīǧa) zu Reichtum gekommen ist. Über die Bedeutung des mittleren Verses wird weiter unten noch einiges zu sagen sein.
Daß Mohammed wohl als Glied seiner Sippe (?) geachtet worden ist, aber persönlich unter seinen Landsleuten nicht viel gegolten hat, können wir aus dem Wortlaut von 43, 31 und 11, 91 schließen. Die erste Stelle lautet: »Sie (die ungläubigen Mekkaner) sagen: ›Warum ist dieser Koran (denn) nicht auf einen mächtigen Mann (in einer) von den beiden Städten (gemeint sind wohl Mekka und das benachbarte Ṭā'if) herabgesandt worden?‹.« Sure 11, 91 handelt an sich von dem früheren Gottesgesandten Šuʿaib und seinen heidnischen Landsleuten. Aber wahrscheinlich sind hier, wie so oft in koranischen Abschnitten aus der früheren Heilsgeschichte, die zeitgenössischen Verhältnisse einfach in die Vorzeit übertragen, so daß wir den Wortlaut umgekehrt auf Mohammed, bzw. auf seine mekkanischen Gegner deuten können. Der Text lautet: »Sie (die ungläubigen Landsleute) sagten: ›Šuʿaib! Wir verstehen kaum etwas von dem, was du sagst. Wie wir sehen, bist du unter uns machtlos. Wenn deine Gruppe (von Männern) nicht wäre, würden wir dich bestimmt steinigen (soll wohl soviel heißen wie: mit Steinwürfen verjagen). Du (selber) imponierst uns nicht.‹«
So interessant die hier angeführten koranischen Hinweise auf Einzelheiten aus Mohammeds erstem Lebensabschnitt an sich sein

mögen, aufs Ganze gesehen sind sie bedeutungslos. Die Einblicke, die sie uns übermitteln, auch nur bruchstückhaft zu nennen, wäre schon zu viel gesagt. Wir müssen uns damit zufriedengeben, daß der Koran über die ersten vierzig Jahre des Propheten so gut wie nichts aussagt, im übrigen aber versuchen, mit der nötigen Phantasie zwischen den Zeilen zu lesen. Dabei wird man z. B. feststellen können, daß Mohammed im Wortschatz stark von seiner kaufmännischen Umgebung, um nicht zu sagen von seinem eigenen kaufmännischen Denken abhängig ist. Charles C. Torrey hat geradezu von einer business-Atmosphäre im Koran gesprochen. Selbst das allgemein menschliche Handeln wird oft – im Hinblick auf die göttliche Vergeltung – kurzweg mit dem echt kaufmännischen Ausdruck »erwerben« (kasb) bezeichnet.

Gerne würden wir im Koran irgendwelche Formulierungen ausfindig machen, die darauf schließen lassen, daß Mohammed als Kaufmann größere Reisen durchgeführt hat und dabei etwa auch nach Syrien gekommen ist. In dieser Erwartung werden wir aber enttäuscht. Die Überlieferung, daß der Prophet in der Zeit vor seiner Berufung solche Reisen gemacht habe, kann der Sache nach richtig sein oder auch nicht. Der Koran bietet keinen Anhaltspunkt zur Entscheidung dieser Frage. Stellen wir Sure 16, 7, wo die Kamele als Lasttiere gepriesen werden, die Transporte über sonst kaum zu bewältigende Entfernungen ermöglichen, oder 16, 80, wo darauf hingewiesen wird, daß die leichten Lederzelte sich zum Wechseln des Lagerplatzes besonders eignen, haben hier keine Beweiskraft. Für die Mohammedbiographie belanglos sind übrigens auch die mancherlei Verse, die von der Schiffahrt handeln, selbst wenn man mit W. W. Bartold die Meinung vertritt, »daß die Schilderungen des Meeres und der Meeresstürme im Koran sich durch eine Klarheit auszeichnen, wie sie im allgemeinen im Koran selten anzutreffen ist«. Wahrscheinlich hätte jemand, der in eigener Person einen Sturm auf dem Meer erlebt hat, sich doch etwas anders darüber ausgesprochen.

Vorstadien des Berufungserlebnisses

Viel wichtiger als das Problem, ob Mohammed als jüngerer Mann etwa Karawanen- oder Schiffsreisen gemacht hat, ist die Frage nach der Entwicklungsgeschichte oder vielmehr nach gewissen Vorstadien seines neuen Glaubens, noch genauer gesagt: die Frage nach dem weltanschaulichen und religiösen Wandlungsprozeß, der sich in seinem Innern bereits vollzogen haben muß, ehe er sich mit seiner Verkündigung an die Öffentlichkeit wandte. Der Ausgangspunkt und das Endergebnis sind bekannt. Der Prophet hat den altheidnischen Glauben aufgegeben und sich zu einer neuen Gotteserkenntnis durchgerungen, oder wie er es selber in Sure 93, 7 ausdrückt: Gott hat ihn auf dem Irrweg gefunden und rechtgeleitet. Was wir gern wissen möchten, das sind die Übergänge, die vorbereitenden Stufen, das Werden und Wachsen dessen, was uns als fertig formulierte Botschaft in den frühesten Suren entgegentritt.

Für die einheimische Überlieferung liegen die Dinge sehr einfach. Nach ihr ist die Entwicklung sprunghaft vor sich gegangen. Man könnte auch sagen: nach ihr hat es überhaupt keine Entwicklung gegeben. Die Offenbarungen setzten zu dem von Gott bestimmten Zeitpunkt ein. Vorher war Mohammed ahnungslos. Wie hätte er auch mit dem neuen Glauben vertraut sein können, wo doch das höhere Wissen unmittelbar von Gott auf ihn »herabgesandt« wurde, vorher aber sozusagen im Himmel aufgestapelt und daher jeder menschlichen Kenntnis entzogen war? Wir gehen unsererseits von anderen Voraussetzungen aus als die gläubigen Muslime. Man wird es uns deshalb nicht verübeln können, wenn wir der Meinung sind, daß der Prophet schon vor seiner Berufung zum Propheten mit dem hauptsächlichen Inhalt seiner späteren Verkündigungen schwanger ging, und wenn wir versuchen, uns über dieses Vorstadium der Prophetie ein Bild zu machen.

Die These von Grimme

Hubert Grimme hat seinerzeit die Ansicht vertreten, der Islam sei »keineswegs als ein Religionssystem ins Leben getreten, sondern als ein Versuch sozialistischer Art, gewissen überhandnehmenden irdischen Mißständen entgegenzutreten« (Mohammed, I, Münster i. W. 1892, S. 14). Mohammed hätte demnach, noch ehe er mit seiner Verkündigung an die Öffentlichkeit trat, an dem unsozialen Verhalten seiner begüterten Landsleute Anstoß genommen, und langsam wäre in ihm der Entschluß gereift, die schroffen sozialen Gegensätze »unter dem Gesichtspunkt der ausgleichenden Gerechtigkeit aufzuheben«. Die Lehre vom Weltgericht diente nach dieser Ansicht als »geistiges Zwangsmittel«, »da Mohammed sich sagen mußte, daß zur Realisierung seiner Idee sein Wort und Einfluß nicht ausreichen werde«.

Diese These Grimmes ist – als Ganzes genommen – zu einseitig, als daß man sie heutzutage noch ernst nehmen könnte. Snouck Hurgronje hat sie bereits 1894 eindeutig und endgültig widerlegt (Verspreide Geschriften, I, Bonn und Leipzig 1923, S. 319 bis 362). Trotzdem ist die Frage berechtigt, ob nicht eben gewisse soziale Mißstände im zeitgenössischen Mekka den in diesem Milieu heranwachsenden, schon früh verwaisten jungen Mann bedenklich gestimmt haben, und ob er nicht gerade unter dem Eindruck einer mangelhaften Gesellschaftsordnung zu einem Grübler und schließlich zu einem Gottsucher geworden ist. Es wäre denkbar, daß die fragwürdigen sozialen Verhältnisse wenigstens mittelbar daran schuld waren, daß Mohammed seine auf das Jenseits ausgerichtete Heilsbotschaft konzipiert und verkündet hat.

In der Tat dürfen wir auf Grund früher koranischer Verkündigungen vermuten, daß Mohammed in mancher Hinsicht an der Moral seiner Landsleute Anstoß genommen hat. Er ruft ein Wehe aus über diejenigen, die Maß und Gewicht ungleich handhaben, je nachdem es sich um fremde oder um eigene Ware handelt (83, 1–3), ein Wehe über »jeden Stichler und Nörgler« (die Übersetzung von Grimme »Placker und Menschenschinder« läßt sich nicht rechtfertigen), der (viel) Gelt und Gut zusammenbringt und es (immer wieder) zählt, und meint, sein Besitz verleihe ihm dauernden Bestand« (104, 1–3). Er klagt darüber, daß die Menschen gegenseitig auf ihren Besitz pochen (102, 1; vgl. 57, 20), und daß sie, wenn Gott ihnen schon Wohlstand und Kinderreichtum beschert hat, in ihrer Gier immer noch mehr haben wollen (74, 15). Seinerseits vertritt er den Standpunkt, daß man in selbstloser Weise wohltätig sein soll und nicht in der Absicht, (als Gegengabe) mehr zu bekommen (74, 6). Er hat am eigenen Leib verspürt, was es heißt, arm zu sein (93, 8). Derselbe Snouck Hurgronje, der sich so eindeutig gegen die Grimmesche These ausgesprochen hat, schreibt in anderem Zusammenhang: »In der materialistischen Handelsstadt Mekka, wo Gewinnsucht und Wucher über alles gingen, wo man sich mit Weibern, Wein und Glückspiel die Zeit vertrieb, wo Macht Recht war und Witwen, Waisen und Schwache als überflüssiger Ballast behandelt wurden, muß ein so unglückliches Wesen wie Mohammed, wenn er sensibel war, äußerst schmerzlich beeindruckt worden sein« (Mohammedanism, New York & London 1916, 28).

Das mag richtig sein. Aber man darf diesen Sachverhalt nicht zu hoch bewerten. Denn bei aller Kritik an seiner Umwelt hat der Prophet es als eine unbestreitbare Tatsache hingenommen, daß Gott die Menschen in unterschiedlicher Weise mit Glücksgütern gesegnet, daß er »den einen von ihnen einen höheren Rang verliehen hat als den anderen« (43, 32; vgl. 17, 21). Auch setzt er die

Einrichtung der Sklaverei als selbstverständlich voraus (bes. 30, 28; 16, 71). Was Mohammed bedenklich findet, ist nicht etwa der krasse Unterschied zwischen arm und reich, sondern die Tatsache, daß so viele Menschen ihr Herz an die vergänglichen Güter dieser Welt hängen (z. B. 100, 8; 89, 20). Er predigt nicht gegen den Reichtum an sich, sondern gegen die Gesinnung derer, die glauben, nur auf sich selbst gestellt zu sein und keine höhere Macht über sich zu haben. Dies scheint der eigentliche Sinn des koranischen Ausdrucks istaġnā zu sein (wörtlich: »sich für reich halten«).
Im übrigen wird man nur eine beschränkte Anzahl der Koranstellen, in denen Mohammed gegen die Gewinnsucht und Hartherzigkeit seiner Zeitgenossen Stellung nimmt, als (mittelbare) Zeugnisse über seinen ersten Lebensabschnitt auswerten dürfen – und nur dieser steht hier zur Diskussion. Es ist fraglich, ob der Prophet schon vor seinem öffentlichen Auftreten hat vorausahnen können, daß er mit seiner Verkündigung mehr Anklang bei den wirtschaftlich Schwachen als in den Kreisen der Begüterten finden würde. Die bittersten Erfahrungen, auch die über die Hartherzigkeit und Überheblichkeit gerade der Reichen, stellten sich wohl erst im Lauf der Zeit ein, nämlich bei seinem Bemühen, immer weitere Kreise für den neuen Glauben zu gewinnen. In seinem ersten Lebensabschnitt hatte er in dieser Hinsicht noch nicht genug erlebt. Jedenfalls bleibt von der Grimmeschen These nicht mehr viel übrig, auch wenn man versucht, einen wahren Kern aus ihr herauszuschälen. An der sozialen Frage hat sich Mohammeds Prophetie nicht entzündet.

Ausstrahlungen des Christentums und Judentums

Der entscheidende Anstoß ist von einer anderen Seite her erfolgt. Es waren im eigentlichen und engeren Sinn religiöse Vorstellungen und Ideen, die auf Mohammed eingewirkt und ihn schließlich dazu gezwungen haben, sich mit einer neuen, verpflichtenden Heilsbotschaft an die Öffentlichkeit zu wenden. Diese religiösen Vorstellungen und Ideen sind aber ihrerseits – darüber kann kein Zweifel bestehen – als Ausstrahlungen des Christentums und des Judentums anzusprechen.
Mekka lag zwar ziemlich an der Peripherie derjenigen arabischen Gebiete, auf die die christliche Missionierung und die jüdische Diaspora eingewirkt haben. Nur wenig Christen hatten hier ihren dauernden Wohnsitz. Sie gehörten überdies den unteren Schichten der Bevölkerung an, hatten unter sich keinen Zusammenhalt und

waren über die christlichen Glaubenswahrheiten nur unvollkommen orientiert. Die nächste jüdische Siedlung, die von Medina, war rund 300 Kilometer entfernt. Trotzdem sind sowohl vom Judentum als auch vom Christentum ganz entscheidende Impulse auf Mohammed ausgegangen. Der Koran legt darüber ein eindrucksvolles Zeugnis ab. Wirklich beweiskräftig wird er allerdings erst für die Zeit, die mit dem öffentlichen Auftreten des Propheten einsetzt. Denn er besteht aus lauter Texten, die Mohammed vor seinen Landsleuten als fertig formulierte Offenbarungen vorgetragen hat. Wir dürfen aber als sicher annehmen, daß das christliche und jüdische Gedankengut, das der Prophet in der Zeit zwischen seinem Berufungserlebnis und der Hiğra in seine Verkündigungen aufgenommen hat, auch schon vor seinem öffentlichen Auftreten in Mekka irgendwie greifbar war. Es ist außerdem sehr wahrscheinlich, daß Mohammed einen beträchtlichen Teil dieses auf christliche und jüdische Quellen zurückgehenden Gedankengutes bereits in seinem ersten Lebensabschnitt kennengelernt, und daß er sich schon vor seinem öffentlichen Auftreten damit beschäftigt und innerlich auseinandergesetzt hat. Wenn wir die Dinge richtig sehen, ist eben auf Grund der Auseinandersetzung mit christlich-jüdischen Glaubenswahrheiten das Bewußtsein in ihm gereift, daß er von Gott mit einer besonderen Mission betraut sein könnte.

An erster Stelle ist die Lehre vom alleinigen, allmächtigen und allwirkenden Gott zu nennen. Es mag sein, daß gerade die monotheistische Gottesvorstellung zur Zeit von Mohammed in der arabischen Welt schon weit verbreitet war, und daß sie vor allem von jenen nachdenklichen, religiösen Ideen zugänglichen Männern vertreten worden ist, die in der Überlieferung als Ḥanīfen bezeichnet werden. In diesem Fall braucht man also bei Mohammed keine unmittelbare Abhängigkeit von einem christlichen oder jüdischen Gewährsmann anzunehmen. Aber mittelbar geht die Tatsache, daß der Glaube an den einen Gott im damaligen Arabien sozusagen in der Luft lag, sicher auf eine Einwirkung der christlichen und jüdischen Gottesvorstellung zurück. Es ist wohl kein Zufall, daß einzelne Hanīfen in der Überlieferung mit dem Christentum oder Judentum in Verbindung gebracht werden. Jedenfalls hat Mohammed die monotheistische Gottesvorstellung sich ganz zu eigen gemacht. Er war sich dabei der grundsätzlichen Übereinstimmung mit dem Judentum und dem Christentum bewußt, ebenso der Frontstellung gegen die einheimische heidnisch-arabische Überlieferung. Der Monotheismus ist auch in der Folgezeit eine der Grundthesen des Islam geblieben.

Nächst der Idee des Monotheismus haben eschatologische Vorstellungen auf den werdenden Propheten einen starken, ja geradezu erschütternden Eindruck gemacht. Die – ihrer Herkunft nach christliche – Lehre von der Auferstehung und vom Tag des Gerichts, an dem jedes Individuum zur Verantwortung gezogen werden wird, stellt eines der wichtigsten Themen der frühesten Suren des Korans dar, wenn nicht überhaupt das wichtigste. Mit einem unheimlichen Pathos wird hier von den Schrecken des Weltuntergangs und von der Unerbittlichkeit der göttlichen Abrechnung gepredigt, während die Idee des Monotheismus vorerst etwas im Hintergrund bleibt und eine notwendige, aber nicht ausdrücklich postulierte Voraussetzung bildet.

Wenn man sich überlegt, was Mohammed sonst noch an christlichem und jüdischem Gedankengut aufgenommen und sich zu eigen gemacht hat, liegt die Vermutung nahe, daß dazu auch ein großer Teil der biblischen Geschichten gehört, die sich in mehr oder weniger abgewandelter Form in vielen koranischen Verkündigungen wiederfinden. Bei genauerer Überlegung wird man aber zu dem Schluß kommen, daß der Prophet die überwiegende Mehrzahl dieser Geschichten nicht schon im Anfangsstadium seiner prophetischen Tätigkeit gekannt, sondern erst nachträglich und allmählich in Erfahrung gebracht hat. Jedoch eines ist so gut wie sicher: Mohammed muß schon vor seinem öffentlichen Auftreten davon gewußt haben, daß die Juden und Christen heilige Schriften besaßen, die die Grundwahrheiten ihres Glaubens zum Inhalt hatten, und denen die Texte entnommen wurden, die in den gottesdienstlichen Übungen zur Verlesung kamen. Und er hat höchstwahrscheinlich auch schon in jener frühen Zeit gewußt, daß diese Schriften in einer nichtarabischen Sprache abgefaßt waren. Ohne Zweifel hat ihm dieser Sachverhalt schwer zu schaffen gemacht. Er wurde für ihn zu einem heilsgeschichtlichen Problem, das erst seine Lösung fand, als er sich zu der Erkenntnis durchgerungen hatte, daß er seinerseits dazu ausersehen sei, seinen Landsleuten eine sachlich gleichwertige Schrift in arabischer Sprache zu übermitteln.

Schließlich ist noch ein Punkt zu erwähnen, der sich dokumentarisch nicht fixieren läßt, aber trotzdem Beachtung verdient: die Vorgeschichte des gottesdienstlichen Gebets. Die sogenannte Ṣalāt ist die wichtigste der gottesdienstlichen Pflichten, die der Islam vorschreibt, und es ist zu vermuten, daß Mohammed sie, ihrer Wichtigkeit entsprechend, schon früh eingeführt hat. Wahrscheinlich wurde sie ursprünglich nur zweimal täglich abgehalten. Im Lauf der Zeit kamen dann weitere Gebetszeiten hinzu: ein nächtliches Gebet, das später anscheinend wieder wegfiel, bzw. als zusätzliche Leistung galt (vgl. 17, 79), ein »mittleres« Gebet, vermutlich

um die Mittagszeit (2, 238), schließlich zwei weitere Gebete, so daß zuletzt die heute noch gültige Fünfzahl der täglichen Pflichtgebete erreicht war (siehe »Grenzen der Koranforschung«, S. 31–35).
Diese Entwicklungsreihe, die mit der Fünfzahl der täglichen Gebete endet, führt uns bereits in die Zeit der öffentlichen Wirksamkeit Mohammeds und braucht deshalb hier nicht weiter diskutiert zu werden. Für den vorliegenden Zusammenhang aufschlußreicher sind die rituellen Gesten und Formeln, die ein Einzelgebet ausmachen und den Sinngehalt der ganzen Handlung deutlich zum Ausdruck bringen. Unter den Gesten sind die Verneigungen (rukūʿ) und Niederwerfungen (suǧūd) besonders charakteristisch. Sie kennzeichnen, zusammen mit dem andächtigen Stehen vor Gott, die Grundstimmung demütiger Anbetung und lassen sich schlechterdings nicht aus der einheimischen arabischen Überlieferung ableiten, während sie im Kult der zeitgenössischen Hochreligionen, insbesondere des Christentums, gang und gäbe waren. Der Umstand, daß der arabische Terminus Ṣalāt ein Lehnwort aus dem Aramäischen ist, weist in dieselbe Richtung. Wir dürfen deshalb annehmen, daß Mohammed bei der Einführung der wichtigsten kultischen Pflicht unter dem Eindruck christlicher Kultformen gestanden hat. An Gelegenheiten, mit dem Gebetszeremoniell frommer Christen bekannt zu werden, wird es nicht gefehlt haben, nicht nur außerhalb von Mekka, sondern auch in der Stadt selber. Vermutlich wußten christliche Sklaven, die dorthin verschlagen worden waren, über ihren Gebetsritus besser Bescheid als über Einzelheiten ihrer Glaubenslehre. Wie dem aber auch sein mag, irgendwann und irgendwie ist der werdende Prophet von den Gebetsübungen frommer Männer fasziniert worden, die darauf aus waren, »den Namen Gottes zu erwähnen und ihm morgens und abends zu lobpreisen« (24, 36f.). Langsam mag in ihm der Wunsch gereift sein, es ihnen gleichzutun. Die eigentliche Übernahme des fremden Zeremoniells konnte allerdings erst erfolgen, nachdem er die ersten Offenbarungen erlebt hatte und nunmehr über heilige rituelle Formeln verfügte, die den Gebetsgesten als Begleittext beigegeben werden konnten. Aus der bloßen Entlehnung wurde so eine echte Aneignung.
Im übrigen scheint es dem Propheten nicht leicht gefallen zu sein, die Gebetsübungen seinen Landsleuten schmackhaft zu machen, – eine indirekte Bestätigung der Tatsache, daß die Ṣalāt von außen übernommen und nicht aus dem altarabischen Brauchtum herausentwickelt worden ist. Nach Ibn Isḥāq zogen sich die ersten Muslime, wenn sie das Gebet abhalten wollten, in die Schluchten zurück (Mekka liegt am Fuß eines Gebirgsstocks), um von ihren

Landsleuten nicht dabei gesehen und angepöbelt zu werden (Ibn Hišām 166). Und dieselben Banū Ṯaqīf, die bei ihrem Übertritt zum Islam ihr lokales Heiligtum noch eine Zeitlang verschont haben wollten (siehe oben S. 20), äußerten bei dieser Gelegenheit auch den Wunsch, Mohammed möge ihnen die Verpflichtung zur Ṣalāt erlassen. Als der Prophet es ihnen abschlug mit der Begründung, eine Religion ohne Ṣalāt tauge nichts, gaben sie mürrisch nach mit den Worten: »Dann gestehen wir sie dir eben zu. Es ist allerdings eine Erniedrigung« (Ibn Hišām 916). Damit war die instinktive Abneigung der alten Araber gegen den fremden und befremdenden Gebetsritus kurz und bündig zum Ausdruck gebracht.

Das Berufungserlebnis

Einmaligkeit des Berufungserlebnisses

Bis in sein reifes Alter hatte Mohammed den von Generation zu Generation überkommenen Glaubensvorstellungen seiner mekkanischen Landsleute gehuldigt. Aber auf die Dauer konnte er sich nicht mit ihnen zufriedengeben. Sie waren zu sehr verblaßt, abgegriffen und ausgehöhlt. Neue, zugkräftigere Ideen und Vorstellungen, die von den Juden und noch mehr von den Christen propagiert wurden, waren auf mancherlei Umwegen bis nach Mekka vorgedrungen und auch ihm zu Ohren gekommen. Sie hatten seinen grüblerischen, der Fragwürdigkeit des Daseins aufgeschlossenen Sinn unmittelbar angesprochen. Die Gebetsübungen frommer Andersgläubiger übten eine faszinierende Wirkung auf ihn aus. Langsam bereitete sich so eine innere Wandlung in ihm vor.

Diese endete nun nicht damit, daß er sich geradeswegs dem Christentum anschloß. Die Christen waren, von Mekka aus gesehen, ein fremdes Volk. Ihre Glaubensgemeinschaft hatte ihren Schwerpunkt in der außerarabischen Welt. Mohammed hat keinen Übertritt in diese fremde Welt vollzogen. Wir müssen das als eine historische Tatsache hinnehmen und brauchen uns nicht weiter darüber zu wundern.

Erstaunlicher ist eine andere, ebenfalls historische Tatsache. Mohammed hat sich nicht damit begnügt, sich selber eine neue, auf dem Monotheismus begründete Gotteserkenntnis zu eigen zu machen. Er ist, arabisch ausgedrückt, nicht zum Ḥanīfen geworden, sofern man diesen Terminus im Sinn der arabischen Historiker verwendet und auf diejenigen arabischen Gottsucher beschränkt, die sich als Einzelgänger zu einem höheren Gottesglauben durchgerungen haben, ohne dabei zum Judentum oder Christentum überzutreten. Mit anderen Worten: er ist bei seiner Suche nach einem neuen Glauben kein Individualist geblieben. Sonst wäre er wie alle Ḥanīfen als Teil einer geschichtslosen Masse der Vergessenheit verfallen. Er hat – und das ist das Erstaunliche – die Frage nach einer religiösen Neuorientierung zugleich auch für seine mekkanischen Landsleute und schließlich für alle Araber gestellt und in eigener Person praktisch zu lösen versucht. Er fühlte sich für die Allgemeinheit mit verantwortlich. Er glaubte sich dazu berufen, das Wissen um die göttliche Wahrheit an seine Landsleute weiterzuleiten, um diese durch eine solche Botschaft ihrerseits auf den rechten Weg zu leiten, so wie er selber von Gott rechtgeleitet worden war (93, 7). Wir dürfen annehmen, daß das Bewußtsein, einen derartigen Auftrag zu haben, in ihm irgendeinmal in Form eines Berufungserlebnisses zum Durchbruch gekommen ist. Und wir fragen uns, ob sich dieses sein Berufungserlebnis auf Grund der einheimischen Überlieferung und der Zeugnisse aus dem Koran historisch faßbar oder wenigstens psychologisch begreifbar machen läßt.

Was die zeitliche Fixierung des Berufungserlebnisses angeht, so ist bereits darauf hingewiesen worden, daß Mohammed vierzig Jahre alt oder noch älter war, als er sich mit seiner Botschaft an die Öffentlichkeit wandte. Eine weitere chronologische Angabe ist dem Vers 185 der 2. Sure zu entnehmen, wo im Zusammenhang mit dem Fasten der Monat Ramaḍān genannt wird, »in dem der Koran herabgesandt worden ist als Rechtleitung für die Menschen, und (die einzelnen Verse) als klare Beweise (baiyināt) der Rechtleitung und des ›Furqān‹ (der letzte Ausdruck ist vieldeutig)«. Vermutlich hat Mohammed damit sagen wollen, daß der Koran im Ramaḍān *erstmals* geoffenbart worden ist, d. h. daß er, Mohammed, erstmals im Ramaḍān, dem späteren Fastenmonat, eine koranische Offenbarung erlebt hat. Falls diese Vermutung stimmt, hat Mohammed seine erste Offenbarung als ein denkwürdiges Erlebnis im Gedächtnis behalten, so daß er sich in späteren Jahren an den betreffenden Monat erinnern konnte. Daß es gerade der Ramaḍān war, der Weihemonat des Fastens, war für ihn wohl mehr als ein bloßer Zufall. Einen näheren Hinweis auf die Tages- bzw. Nachtzeit der ersten Offenbarung bieten die beiden Stellen 97, 1: »Wir haben ihn (den Koran) in der Nacht der Bestimmung (al-qadr) hinabgesandt«; und 44, 3: »Wir haben sie (die Schrift) in einer gesegneten Nacht hinabgesandt . . .«. Dabei ist auch wieder vorauszusetzen, daß die »Hinabsendung« des Korans sich der Sache nach nicht auf die koranischen Offenbarungen insgesamt, sondern auf den Beginn der Offenbarungen, d. h. auf das einmalige Berufungserlebnis bezieht. Das erste Offenbarungserlebnis wäre demnach für den Propheten nachträglich zum Symbol der gesamten Offenbarung geworden, so daß er sagen konnte, in jener gesegneten Nacht sei der Koran überhaupt, und nicht nur ein Stück daraus, auf ihn herabgesandt worden.

Es ist nun nicht weiter wichtig, ob die »Nacht der Bestimmung« innerhalb des Ramaḍān genauer datiert werden kann, etwa auf eine der letzten zehn Nächte, oder noch genauer auf den 27. Ramaḍān, wie man das später angenommen hat. Beachtenswert ist dagegen die Tatsache, daß als Zeitpunkt der »Herabsendung« überhaupt eine Nacht genannt wird. Allerdings lassen sich damit nicht alle einschlägigen Angaben im Koran und in der Überlieferung in Einklang bringen.

Visionen

In der Überlieferung (ḥadīṯ) und bei den Historikern ist davon die Rede, daß die Offenbarung bei Mohammed mit einer »wahrhaftigen« oder »richtigen« Vision eingesetzt habe. Damit läßt sich vielleicht Sure 53, 1–18 in Verbindung bringen. Die beiden Visionen, auf die der Prophet hier anspielt, werden allerdings nur ganz allgemein als Beweis für die Wahrhaftigkeit seiner Botschaft gewertet und nicht ausdrücklich auf das Anfangsstadium der Offenbarung überhaupt zurückbezogen. Die Stelle lautet in wörtlicher Übersetzung:

Sure 53, 1–18: »Beim Stern, wenn er untergeht! * Euer Landsmann (Mohammed) ist nicht fehlgeleitet und befindet sich nicht im Irrtum. * Und er spricht nicht auf Grund von (persönlicher) Neigung. * Es (d.h. was er vorträgt) ist nichts anderes als eine (regelrechte) Inspiration. * Gelehrt hat (es) ihn einer, der über große Kräfte verfügt, * und dem Festigkeit eigen ist. Und er stand aufrecht da, * (in der Ferne) ganz oben am Horizont. * Hierauf näherte er sich und kam (immer weiter) nach unten * und war (schließlich nur noch) die Länge (?) von zwei Bogen (entfernt), oder (noch) näher. * Und er gab seinem Diener (d.h. Mohammed) jene Offenbarung ein. * Das Herz hat nicht gelogen, was es (oder: er) gesehen hat. * Wollt ihr denn mit ihm streiten über das, was er (mit eigenen Augen) sieht?

Er hat ihn ja auch ein anderes Mal herabkommen sehen, * beim Zizyphusbaum am äußersten Ende (des heiligen Bezirks?), * (da) wo der Garten der Einkehr ist (?), * (damals) als sich jene Decke (oder: Verhüllung) über den Zizyphus legte. * Der Blick schweifte nicht ab, noch überschritt er die Grenze (dessen, was angängig ist?). * Er hat doch (auch sonst?) ganz große Zeichen seines Herrn gesehen.«

Der Text ist an einigen Stellen schwer zu deuten. Unter anderem ist nicht klar, ob man den »Garten der Einkehr« und den »Zizyphus am äußersten Ende« auf die himmlischen Gefilde beziehen soll, oder aber auf einen Ort in der Nähe von Mekka (wofür Richard Bell sich wieder eingesetzt hat, The Moslem World, 24, 1934, S. 150). Wir brauchen uns bei solchen Einzelheiten nicht weiter aufzuhalten. Wichtig ist dagegen die Tatsache, daß Mohammed nicht etwa nur einen Engel, bzw. speziell den Engel Gabriel gesehen haben will, sondern Gott selber. Das ergibt sich eindeutig aus Vers 10 (»Und er gab seinem Knecht eine Inspiration«). Mit dem Herrn, der »seinem Knecht« eine Inspiration gegeben hat, kann nur Gott gemeint sein.

In Sure 81 wird von Mohammed in einem ähnlichen Zusammenhang wie in Sure 53 ausgesagt: »Er hat ihn ja am deutlichen Horizont gesehen« (Vers 23). Die Ähnlichkeit zwischen dieser Stelle und 53, 7 (»oben am Horizont«) ist unverkennbar. Wenn man nun aber den Zusammenhang mit einbezieht, ergibt sich, daß Mohammed – dem vorliegenden Wortlaut nach – nicht Gott, sondern den »edlen Gesandten« gesehen haben will, der seinerseits als Sprecher bzw. Übermittler der göttlichen Botschaft gedacht ist. Der Textzusammenhang lautet:

Sure 81, 19–26: »Es (d.h. was euch im Koran vorgetragen wird) ist die Aussage eines vortrefflichen Gesandten, * der beim Herrn des Thrones über (große) Gewalt verfügt und Macht (und Ansehen) hat, * und dem man dort Gehorsam leistet und Vertrauen entgegenbringt. * Und euer Landsmann (Mohammed) ist nicht besessen. * Er hat ihn (d.h. den in Vers 19 genannten ›vortrefflichen Gesandten‹) ja am deutlichen Horizont gesehen. * Und er geizt nicht mit dem, was (den gewöhnlichen Sterblichen) verborgen ist. * Und es ist nicht die Aussage eines verfluchten Satans. * Wo kommt ihr denn hin (mit euern Verdächtigungen)?«

Nach Sure 53 hat Mohammed also Gott selber gesehen, nach Sure 81 seinen »vortrefflichen Gesandten«. Hinter diesem Widerspruch steckt ein dogmatisches Problem. Anscheinend hat Mohammed ursprünglich im Glauben gelebt, er habe in jener Vision, nach dem Horizont blickend, Gott selber gesehen. Dafür spricht die Formulierung in Sure 53. Im Lauf der Zeit ist er jedoch zur Überzeugung gekommen, daß es keinem Menschen vergönnt ist, Gott zu schauen. So heißt es 6, 103: »Die Blicke (der Menschen) erreichen ihn nicht.« In Sure 42, 51 wird dies noch ausführlicher dargelegt: »Keinem Menschen kommt es zu, daß Gott mit ihm spricht, es sei denn durch Eingebung (waḥy), oder hinter einem Vorhang (der den Menschen daran hindert, ihn zu Gesicht zu bekommen), oder indem er einen Boten sendet, der ihm dann mit seiner (Gottes) Erlaubnis eingibt, was er (Gott) will.« Der Visionsbericht in Sure 81 scheint eine Art Zwischenstellung einzunehmen. R. Bell nimmt, vielleicht mit Recht, an, daß die Stelle erst nachträglich ihre jetzige Textform erhalten hat (MW 24, 1934, S. 150 Anm.). Demnach wäre der Ausdruck »vortrefflicher Gesandter« (Vers 19) ursprünglich auf Mohammed selber gemünzt gewesen, wie in Sure 69, 40.

Erst nachträglich wären dann die Verse 20f. eingefügt worden zu dem Zweck, den »vortrefflichen Gesandten« als Engel zu charakterisieren.

Wie dem nun auch sein mag, die koranischen Berichte über gewisse Visionen, die Mohammed gehabt hat, geben wenig Auskunft über das eigentliche Berufungserlebnis. Auch die mysteriöse Stelle 17, 1 hilft nicht weiter, zumal es sich hier eher um ein Traumerlebnis als um eine eigentliche Vision handelt. Wenn man alles in allem nimmt, gewinnt man den Eindruck, daß der Prophet wohl einige visionäre Erlebnisse gehabt hat, daß aber seine Prophetie nicht eigentlich von ihnen getragen worden ist. In seiner Verkündigung machte er auffallend wenig davon Gebrauch. Das läßt sich am einfachsten damit erklären, daß er ihnen keine grundlegende Bedeutung beigemessen hat. Sein Sendungsbewußtsein wurde durch visionäre Erlebnisse bestärkt, hing aber nicht von ihnen ab.

Die früheste Verkündigung

Wenn die koranischen Visionsberichte verhältnismäßig wenig Aufschluß über das Berufungserlebnis geben, so mag das z.T. auch daran liegen, daß sie in einem Textzusammenhang überliefert sind, der erst längere Zeit nach dem Beginn von Mohammeds prophetischer Tätigkeit formuliert worden ist. Nun wird aber von ein paar anderen Stellen überliefert, daß sie gleich zu Beginn der Prophetie verkündet worden seien. Es fragt sich, ob wir nicht aus ihnen – eben ihres hohen Alters wegen – etwas Näheres über das Berufungserlebnis erfahren können. In Betracht kommen vor allem die beiden Suren 96 und 74 je mit ihren ersten Versen. Sie machen sich in der einheimischen Überlieferung gegenseitig die Ehre streitig, die älteste Offenbarung überhaupt zu sein. Die überwiegende Mehrheit erkennt allerdings der Sure 96 das höhere Alter zu. Die beiden Texte lauten:

Sure 96, 1–5: »Trag vor im Namen deines Herrn, der erschaffen hat, * den Menschen aus einem Embryo erschaffen hat! * Trag vor! * Dein Herr ist edelmütig wie niemand auf der Welt (wörtlich: ist der Edelmütigste), * (er) der gelehrt hat, das Schreibrohr (zu gebrauchen), * den Menschen gelehrt hat, was er (zuvor) nicht wußte.«

Sure 74, 1–5(7): »Du, der du dich (mit dem Obergewand) zugedeckt hast! * Steh auf (oder: Steh) und warne! * Und deinen Herrn, den rühme! * Und deine Kleider, die reinige! * Und die Unreinheit, die meide (oder weniger wahrscheinlich: den Zorn (Gottes), den meide)! * (Und erweise keine Wohltat (in der Absicht, als Gegengabe) mehr zu bekommen! * Und im Hinblick auf deinen Herrn sei standhaft!).«

Über die Offenbarung des letzteren Textes (74, 1–5) – um gleich damit zu beginnen – bietet die einheimische Überlieferung genauere Angaben. Mohammed soll, durch ein visionäres Erlebnis erschreckt, vom Berg Ḥirā' zu seiner Gattin Ḫadīǧa geeilt sein mit dem Ruf: »Hüllt mich ein, hüllt mich ein!« (zammilūnī, nach einer anderen Version daṯṯirūnī). Anschließend seien dann die ersten Verse von Sure 74 geoffenbart worden (»Du, der du dich zugedeckt hast! Steh auf und warne! usw.«). Nun läßt sich anscheinend die Prozedur des Verhüllens und Überdeckens gerade bei Ekstatikern und Visionären häufig beobachten (siehe H. Holma, Mahomet, Paris 1946, S. 154). Die Überlieferung als Ganzes klingt deshalb nicht unwahrscheinlich. Andererseits ist aber doch ernstlich zu überlegen, ob der ganze Vorgang nicht etwa nachträglich aus dem Wortlaut von Sure 74, 1 (yā aiyuhā l-muddaṯṯir) und von Sure 73, 1 (yā aiyuhā l-muzzammil) herausgedeutet worden ist. Jedenfalls läßt sich der Eingang von Sure 74 (und 73) auch unabhängig von der oben wiedergegebenen Überlieferung befriedigend erklären, und zwar auf eine ganz einfache Weise. Sowohl in 74, 1 als auch in 73, 1 ist einer angesprochen, »der sich eingehüllt hat« (muddaṯṯir, muzzammil), nicht einer, »der eingehüllt worden ist« (mudaṯṯar, bzw. muzammal), wie man auf Grund der Überlieferung eigentlich annehmen müßte. Die unmittelbare Fortsetzung lautet in beiden Fällen: »Steh auf!« oder »Steh!« (qum, 74, 2 und 73, 2). Und in Sure 73 folgt weiter die Zeitbestimmung »bei Nacht«. Sollte Mohammed nicht auch in Sure 74 angesprochen sein als einer, der sich bei Nacht schlafen gelegt und sich dabei in sein Gewand gehüllt hat, und der nunmehr aufgefordert wird, vom Schlaf aufzustehen und in Anbetung (Vers 3) und Heiligung (4) Gott zu dienen? In diesem Fall würden für die Deutung des Eingangs von Sure 74 immer noch zwei Möglichkeiten offenstehen. Entweder hätte die Stelle überhaupt nichts mit dem eigentlichen Berufungserlebnis zu tun. Sie wäre nichts anderes als eine Aufforderung zu einer Andachtsübung in der Nacht oder bei Tagesanbruch, ähnlich wie der Hinweis auf die »Rezitierung der Morgendämmerung« in 17, 78. Oder aber, die Überlieferung, daß Sure 74, 1–5 die früheste koranische Verkündigung darstellt, würde doch zu Recht bestehen. Dann hätten wir hier einen weiteren Hinweis darauf, daß Mohammed sein erstes Offenbarungserlebnis nicht am hellichten Tag, sondern zur Nachtzeit gehabt hat (s. oben S. 48f.).

Was den Anfang von Sure 96 angeht, so wird er in der Überlieferung mit dem Erscheinen eines Engels in Verbindung gebracht (nachträglich hat man ihn mit Gabriel identifiziert). Der Engel soll Mohammed zum Rezitieren aufgefordert, ja geradezu gepreßt und ihm dabei den Wortlaut der fünf mit iqra' (»Trag vor!«) eingeleiteten Verse eben dieser Sure vorgesprochen haben. Man kann nun darüber streiten, ob der Wortlaut von Sure 96, 1–5 aus einem solchen Sachzusammenhang heraus zu verstehen ist oder nicht. Vielleicht hat Mohammed tatsächlich auf Grund eines visionären Erlebnisses geglaubt, die genannten Offenbarungsworte aus Engelsmund zu hören. Aber ein zwingender Beweis läßt sich natürlich nicht erbringen. Man muß auch mit der Möglichkeit rechnen, daß der in der Überlieferung geschilderte Vorgang nachträglich auf Grund des Textes erschlossen, deutlicher gesagt erfunden worden ist. Die arabischen Philologen und Exegeten, die sich mit dem Korantext und dessen Geschichte befaßt haben, hatten selbstverständlich ein Interesse daran, den ältesten Bestandteil der ganzen Sammlung ausfindig zu machen. Falls kein sachlicher Anhaltspunkt dafür vorlag, mochte ein Gesichtspunkt formaler Art den Ausschlag geben: Sure 96 ist die einzige Sure, die mit der Aufforderung iqra' (»trag vor!«) eingeleitet ist. Nichts war natürlicher, als in ihr den zeitlich ersten Bestandteil der ganzen Sammlung zu sehen, die ja ihrerseits aus lauter Rezitierungen zusammengesetzt war und eben deshalb Qur'ān genannt wurde. Es ist nicht ausgeschlossen, daß die weiteren Einzelheiten des in der besagten Überlieferung geschilderten Vorgangs nachträglich ausgesponnen worden sind, nachdem man erst einmal das hohe Alter von Sure 96 festgestellt zu haben glaubte: die zweifelnde Frage Mohammeds, was er denn rezitieren solle, und die drängende Antwort des Engels, die ihn schließlich zu der gewünschten Aussage zwang. Kurzum, man kann den Eingang von Sure 96 nicht mit Bestimmtheit auf das eigentliche Berufungserlebnis zurückbeziehen.

Und trotzdem, der Sache nach liegt hier ein wirklicher Zusammenhang vor. Die Aufforderung iqra', »trag vor!«, mit der Sure 96 eingeleitet ist, bildet das Leitmotiv der koranischen Verkündigung überhaupt. Sie birgt ein ganzes Programm in sich. Mohammed ist dazu aufgerufen, zu rezitieren, d. h. einen heiligen Text vorzusprechen. Wenn er sich, was wahrscheinlich ist, von Anfang an mit dem Gedanken getragen hat, einen Gottesdienst nach Art der »Leute der Schrift« einzurichten, benötigte er liturgisch verwertbare Texte. Die erste koranische Offenbarung, die er empfing, war zugleich der Beginn einer liturgischen Textschöpfung. Er mag dabei das Gefühl gehabt haben, einem schier unerträglichen Zwang zu unterstehen, wie das die einheimische Überlieferung darstellt. Das schließt nicht aus, daß ihm damit zugleich ein sehnlicher, im stillen längst gehegter Wunsch in Erfüllung gegangen ist. So oder so ist unter dem Stichwort iqra' die Vorbereitungs- und Wartezeit des Grüblers und Gottsuchers Mohammed zum Abschluß und die Prophetie zum Durchbruch gekommen. Die Überlieferung, daß der Beginn von Sure 96 am Anfang der Offenbarung gestanden habe, hat deshalb einen tiefen Sinn und zum mindesten einen wahren Kern.

Reimprosa und Wahrsagerei

Wenn wir schon den Spuren nachgehen, die das Berufungserlebnis Mohammeds in dem uns vorliegenden Quellen- und Überlieferungsmaterial hinterlassen haben mag, müssen wir schließlich auch einen Sachverhalt rein formaler Art in Betracht ziehen: das sprachliche Gewand der koranischen Offenbarungen. Die Frage nach dem frühesten Offenbarungstext wird unter diesem Gesichtspunkt gegenstandslos. Denn alle Suren, auch alle Teilstücke von Suren, sind grundsätzlich in derselben Sprachform, der sog. Reimprosa (saǧʿ) abgefaßt. Somit hat auch der erste Offenbarungstext diese sprachliche Prägung erhalten, gleichviel ob es sich um die 96. oder 74. Sure handelt oder um irgendein anderes Stück aus dem Koran. Zwar hat R. Bell einmal die Vermutung ausgesprochen, die allerersten Ansprachen Mohammeds seien nicht gereimt gewesen. Das ist aber so unwahrscheinlich, daß wir nicht näher darauf einzugehen brauchen.

Als Beispiel für die Klangwirkung der koranischen Reimprosa mag die Rückertsche Übersetzung von Sure 90, 1–16 und die Grimmesche Übersetzung von Sure 96, 1–8 dienen.

Sure 90, 1–16: »Soll ich schwören bei dieser Stadt? * (Denn du wohnst in dieser Stadt). * Beim Säemann und seiner Saat! * Wir erschufen den Menschen zu harter Tat. * Meint er, daß Niemand Gewalt auf ihn hat? * Er spricht: O wie vieles Gut ich zertrat! * Meint er, daß Niemand gesehn ihn hat? * Wer hat ihm die Augen bereitet? * Und die Lippen ihm geweitet? * Und auf den Scheideweg ihn geleitet? * Doch er erklimmt nicht den hohen Rand. * Weißt du, was ist der hohe Rand? * Zu lösen der Gefangenen Band; * Zu speisen, wann der Hunger im Land, * Den Waisen, der dir anverwandt, * Den Armen, der dir unbekannt.«

Sure 96, 1–8: »Trag vor in des Herren Namen, * Der euch schuf aus blutigem Samen! * Trag vor! Er ist der Geehrte, *

Der mit dem Schreibrohr lehrte, * Was noch kein Menschenohr hörte. * Doch der Mensch ist störrischer Art, * Nicht achtend, daß Er ihn gewahrt. * Doch zu Gott führt einst die Fahrt.«

Wie man sieht, ist die Rede in kurze Sätze und Satzteile zerlegt, die – mit geringfügigen Ausnahmen – über zwei oder mehr Glieder denselben Reim haben. Der Abstand von Reim zu Reim wird übrigens in den Suren der späteren Zeit immer größer, so daß schließlich von der ursprünglichen inneren Spannung und rhythmischen Musikalität nichts mehr zu merken ist und als einziges Formelement der Endreim der einzelnen Verse übrigbleibt. Doch das tut hier, wo die frühesten Offenbarungen zur Diskussion stehen, nichts zur Sache.

Schon weiter oben (S. 25) ist in anderem Zusammenhang darauf hingewiesen worden, daß in vorislamischer Zeit der Kāhin seine Wahrsprüche in eben diese Sprachform der Reimprosa einzukleiden pflegte. Die Vermutung liegt nahe, daß Mohammed sich bei der sprachlichen Formulierung der Offenbarungssprüche nach dem Vorbild der alten Wahrsager gerichtet hat, mit anderen Worten daß hier, wenigstens im Formalen, eine Abhängigkeit vorliegt. Diese Vermutung wird zur Gewißheit, wenn man eine weitere Tatsache in Betracht zieht: einige der frühesten koranischen Verkündigungen sind in derselben Weise wie manche Sprüche von altarabischen Wahrsagern mit auffallenden, z.T. kaum verständlichen Schwüren eingeleitet.

Besonders schwer verständlich ist es, wenn Mohammed, um die Wahrheit seiner Aussage zu beteuern, bei Wesenheiten schwört, die nicht namentlich genannt, sondern nur durch Beiwörter (im Partizip Femin. Plur.) umschrieben werden (51, 1–4; 77, 1–6; 79, 1–5; 100, 1–5; 37, 1–3). Zum Teil sind damit vielleicht Winde gemeint (51, 1–4; 77, 1–6), zum Teil Kampfrosse (100, 1–5), zum Teil Engel (37, 1–3). Aber bezeichnend ist eben, daß die Deutung dem Leser bzw. Hörer überlassen bleibt. Die Übereinstimmung mit dem Formenschatz der Wahrsager wird übrigens an den Stellen besonders deutlich, an denen der Prophet bei der Nacht, bei Tageszeiten und überhaupt bei kosmischen Erscheinungen schwört. »Beim Vormittag * und der Nacht, wenn sie still ist!« (93, 1f.). »Beim Nachmittag!« (103, 1). »Wahrlich, ich schwöre bei der Abenddämmerung, * bei der Nacht, und (dem), was sie in sich aufnimmt, * und beim Mond, wenn er voll wird!« (84, 16–18). »Nein! Beim Mond, * der Nacht, wenn sie entweicht, * und dem Morgen, wenn er anbricht!« (74, 32–34). »Bei der Nacht, wenn sie dunkelt, * dem Tag, wenn er sich zeigt, * und dem, was das Männliche und Weibliche erschaffen hat!« (92, 1–3). »Bei der

Morgendämmerung, * zehn Nächten, * dem (an Zahl) Geraden und Ungeraden * und der Nacht, wenn sie abläuft! * Ist das nicht ein (wirksamer) Schwur für einen, der Verstand (ḥiǧr) hat?« (89, 1–5). »Beim Stern, wenn er herabfällt!« (53, 1). »Beim Himmel und dem (Stern), der bei Nacht kommt!« (86, 1; weitere einschlägige Stellen: 81, 15–18; 56, 75f.; 86, 11f.; 91, 1–8).
Wenn man bedenkt, daß die angeführten Schwurformeln mit dem darauf folgenden Text keinen sachlichen Zusammenhang haben und daher schablonenhaft und gekünstelt wirken, wird man die fremde Herkunft einer solchen Ausdrucksweise nicht bezweifeln können. Mohammed hat sich gewisser Stilmittel bedient, die in den Kreisen der altarabischen Wahrsager längst heimisch geworden waren und hier sozusagen zum Berufsjargon gehörten. Es fragt sich nun aber, ob er dem fremden Vorbild nur in formaler Hinsicht gefolgt ist, oder ob er nicht auch seinerseits irgendwie in der Vorstellungswelt befangen war, in der und aus der die Wahrsager lebten. Diese Frage wird, um es gleich vorwegzunehmen, mit einem »sowohl als auch« zu beantworten sein. Denn genau genommen, liegt hier gar keine wirkliche Alternative vor.
Einerseits ist zu bedenken, daß Mohammed zu Beginn seines öffentlichen Auftretens noch nichts von Prophetie wußte. Mit den alttestamentlichen Propheten ist er erst spät und zudem äußerst mangelhaft bekannt geworden. Sie konnten ihm deshalb nicht schon bei seinem Berufungserlebnis als Leitbild dienen. Auch muß es eine gute Weile gedauert haben, bis er sich zu der Gewißheit durchgerungen hatte, ein »Gesandter Gottes« zu sein. Jedenfalls lag der Gedanke, daß irgendein Mensch mit einer göttlichen Botschaft an sein Volk betraut sein könnte, seinen arabischen Zeitgenossen fern. Dagegen wußte man von Männern, die, von einem Geistwesen erleuchtet oder gar besessen, über ein höheres Wissen verfügten und dieses im Interesse von Individuen, Sippen oder ganzen Stämmen in der halb geheimnisvollen, halb verständlichen Form ungereimter Wahrsprüche zum besten gaben. Unter diesen Umständen war es nur natürlich, wenn Mohammed in dem bewußten oder unbewußten Drang, eine neu gewonnene Glaubenseinsicht an seine Umwelt weiterzugeben, zuerst einmal daran gedacht oder wenigstens mit dem Gedanken gespielt hat, er könnte vielleicht eine Art Kāhin sein. Wie die Wahrsager hatte er ja auch etwas auszusagen, was auf einer höheren Ebene als der des Alltags lag und der bloß sinnlichen Wahrnehmung entrückt war. Wie sie äußerte er sich nicht aus eigenem Antrieb, sondern als Werkzeug und Sprachrohr eines Geistwesens. Verschiedene Stellen im Koran bezeugen, daß seine Landsleute tatsächlich behauptet haben, er sei ein

Dichter, Besessener oder Wahrsager (52, 29f.; 69, 41f.; 37, 36; 21, 5; der Vorwurf, er sei »besessen«, bzw. er habe einen Ǧinn, findet sich auch an anderen Stellen). Seinerseits hat er diese ihre Behauptung allerdings als unwahr, zurückgewiesen. Aber das geschah vermutlich erst in einer Zeit, in der er über die Besonderheit seines Auftrags schon völlige Klarheit gewonnen hatte. Im Anfangsstadium, zur Zeit seines Berufungserlebnisses, war er sich noch nicht sicher genug. Einer Überlieferung zufolge, die Ibn Saʿd auf ʿUrwa ibn az-Zubair als ältesten Gewährsmann zurückführt, soll er einmal zu Ḫadīǧa gesagt haben: »Ich sehe ein Licht und höre eine Stimme. Ich fürchte wirklich, ein Kāhin zu sein« (Ibn Saʿd I, 1, S. 130).

Damit ist aber nur die eine Seite des Sachverhalts gekennzeichnet: Mohammeds Überlegung, er könnte ein Kāhin sein – eine Art Zwangsvorstellung, die sich in seinem Bewußtsein eingeschlichen hatte. Auf der anderen Seite ist zu beachten, daß es ihm bei diesem Gedanken durchaus nicht wohl war. Sein Sinn stand gleich zu Beginn seines öffentlichen Auftretens nach Höherem. Bei seiner Verkündigung hatte er keine stammes- oder familienegoistischen Ziele im Auge. Er verlangte dafür keinen Lohn – ein Umstand, auf den er später immer wieder hingewiesen hat. Er machte sich zum Sprecher einer geläuterten, monotheistischen Gotteserkenntnis und vertrat ein echt religiöses Ethos. Seine Botschaft bedeutete etwas ganz Neuartiges, Einmaliges und Unabdingbares. Notwendigerweise mußte er damit den Rahmen der üblichen Wahrsagerei sprengen. So war er weit mehr als einer der landläufigen Hellseher, Zeichendeuter oder Magier. Um es abschließend mit einem Paradoxon auszudrücken: bevor er von Prophetie überhaupt etwas wußte, hatte er – objektiv betrachtet – bereits angefangen, ein Prophet zu sein.

Berufungserlebnis und Sendungsbewußtsein

Mohammed hat, so nehmen wir an, ein einziges Mal, und zwar im Alter von etwa 40 Jahren, ein Berufungserlebnis gehabt. Zu diesem Zeitpunkt ist in ihm das Bewußtsein, von Gott einen Verkündigungsauftrag erhalten zu haben, zum Durchbruch gekommen. Nach einigen Überlieferungen ist im Anschluß an die ersten Offenbarungen, die dem Berufungserlebnis gefolgt waren, eine Unterbrechung (fatra) eingetreten. Wir müssen außerdem annehmen, daß Mohammed seine Offenbarungen in der ersten Zeit nur im engsten Familienkreis weitergegeben hat. Vielleicht hat es sogar Jahre gedauert, bis er es wagen konnte, öffentlich aufzutreten. Jedenfalls wird er nicht mit einem Schlag zu einem Massenevangelisten geworden sein. Das sind aber alles Nuancen, die das Gesamtbild nur verdeutlichen und nicht eigentlich abändern. Wesentlich ist bei alledem, daß das Sendungsbewußtsein, nachdem es erst einmal zum Durchbruch gekommen war, den Propheten nicht wieder verlassen, ihn vielmehr durch sein ganzes Leben begleitet und in seinem Handeln bestimmt hat. Das Berufungserlebnis war, wenn man es in der Sprache der Mathematik ausdrücken will, ein einzelner Punkt, verloren in der Unendlichkeit von Raum und Zeit. Im Sendungsbewußtsein als einem konstanten seelischen Gehalt wurde dieser Punkt zur Linie, die über die Vereinzelung der Person und über den Moment des Erlebnisaktes hinausführte in die Weite des geschichtlichen Raumes. Wer nicht nur psychologisch, sondern auch historisch an der Sache interessiert ist, wird sich der weiteren Entwicklung dieses Sendungsbewußtseins mit um so größerer Aufmerksamkeit zuwenden und nicht an der Analyse des Berufungserlebnisses hängen bleiben. Dabei ergeben sich wertvolle Einsichten in das Wesen von Mohammeds Prophetie, aber auch neue Probleme. Wenn wir der Entwicklung seines Sendungsbewußtseins näher nachgehen, kommen wir zu der Erkenntnis, daß es für einen religiösen Genius kaum schwerer ist, zum Propheten zu *werden,* als ein Prophet zu *bleiben,* d.h. die Prophetie, nachdem sie erst einmal eingesetzt hat, in Gang zu halten und die einzelnen Verkündigungen trotz gelegentlicher Unsicherheiten und Zweifel einem umfassenden göttlichen Heilsplan dienstbar zu machen.

Im vorhergehenden Kapitel war bereits davon die Rede, daß die einzige mit der Aufforderung iqra' »trag vor«, »rezitiere!« eingeleitete Koranstelle, Sure 96, 1ff., zuallererst geoffenbart worden sein soll. Die Richtigkeit dieser Überlieferung konnte allerdings nicht bewiesen werden. Immerhin war zuzugeben, daß sie einen wahren Kern habe. Wenn wir nunmehr von der speziellen Frage nach dem frühesten Offenbarungstext absehen und unser Augenmerk ganz allgemein dem Sendungsbewußtsein Mohammeds zuwenden, erhält das Stichwort iqra' eine viel größere, ja eine entscheidende Bedeutung. Durch die ganze Zeit seines Wirkens, von der mutmaßlichen Berufung an bis an sein Lebensende, hat der Prophet es als seine Aufgabe betrachtet, seinen Landsleuten heilige Texte vorzutragen, Qur'āne, Rezitierungen, die dann nachmals in der großen Sammlung, dem Qur'ān überhaupt, vereinigt worden sind. Darin haben wir wohl den wesentlichen Grundzug seines ganzen Sendungsbewußtseins zu sehen.
Die Texte, die Mohammed zu verkündigen hatte, trugen ihren eigentlichen Sinn natürlich in sich selber. Es waren Lobpreisungen von Gottes Güte und Schöpfermacht, Ankündigungen des Jüngsten Tages, Trostworte, Ermahnungen und Warnungen. Dazu kamen im Lauf der Zeit Hinweise auf Abschnitte der früheren Heilsgeschichte, rhetorische und sachliche Auseinandersetzungen mit den Gegnern, zuletzt auch Regelungen von Rechtsfragen. Aber viele der Verkündigungen dienten gleichzeitig einem anderen Zweck. Sie fanden als liturgische Texte in den Gebetsübungen des neu eingerichteten oder einzurichtenden Gottesdienstes Verwendung. Auf diesen sehr wichtigen Nebenzweck weist das arabische qur'ān »Rezitierung«, »Schriftlesung« hin. Der Ausdruck (eine Art nomen verbi zu qara'a, »rezitieren«, »lesen«) ist allem Anschein nach ein Lehnwort aus dem Aramäischen. Das ist bezeichnend für die Herkunft des Begriffs, den Mohammed mit dem Wort verbunden hat. Das »Rezitieren« als eine gottesdienstliche Funktion hatte – von Innerarabien aus gesehen – seine geistige Heimat in dem Ländergürtel, der als »fruchtbarer Halbmond« der arabischen Halbinsel im Norden vorgelagert ist, und der zur Zeit des Propheten größtenteils von Christen, zu einem kleineren Teil auch von Juden bevölkert war und den Kern des aramäischen Sprachgebiets darstellte. Die zeitgenössischen Christen und Juden bedienten sich beim Rezitieren heiliger Texte in der Regel, wenn nicht ausschließlich der Kultursprache, d. h. eben des Aramäischen. Dadurch, daß Mohammed heilige Texte in arabischer Sprache vortrug, schuf er

ein einheimisches Gegenstück zu jener fremdsprachigen Liturgie.
Neben dem Bedürfnis nach Rezitationstexten in der einheimischen Sprache machte sich bei Mohammed der Wunsch nach einem eigenen Offenbarungsbuch, einer heiligen Schrift in arabischer Sprache geltend. Daß der Prophet schon von Anfang an alle Offenbarungen, die früheren wie auch die eigenen, mit einem schriftlichen Text, einem Buch (kitāb), in Verbindung gebracht hat, ist allerdings nicht ganz so sicher, wie man das bisher wohl allgemein angenommen hat. Jedenfalls wußte er in der ersten Zeit über die heiligen Schriften der Juden und Christen so gut wie überhaupt nichts. Auf Grund des koranischen Sprachgebrauchs ist sogar anzunehmen, daß er erst nach der Emigration nach Medina die Thora als die heilige Schrift der Juden und das »Evangelium« (inǧīl) als die der Christen kennengelernt hat, und auch das nur dem Namen nach. Anfänglich sah er in den beiden Religionsgemeinschaften, bzw. im Glauben, den sie vertraten, viel mehr das Gemeinsame, und eben in diesem Gemeinsamen ein Vorbild für seine eigene, arabischsprachige Welt. Unter einer solchen Voraussetzung entwickelte sich in ihm die Vorstellung, daß es zwar eine Mehrzahl von Religionsgemeinschaften gegeben habe, daß aber der in ihnen gelehrte Gottesglaube im wesentlichen ein und derselbe sei. Er, Mohammed, fühlte sich seinerseits dazu berufen, seinen Landsleuten dieselbe, bereits früher verschiedentlich geoffenbarte religiöse Wahrheit zu überbringen, und dies in der ihnen allein verständlichen arabischen Sprache. Nachdem er sich darüber klar geworden war, daß sowohl die Juden als auch die Christen eine heilige Schrift zu eigen hatten, mußten auch die arabischen Offenbarungen sozusagen in Buchform gebracht werden. Der Ausdruck Qurʾān, der ursprünglich die Bedeutung »Rezitierung«, »Verlesung« oder »Rezitierungstext«, »Lektion« gehabt hatte, wurde so allmählich zur Bezeichnung für die Gesamtheit der arabischen Offenbarungstexte, so wie wir ihn heute noch gebrauchen. In diesem Zusammenhang ist es auch zu verstehen, wenn der Prophet vom »arabischen Koran« als einer »deutlichen Schrift« spricht (43, 2f.; 12, 1f.; 41, 2f.), oder von »einer Schrift, die (frühere Offenbarungen) in arabischer Sprache bestätigt« (46, 12).
Kurzum, die Vorstellung, daß Offenbarung und heilige Schrift irgendwie zusammengehören, hat sich bei Mohammed im Lauf der Zeit immer mehr festgesetzt. Für die Juden und Christen bürgerte sich im Koran die Bezeichnung »Leute der Schrift« (ahl al-kitāb) ein. Und aus dieser These, daß alle Offenbarung dem Inhalt nach identisch sei, ergab sich schließlich als letzte Folgerung die Vorstellung von einer bei Gott befindlichen Urschrift (umm al-kitāb, 43,

4), aus der jeweils einzelne Teile, in arabische Sprache umgesetzt, »eingegeben« oder »herabgesandt« werden. Ursprünglich glaubte der Prophet wohl die Offenbarungen von Gott selber zu empfangen (53, 5f.: »Gelehrt hat (es) ihn einer, der über große Kräfte verfügt, * und dem Festigkeit eigen ist«; s.o. S. 49. An späteren Stellen werden der Geist (26, 193: »der zuverlässige Geist«; 16, 102: »der heilige Geist«) oder ein Engel (nach 2, 97 Gabriel) als Übermittler genannt. Es wäre eine Aufgabe für sich, dem Wandel der Vorstellungen, die Mohammed sich jeweils über den Vorgang der Offenbarung gemacht hat, an Hand der einschlägigen Koranstellen im einzelnen nachzugehen. Aber schwerlich würde man damit wesentlich neue Einsichten gewinnen. Denn die Grundidee ist ohnehin klar: jene Vorstellung von der einen göttlichen Wahrheit, die bereits in früheren Offenbarungen enthüllt worden ist, und die nunmehr durch den Propheten erneut, und diesmal in arabischer Sprache, verkündet werden soll.

Die Orientierung nach den Schriftreligionen

Nachdem der Prophet sich bewußt geworden war, Übermittler einer göttlichen Offenbarung und einer heiligen Schrift zu sein, machte sich in Form und Inhalt seiner Verkündigungen ein Wandel bemerkbar. Was die *Form* der Verkündigungen angeht, so fing das Leitbild der altarabischen Wahrsager, das zu Beginn seiner prophetischen Tätigkeit so maßgebend gewesen war, langsam an, in den Hintergrund zu treten, um schließlich ganz zu verblassen. Das ist leicht verständlich. Die aufrüttelnden, mit Spannung geladenen Wahrsprüche mit den straff gegliederten Reimzeilen, wie sie in den frühesten Suren vertreten sind, waren, rein sprachlich betrachtet, kleine, formvollendete Gebilde, die ihren Schwerpunkt in sich selber trugen. Sie wollten ebenso wie die einzelnen Wahrsprüche eines Kāhin für sich allein genommen sein, und nicht als bloße Bestandteile eines umfassenden Offenbarungszyklus. Ursprünglich sind sie ja auch für sich allein verkündet und rezitiert worden. Ihre Einordnung in den Gesamtkoran hat erst in einem späten Stadium der Entwicklung stattgefunden.
Irgendeinmal muß es aber dem Propheten zum Bewußtsein gekommen sein, daß es mit den einzelnen, mehr oder weniger ekstatischen Äußerungen nicht sein Bewenden haben könne, daß er vielmehr dazu ausersehen sei, fortdauernd neue Offenbarungen zu übermitteln und immer weitere Kreise des menschlichen Daseins und der Heilsgeschichte in den Bereich seiner Verkündigung einzubezie-

hen. Notwendigerweise verlangsamte sich nun der Fluß der Rede. Die einzelnen Verse und Versgruppen waren je länger je mehr auf ein großes Ganzes ausgerichtet, auch wenn sie ihrerseits der Klärung spezieller Fragen dienten. Der Unterschied im Sprechtempo springt in die Augen, sobald man ein paar Verse aus einer der frühesten Spuren einem Abschnitt aus einer Verkündigung der späteren Zeit gegenüberstellt. Er läßt sich nicht einfach damit erklären, daß Mohammed im Lauf der Zeit den anfänglichen Schwung der Rede eingebüßt hat. Die Zielsetzung der prophetischen Verkündigung hatte eine Wandlung durchgemacht.

Besonders deutlich tritt diese Wandlung in den einleitenden Schwurformeln in Erscheinung. In den ältesten Suren schwört Mohammed bei der Nacht, beim Tag, bei der Morgendämmerung, bei den Sternen, den Winden und dergleichen, ohne daß man irgendeine sachliche Beziehung zwischen den Schwüren und den darauf folgenden prophetischen Aussagen herstellen könnte. Das wird im Lauf der Zeit anders. Mohammed fängt an, bei Gegenständen seiner eigenen Predigt zu schwören, etwa beim »Tag der Auferstehung« (75, 1). An einigen Stellen schwört er ganz allgemein »bei der Schrift« (43, 2; 44, 2) oder »beim Koran« (50, 1; 38, 1; 36, 2). Schließlich gibt er die Schwurform überhaupt auf, und zwar zugunsten von Einleitungen oder Überschriften in der Aussageform, z. B. »Dies sind die Zeichen (āyāt) der Schrift und eines deutlichen Korans« (15, 1; vgl. Nöldeke-Schwally, Geschichte des Qorans I, S. 120). Hierin ist eine Entwicklungstendenz deutlich erkennbar. Der Prophet wurde sich immer klarer der Tatsache bewußt, daß er zu einer Verkündigung aufgerufen war, wie man sie im arabischen Sprachbereich noch nie erlebt hatte. Er lernte in den Gottesmännern und Propheten der »Leute der Schrift« seine eigentlichen Vorläufer erkennen, während er mit den schamanistisch-heidnischen Vertretern der Wahrsagerzunft nichts mehr gemein haben wollte und dies auch in sprachlich-formaler Hinsicht zu verstehen gab. Die Schwurformeln nach Art der arabischen Kāhinsprüche wurden ganz aufgegeben, bzw. durch Hinweise auf die göttliche Herkunft der koranischen Offenbarung ersetzt. Nur die Reimprosa blieb weiter im Gebrauch, eine sprachliche Schmuckform, der man es später nicht mehr ansah, daß sie einst zur Einkleidung heidnischer Wahrsagersprüche gedient hatte.

Mohammeds Orientierung nach den großen Offenbarungsreligionen wirkte sich auch im *Inhalt* seiner späteren Verkündigungen aus. Da der Prophet glaubte, zur selben Botschaft aufgerufen zu sein, die seinerzeit – im wesentlichen identisch – im Judentum und Christentum verkündet worden war, hatte er Interesse daran, möglichst viel jüdisches und christliches Gedankengut in Erfahrung zu bringen. Den Erfolg seines Lerneifers können wir aus dem Koran deutlich ablesen. In erster Linie waren es Geschichten von alttestamentlichen Gottesmännern, die er in das Repertoire seiner Verkündigung aufnahm – von Noah, von Abraham und Lot, von Mose (und Pharao), von Joseph (über den er eine in sich abgeschlossene Sure verkündet hat), sowie von Adam (mit der Geschichte vom Sündenfall und der Vertreibung aus dem Paradies). Von spezifisch christlichen Erzählungsstoffen hat er – aus einer apokryphen Quelle – die Geschichte von Maria und dem Jesuskind kennengelernt und seiner Verkündigung einverleibt. Dazu kamen heilsgeschichtliche Vorstellungen sachlicher Art: Begriffskomplexe wie amr, eine kosmologische Größe, die (in Verbindung mit rūḥ »Geist«) vielleicht auf das aramäische memrā zurückgeht; »Wort Gottes« oder »ein Wort von Gott« (kalima), was irgendwie mit dem Logosbegriff zusammenhängen wird; »heiliger Geist«; Einzelheiten aus der Engellehre, mit den Namen des Michael und besonders des Gabriel, dem schließlich – ebenfalls nach jüdischem oder christlichem Vorbild – die Rolle eines Übermittlers der göttlichen Offenbarung zugeschrieben wurde (2, 97); die Vorstellung und Lehre vom Teufel (Iblīs, Šaitān); und anderes mehr. Die Quellen, die für diese Materialien zur Verfügung standen, mögen z.T. apokryph oder auch sektiererisch verfärbt gewesen sein. Für uns ist das insofern historisch interessant, als wir im Einzelfall immer versuchen werden, der Herkunft einer Entlehnung bis zum Ursprung nachzugehen. Aber für den Propheten war das belanglos. Ihm galt alles, was er – unmittelbar oder auf Umwegen – aus der Welt der Offenbarungsreligionen zu Gehör bekam, als wertvoll und, was noch wichtiger war, als verwertbar – wenigstens so lange, als er sich mit den medinischen Juden noch nicht von Grund auf verfeindet hatte.

Die Aneignung fremder Stoffe als psychologisches Problem

Die Übernahme und Aneignung von Stoffen christlicher und jüdischer Herkunft birgt ein psychologisches Problem in sich. Schon die heidnischen Mekkaner haben daran Anstoß genommen. Sie stellten fest, daß Mohammed sein angeblich göttliches Wissen von irdischen Gewährsmännern bezogen habe, und folgerten daraus, daß die koranische Offenbarung überhaupt Schwindel sei. Der Prophet glaubte den gegnerischen Einwand stichhaltig widerlegen zu können. Die einschlägigen Koranstellen lauten:

Sure 25, 4–6: »Und die Ungläubigen sagen: ›Das (d. h. die koranische Verkündigung) ist nichts als ein Schwindel, den er (Mohammed) ausgeheckt hat, und bei dem ihm andere Leute geholfen haben.‹ Sie begehen aber (indem sie dies sagen) Frevel und (machen sich der) Lügenhaftigkeit (schuldig). * Und sie sagen: ›(Es sind nichts als) die Geschichten (?) der früheren (Generationen), die er sich niedergeschrieben hat. Und morgens und abends werden sie ihm diktiert.‹ Sag: (Nein!) Herabgesandt hat es, der (alles) weiß, was im Himmel und auf der Erde geheimgehalten wird. Er ist barmherzig und bereit zu vergeben.« Sure 16, 103: »Wir wissen wohl, daß sie sagen: ›Es lehrt ihn ein Mensch.‹ (Jedoch) die Sprache dessen, auf den sie anspielen (?), ist nichtarabisch. Dies hingegen ist deutliche arabische Sprache.« Vergleiche auch 44, 14 (»Hierauf wandten sie sich von ihm ab und sagten: »Einer, dem (von einem anderen) etwas beigebracht wird, und der besessen ist.«) und 29, 48.

Mohammeds Selbstrechtfertigung, wie sie in den angeführten Stellen zum Ausdruck kommt, hat seinen Gegnern schwerlich eingeleuchtet. Wir dürfen ihr aber zum mindesten das eine entnehmen, daß er seinerseits fest davon überzeugt war, das (nach unserer Ansicht christliche und jüdische) Gedankengut des Korans in Form von wirklichen Offenbarungen übermittelt bekommen zu haben. Die Reproduktion des von anderen übernommenen Materials ist also in seinem Bewußtsein zu einem echten Offenbarungserlebnis geworden.

In der an zweiter Stelle angeführten Äußerung (16, 103) gibt er selber einen Grund für die Originalität seiner prophetischen Verkündigungen an: sein – angeblicher oder tatsächlicher – Gewährsmann spricht nicht Arabisch, zum mindesten nicht als Muttersprache, während der Koran eindeutig auf Arabisch verkündigt wird. Das ist allerdings kein zwingender Beweis. Man kann geradezu das Eingeständnis daraus herauslesen, daß der Prophet sein Wissen tatsächlich von einem Menschen, sogar von einem Ausländer bezogen hat. Die Tatsache, daß er es im Koran in arabischer Sprache wiedergibt, steht dem an sich nicht entgegen. Aber für Mohammed lag eben der eigentliche Schwerpunkt im letzten Stadium des Aneignungsprozesses. Der Sache nach mochte sein Wissen von einem fremden Menschen stammen – in der abschließenden Formulierung in »deutlicher arabischer Sprache« wurde es ihm neu geschenkt, und zwar von oben (anzalahū, 25, 6), nämlich von Gott. Unsereinen wird die Art und Weise, in der Mohammed den Vorgang der eigenen prophetischen Verkündigung aufgefaßt und bewertet hat, auf den ersten Blick vielleicht befremden. In Wirklichkeit ist sie aber durchaus verständlich und sinnvoll. Wir können

ihr am ehesten gerecht werden, wenn wir den künstlerischen Schöpfungsakt zum Vergleich heranziehen. Jeder schaffende Künstler glaubt eine Art Inspiration zu erleben, wenn es ihm in einer glücklichen Stunde gelingt, für eine Empfindung, die ihm bis dahin nur verschwommen vorgeschwebt hat, die schlechthin befriedigende Ausdrucksform zu finden. Ähnlich geht es dem Gelehrten (denn auch in ihm steckt etwas von einem Künstler), wenn es ihm beschieden ist, ein wissenschaftliches Problem, um das er sich lange vergeblich abgemüht hat, zu klären und auf den ihm gemäßen Begriff zu bringen. Bei derartigen Erlebnissen hat auch der moderne Mensch, mag er noch so aufgeklärt sein, das Gefühl, nicht mehr aktiv schaffend, sondern passiv, d.h. empfangend zu sein. Bezeichnenderweise spricht man in einem solchen Zusammenhang von einem »Einfall« oder einer »Konzeption«, was übrigens gleichzeitig »Empfängnis« bedeutet. Von da aus ist es, psychologisch gesehen, nur noch ein kleiner Schritt bis zur Eingebung oder Inspiration, wie ein Prophet sie erlebt.
Mohammed hat, das dürfen wir ihm glauben, den Wortlaut seiner Verkündigungen jedesmal als ein Geschenk von oben hingenommen. Was er zu sagen hatte, stand ja auch immer im Dienst der religiösen Sendung, zu der er sich berufen fühlte. Alles, was er von anderen, insbesondere von Angehörigen des jüdischen oder christlichen Bekenntnisses, über die Schicksale der früheren Gottesmänner in Erfahrung bringen konnte, hat für ihn eine neue und eigene Bedeutung erhalten, weil er den ganzen Stoff in die Heilsgeschichte, so wie sie ihm selber zum Trost und zur Belehrung vorschwebte, einzuordnen verstand. Überdies wußte er sehr wohl, daß er seine Verkündigungen in einer Sprache und Sprachform vortrug, die bisher noch nie zur Einkleidung für einen derartigen Inhalt gedient hatte. So konnte er den Vorwurf seiner Gegner, er habe sein höheres Wissen von einem irdischen Gewährsmann bezogen, mit Fug und Recht zurückweisen. Er fühlte sich seiner Sache so sicher, daß er es ruhig wagen durfte, die gegnerische Behauptung wortwörtlich in seine eigene Verkündigung mit aufzunehmen.

»Einflüsterungen des Teufels«

Jedesmal, wenn Mohammed eine Offenbarung verkündete, war das eine Entscheidung in höchster Instanz. Grundsätzlich waren sich so die koranischen Verkündigungen alle gleich. Das schließt aber nicht aus, daß sich im Empfang der Offenbarungen im Lauf der Zeit eine Wandlung vollzogen hat. Sie läßt sich vielleicht am kürzesten damit charakterisieren, daß die Offenbarungen anfangs unerwartet, ja geradezu explosiv einsetzten, während sie später mehr zur Gewohnheit wurden, so daß der Prophet vor allen wichtigen Entscheidungen so gut wie sicher darauf rechnen konnte, daß ihm eine göttliche Erleuchtung zuteil werden würde. In dieser Entwicklung lag zugleich eine Gefahr. Eine Offenbarung ließ sich sozusagen herbeiwünschen, und zwar in der Weise, daß das Endergebnis durch eine Art sachlicher Vorentscheidung, die in Mohammeds Bewußtsein oder Unterbewußtsein bereits getroffen war und seiner eigenen Neigung entsprach, präjudiziert werden konnte.

Vielleicht ist ein (vermutlich echter) Ausspruch von Mohammeds junger Frau ʿĀʾiša in diesem Sinn zu verstehen. Er bezieht sich auf gewisse Sonderrechte, die dem Propheten in Sure 33, 49–51 hinsichtlich der Frauen zugestanden sind, und lautet: »Gott hat es eilig, dir deinen Willen zu erfüllen.« (Ibn Saʾd, VIII, 141; Buḫārī, Tafsīr 33, 7; Ṭabarī, Kommentar XXII, 17; überliefert nach ʾUrwa ibn az-Zubair). Sicher ist, daß Mohammed von sich aus die Gefahr gesehen hat. Er hat sich deswegen sogar selber – wenn man so sagen darf – eine Rüge erteilt, und das nicht nur einmal.

An zwei Koranstellen wird dem Propheten vorgeworfen, er gehe bei seinen Verkündigungen insofern eigenmächtig vor, als er Offenbarungstexte bekanntgebe, noch ehe sie richtig in Form gekommen, mit anderen Worten, noch ehe sie ihm von Gott endgültig eingegeben worden seien. Sure 20, 114: »Übereil dich nicht mit dem Koran (d. h. mit dem Vortrag eines Korantextes, indem du dich darauf festlegst), bevor er dir endgültig eingegeben worden ist (min qabli an yuqḍā ilaika waḥyuhū). Und sag: Herr! Laß mich an Wissen zunehmen!« Sure 75, 16–8: »Beweg deine Zunge nicht damit (d. h. mit einem Korantext), so daß du dich damit übereilst! * Es ist unsere (und nicht deine) Aufgabe, ihn zusammenzubringen und zu rezitieren (ǧamʿahū wa-qurʾānahū). * Und (erst) wenn wir ihn (dir vor)rezitiert haben, dann folg seiner Rezitierung! * Hierauf ist es unsere Aufgabe, ihn (in seiner besonderen Bedeutung) darzulegen.« Der an zweiter Stelle angeführte Text ist in seinem Wortschatz nicht ganz eindeutig. Aber eines geht ziemlich deutlich daraus hervor: Mohammed sollte sich darüber klar sein, daß seine Aufgabe als Prophet sich jeweils auf die bloße Wiedergabe eines vollständig ausgefertigten Offenbarungstextes beschränke. Sobald er sich erkühnte, selber am Wortlaut herumzulaborieren, überschritt er seine Zuständigkeit.

Während in den beiden soeben erwähnten Stellen nur von einer Übereilung in der Formulierung der Offenbarungstexte die Rede ist, spricht Sure 17, 73f. – allerdings in ziemlich verklausulierten

Sätzen – davon, daß Mohammed einmal nahe daran war, sich von seinen Gegnern beeinflussen zu lassen und den klaren Wortlaut der Offenbarung gegen einen erlogenen Text einzutauschen: »Fast hätten sie (d. h. die Heiden) dich in Versuchung gebracht, von dem, was wir dir als Offenbarung eingegeben haben, abzuweichen, damit du etwas anderes gegen uns aushecken würdest. Dann (d. h. wenn du dich vollends dazu hättest verführen lassen) hätten sie dich zum Freund genommen. * Wenn wir dir nicht Festigkeit verliehen hätten, hättest du dich ihnen fast ein klein wenig zugeneigt.« Eine weitere, psychologisch besonders aufschlußreiche Stelle, die ebenfalls in diesen Zusammenhang gehört, datiert den Sachverhalt in die frühere Heilsgeschichte zurück und gibt zugleich eine Art theologische Erklärung. Sie lautet (22, 52): »Wir haben vor dir keinen Gesandten oder Propheten (zu irgendeinem Volk) geschickt, ohne daß ihm, wenn er etwas wünschte, der Satan (etwas) in seinen Wunsch eingeschoben hätte. Aber Gott tilgt dann (jedesmal) (yansaḫu, der spätere terminus technicus für »Abrogieren«), was der Satan einschiebt. Hierauf legt Gott seine Verse (eindeutig) fest (yuḥkimu).«
Vielleicht erfolgte die Verkündigung dieses Verses im Anschluß an den Widerruf von Mohammeds Erklärung, die drei Göttinnen al-Lāt, al-ʿUzzā und Manāt seien »die erhabenen ġarānīq (Reiher?), deren Fürbitte (bei Gott) genehm (Variante: zu erhoffen) sei« (Ṭabarī, Kommentar XVII, 119–21, Annalen I, 1191–5; Ibn Saʿd I, 1, 137f.; siehe auch S. 103). Jedenfalls sollte das, was in Sure 22, 52 über die früheren Gesandten und Propheten ausgesagt wird, dem Propheten Mohammed selber zur Entlastung dienen. Ein persönlicher, wenn auch vielleicht sachlich begründeter Wunsch von ihm hatte in einer Offenbarung Gestalt angenommen. Nachträglich stellte Mohammed fest, daß er zu weit gegangen war und sich getäuscht hatte. Die eigentliche Schuld ließ sich aber auf den Teufel abschieben. Der typische Versucher hatte sich sozusagen in den Offenbarungsempfang eingeschaltet. Schließlich blieb es Gott als der höchsten und letzten Instanz vorbehalten, den Fehler wiedergutzumachen und den Wortlaut der vom Propheten vorzutragenden Verse endgültig festzulegen. Selten wird sich in der Äußerung eines Religionsstifters so viel Selbstsicherheit mit einer so weitgehenden Selbstkritik vereinigt finden, wie das in dem hier analysierten Korantext zum Ausdruck kommt. Der Wortlaut vermittelt uns einen tiefen Einblick in Mohammeds Sendungsbewußtsein. Sein Versuch, die eigene Unzulänglichkeit mit Hilfe des Teufels zu rechtfertigen, mag einen primitiven Eindruck machen. Aber sein Schuldbekenntnis,

das so deutlich zwischen den Zeilen zu lesen ist, wird auf jeden sachlich eingestellten Kritiker entwaffnend wirken, weil es auf eine Lauterkeit der Gesinnung schließen läßt.

Der Inhalt der frühesten Verkündigungen

Strittige Fragen

Die Frage nach dem Inhalt von Mohammeds frühesten Verkündigungen ist in neuerer und neuester Zeit viel diskutiert und in verschiedener Weise beantwortet worden. Infolgedessen sehen wir heute den Sachverhalt oder wenigstens die Problematik in mancher Hinsicht deutlicher, als das noch vor wenigen Jahrzehnten möglich war. Die neuen Einsichten haben aber auch wieder neue Schwierigkeiten mit sich gebracht, so daß man keineswegs behaupten kann, der ganze Fragenkomplex sei nunmehr eindeutig geklärt. Vielleicht wird man sich auf die Dauer mit Annäherungswerten begnügen müssen.

Eines der in neuerer Zeit gewonnenen Ergebnisse der Mohammedforschung darf als gesichert gelten. Es besteht allerdings im wesentlichen in einer negativen Feststellung. Während die Gesamtverkündigung Mohammeds und die islamische Theologie, die sich später daraus herausentwickelt hat, streng monotheistisch ausgerichtet ist, sind die frühesten Verkündigungen des Propheten allem Anschein nach noch nicht von dem Gedanken getragen, daß es nur einen einzigen Gott gibt. Zwar ist oft vom »Herrn« die Rede, dem Herrn Mohammeds (rabbuka »dein Herr«) und der übrigen Menschen, einmal auch vom »Herrn dieses Hauses«, d. h. der Kaʿba. Auch die Bezeichnung »Gott« (Allāh, eigentlich »der Gott«) tritt hin und wieder auf. Damit ist natürlich immer ein und derselbe Gott gemeint. Der Ansatz zu einer monotheistischen Gottesvorstellung ist also durchaus gegeben. Aber es fehlt noch die polemische, gegen die Vielgötterei gerichtete Note. Die Gegner, mit denen Mohammed sich auseinandersetzt, sind »ungläubig« (kāfirūn, was auch so viel bedeutet wie »undankbar«, nämlich im Hinblick auf die von Gott erwiesenen Wohltaten, siehe unten S. 87). Sie werden aber noch nicht als »heidnisch« im Sinn von polytheistisch bezeichnet (mušrikūn, d.h. solche, die behaupten, daß Gott »Teilhaber«, šurakāʾ, neben sich habe).

Was stand nun aber tatsächlich am Anfang von Mohammeds Prophetie? Noch vor wenigen Jahrzehnten hätte die Antwort auf diese Frage einhellig gelautet: die Ankündigung des bevorstehenden Gerichts. Erst in neuerer Zeit sind andere Stimmen laut geworden. Vor allem Richard Bell, der im Jahr 1952 verstorbene Edinburgher Arabist, hat die Priorität des Gerichtsgedankens in

Mohammeds Prophetie in Zweifel gezogen und mit allem Nachdruck darauf hingewiesen, daß Mohammed anfänglich nicht so sehr das drohende Gericht verkündet hat, als vielmehr die Botschaft vom Schöpfergott, der wegen seiner Güte und wegen der Wohltaten, die er den Menschen von jeher erwiesen hat und fortwährend erweist, beanspruchen kann, daß man ihm Verehrung und Dankbarkeit entgegenbringt. Harris Birkeland kommt in einer 1956 erschienenen, sehr eingehenden Untersuchung über einige der frühesten Suren zu demselben Ergebnis. Um es vorwegzunehmen – die These Bells (und Birkelands) ist sehr ernst zu nehmen. Wir werden sie uns im großen ganzen sogar zu eigen machen können, müssen aber dabei den Vorbehalt machen, daß sie schwerlich die ganze Wahrheit enthält. Wenn wir die Dinge richtig sehen, braucht die Botschaft von Gott als dem Schöpfer und Wohltäter der Menschheit den Gerichtsgedanken nicht unbedingt auszuschließen. Mohammed kann von Anfang an sowohl von dem Gott der Güte als auch vom Herrn des Gerichts gepredigt haben. Der Textbefund macht das sogar wahrscheinlich. Darüber wird weiter unten einiges zu sagen sein. Vorerst aber empfiehlt es sich, die beiden möglichen Inhalte der frühesten Verkündigungen, den Gerichtsgedanken und die Botschaft vom gütigen Schöpfergott, je für sich allein in Augenschein zu nehmen.

Der Gerichtsgedanke

In den 48 Suren, die Theodor Nöldeke in dem Standardwerk »Geschichte des Qorāns« der »ersten mekkanischen Periode« zurechnet, d. h. der ersten der vier chronologischen Gruppen, in die er den gesamten Bestand der Suren einteilt, wird das Thema vom Weltuntergang und dem Jüngsten Gericht außerordentlich häufig aufgegriffen. In 20 dieser Suren stellt – eben nach Nöldeke – die Ankündigung des Gerichts das Hauptthema dar. Sie schildern das Hereinbrechen des Jüngsten Tages oder malen die Freuden des Paradieses und die Schrecken der Hölle aus. In 13 weiteren wird das eschatologische Thema wenigstens nebenbei berührt. Wenn man die 5 Suren (1, 109, 112, 113 und 114), die deswegen der ersten mekkanischen Periode zugerechnet werden, weil sie schwer sonstwo einzuordnen sind, außer Betracht läßt, enthalten insgesamt 10 Suren dieser frühen Periode (gegenüber 33) überhaupt keine Anspielung auf das Jüngste Gericht. Das ist ein eindrucksvoller statistischer Befund, auch wenn er auf Grund eines etwas summarischen Verfahrens errechnet worden ist. Fürs erste dürfen wir jedenfalls als wahrscheinlich annehmen, daß Mohammed schon in der ersten Zeit seines öffentlichen Auftretens vom Jüngsten Tag gepredigt hat.

Im folgenden seien einige wenige Übersetzungsproben gegeben, wozu allerdings zu bemerken ist, daß sie die Eindringlichkeit und den sprachlichen Schwung des Originals nur unvollkommen wiederzugeben vermögen.

Sure 101: »Die Pochende! * Was ist die Pochende? * Was meinst du wohl, was die Pochende ist? * Am Tag, da die Menschen sein werden wie Motten, (die) verstreut (am Boden liegen), * und die Berge wie Wolle, die man zerzaust hat. * Wer dann (auf Grund seiner guten Werke) schwer wiegt, der wird in einem angenehmen Leben sein. * Und wer leicht wiegt, dessen Mutter ist »hāwiya« (eigentlich: zugrunde gehend, kinderlos, d. h. um den ist es geschehen?). * Und was meinst du wohl, was das ist? * Loderndes Feuer.«

Sure 99: »Wenn die Erde von ihrem Beben erschüttert wird, * und ihre Lasten (d. h. die Toten) von sich gibt, * und der Mensch sagt: Was hat sie denn? * An jenem Tag wird sie aussagen, was sie zu berichten hat, * da dein Herr (es) ihr (zu sagen) eingegeben hat. * An jenem Tag werden die Menschen getrennt erscheinen, damit sie (jeder für sich) ihre Werke zu sehen bekommen. * Wer dann nur das Gewicht eines Stäubchens an Gutem getan hat, wird es sehen. * Und wer nur das Gewicht eines Stäubchens an Bösem getan hat, wird es sehen.«

Sure 100: »Bei denen, die keuchend laufen, * (mit ihren Hufen) Funken stieben lassen, * und am (frühen) Morgen einen Überfall machen, * Staub aufwirbeln * und (plötzlich) mitten in einem Haufen (von Feinden) sind! * Wahrlich, der Mensch ist seinem Herrn gegenüber unerkenntlich, * und zeugt (selber) dafür. * Und er ist von heftiger Liebe zu den Gütern (dieser Welt) erfüllt. * Weiß er denn nicht (was er dereinst zu erwarten hat)? Wenn (dereinst) aufgestöbert wird, was in den Gräbern ist, * und herausgebracht wird, was sie (d. h. die Menschen) in der Brust haben, * an jenem Tag ist ihr Herr über sie wohl unterrichtet.«

Sure 81, 1–14: »Wenn die Sonne (wie von einem Turban von Dunkelheit) eingehüllt wird, * und die Sterne herunterstürzen (oder: trübe werden?), * wenn die Berge sich (von der Stelle) bewegen, * die trächtigen Kamelstuten (in der Wartung) vernachlässigt, * die wilden Tiere versammelt (?), * die Meere übervoll (?) * und die Seelen (wieder mit den Leibern?) gepaart werden, * wenn das Mädchen, das (nach der Geburt) verscharrt worden ist, gefragt wird, * wegen was für einer Schuld man es umgebracht hat, * wenn die Blätter (des Buches, in dem die Werke der Menschen verzeichnet sind) entfaltet werden, * wenn der Himmel weggezogen, * das Höllenfeuer angefacht * und der Garten (des Paradieses an die Gottesfürchtigen) herangerückt wird, * (dann) weiß ein jeder, was er (an Werken) beigebracht hat. * . . .«

Eine Menge von Einzelszenen reiht sich in diesen Verkündigungen über die letzten Dinge aneinander. Wenn man die übrigen Gerichtsdrohungen der ersten mekkanischen Periode dazunimmt, wird das Bild noch bunter. Die Erde kommt in heftige Bewegung, sie wankt, erbebt, wird zermalmt, plattgestreckt, sie bringt heraus, was in ihr ist, und macht sich leer; die Berge nehmen wie bei einer Luftspiegelung veränderliche Formen an, sie brechen zusammen, werden wie zerzauste Wolle, zerfallen zu Sand und Staub; der Himmel wird wie zerschmolzen, er wird rissig und spaltet sich, bekommt lauter klaffende Öffnungen; die Sonnenscheibe wird eingerollt, der Mond verfinstert sich, Sonne und Mond werden zusammengebracht, die Sterne erlöschen, stürzen herab (oder werden trübe), usw. Es wäre ein sinnloses Unterfangen, wollte man versuchen, aus den verschiedenen Aussagen einen einheitlichen und umfassenden Bericht über die Ereignisse des Jüngsten Tages zusammenzustückeln. Die einzelnen Verkündigungen müssen je für sich genommen werden, so wie sie ursprünglich auch je für sich vorgetragen worden sind. Die Bilder von den Geschehnissen des Jüngsten Tages haben ja auch gar nicht den Zweck, die Wirklichkeit sozusagen sachgetreu wiederzugeben bzw. die Zukunft in den Einzelheiten genau vorauszusagen. Sie sind entworfen und formuliert mit der Absicht, die Hörer zu erschüttern, sie den Schrecken vorausahnen zu lassen, der einst am Jüngsten Tag die ganze Kreatur erfassen wird.

Der Weltuntergang ist übrigens kein letztes Ende, sondern Einleitung und Vorspiel zu einem allgemeinen Gericht, in dem jede Einzelperson individuell für das zur Rechenschaft gezogen werden wird, was sie in ihrem Erdenleben an bösen und guten Taten begangen hat. »An jenem Tag hat jeder mit sich selber genug zu tun«, »vermag keiner etwas für einen anderen«. Jeder wird sich dessen bewußt, »was er (an Werken) beigebracht«, »was er vorausgetan und hintangesetzt hat«. Die Person des Richters, des »Herrschers am Tag des Gerichts« (Sure 1), bleibt allerdings in den Texten, die wir auf Grund innerer Indizien in die allerfrüheste Zeit ansetzen können, noch ganz im Hintergrund. Auch werden in den Texten der ältesten Zeit die Charakteristika der Guten und der Bösen, derer zur Rechten und derer zur Linken, bei genauerem Zusehen immer schwerer faßbar. Paradies und Hölle, die sonst im

Koran ziemlich realistisch mit Genüssen und Qualen ausgestattet sind, haben noch nicht das lebhafte Kolorit, das ihrem Wesen anzuhaften scheint. Die grellsten Farben sind offensichtlich erst nachträglich aufgemalt worden. Aber ein gewisser Kern von Vorstellungen und Ideen erweist sich als sehr alt und ursprünglich. So die Vorstellung vom drohenden Weltende mit all seinen schrecklichen Begleiterscheinungen, vom Gericht, in dem jeder einzelne für seine Taten zur Rechenschaft gezogen wird, und von der anschließenden Belohnung der Guten und Bestrafung der Bösen. Auch der Ort der letzten Belohnung und Bestrafung, Paradies und Hölle, hat wohl schon zum ältesten Vorstellungsgut des Propheten gehört.

Der Gedanke, daß die ganze Welt einmal in einer großen Katastrophe zu Ende gehen solle, und daß es dann zu einer allgemeinen Auferstehung der Toten und zu einem letzten Gericht kommen werde, lag den alten Arabern von Haus aus fern. Mohammed muß mit ihm über irgendwelche Mittelsmänner bekannt geworden sein, die ihn ihrerseits aus dem Gedankengut des Orientchristentums übernommen hatten. Tor Andrae hat die Abhängigkeit von christlichen Vorbildern sogar in Einzelheiten nachweisen können. Wenn eine weitere Bestätigung dieser Tatsache nötig wäre, könnte man sie aus dem hartnäckigen Widerstand ablesen, den Mohammed bei seinen Landsleuten gerade mit seiner eschatologischen Verkündigung ausgelöst hat. Jahrelang fand er damit so gut wie keinen Anklang. Die Mekkaner machten sich vielmehr über die Aussicht lustig, später einmal aus vermorschten Knochen zu einem neuen Dasein erweckt zu werden. Sie erklärten den »Tag des Gerichts« als Lüge und Mohammed selber als Lügner.

Um so großartiger und eindrucksvoller ist die Intensität, mit der der Prophet diese an sich fremde Idee aufgegriffen und sich zu eigen gemacht hat. An ihr hat er seine innige Frömmigkeit immer wieder orientiert. Aus ihr ist ihm in Zeiten äußerer Not und innerer Bedrängnis Trost zugeflossen. Wir haben allen Grund, in der eschatologischen Erwartung einen der entscheidenden Leitgedanken von Mohammeds Prophetie zu sehen, ein Grundmotiv im eigentlichen Sinn des Worts. Nichts ist wahrscheinlicher, als daß er gleich zu Beginn seines öffentlichen Auftretens von dieser Idee fasziniert war. Und es ist keineswegs ausgeschlossen, daß sich sein Sendungsbewußtsein an ihr überhaupt entzündet hat.

Neben der drohenden Ankündigung vom Weltuntergang und Gericht finden sich im Koran sehr häufig Hinweise auf die Güte und Allmacht des Schöpfergottes, des Förderers und Erhalters des Menschengeschlechts, und zwar auch schon in denjenigen Suren, die Nöldeke der ersten mekkanischen Periode zurechnet. Zuerst mögen die Texte selber sprechen. In den drei ersten Suren (94, 93 und 108) wird Mohammed an die Güte und Fürsorge erinnert, die er persönlich von Gott erfahren hat. In Sure 106 und 105 werden speziell die Mekkaner angesprochen und zur Dankbarkeit gegen ihren Herrn und Wohltäter aufgefordert. Die übrigen in Übersetzung gegebenen Stellen behandeln das Thema im Hinblick auf das Menschengeschlecht überhaupt und auf das gesamte Universum.

Sure 94: »Haben wir dir nicht deine Brust geweitet (d. h. haben wir dir nicht wieder Mut gemacht), * dir deine Last abgenommen, * die dir schwer auf dem Rücken lag, * und dir dein Ansehen erhöht? * Ja, zusammen mit dem Schweren ist (immer auch) Leichtes (gegeben), * mit dem Schweren ist Leichtes. * Wenn du nun (von anderer Beschäftigung?) frei bist, dann bemühe dich * und stell dein Verlangen (ganz) auf deinen Herrn ein!«

Sure 93: »Beim Morgen * und der Nacht, wenn sie still ist! * Dein Herr hat dir nicht den Abschied gegeben und verabscheut dich nicht. * Wahrlich das Letzte ist für dich besser als das Erste. * Und dein Herr wird dir sicher geben, daß du zufrieden bist. * Hat er dich nicht als Waise gefunden und (dir) Aufnahme gewährt, * dich auf dem Irrweg gefunden und rechtgeleitet, * dich bedürftig gefunden und reich gemacht? * Darum die Waise – unterdrück sie nicht! * Den Bettler, fahr ihn nicht an! * Und von der Gnade deines Herrn – (von ihr) erzähle!«

Sure 108: »Wir haben dir die Fülle gegeben. * So bete zu deinem Herrn und opfere! * Ja, dein Hasser ist es, der ›schwanzlos‹ (? abtar) ist.« (Die Bedeutung des letzten Verses ist umstritten.)

Sure 106: »Daß die Quraiš zusammenbringen (oder: abhalten, oder: unter Schutzgeleit stellen), * daß sie zusammenbringen (abhalten, unter Schutzgeleit stellen) die (Karawanen)reise des Winters und des Sommers, * (zum Dank dafür) sollen sie dem Herrn dieses Hauses (d. h. der Kaʿba) dienen, * (dem Herrn) der ihnen zu essen gegeben hat, so daß sie nicht zu hungern, * und der ihnen Sicherheit gewährt hat, so daß sie sich nicht zu fürchten brauchen.«

Sure 105: »Hast du nicht gesehen, wie dein Herr mit den Leuten des Elefanten verfahren ist? * Hat er nicht ihre List mißlingen lassen? * Hat er nicht Vögel in Scharen (?) über sie geschickt, * die

sie mit Steinen aus Ton (?) bewarfen, * und (hat er) sie dadurch nicht saft- und kraftlos werden lassen wie ein abgefressenes Getreidefeld?« (Die Sure spielt nach allgemeiner Ansicht auf einen abessinischen Statthalter von Jemen an, von dem überliefert wird, daß er einen Kriegszug gegen Mekka unternommen habe, aber durch eine verheerende Seuche zum Rückzug gezwungen worden sei.)
Sure 79, 27–33: »Waret ihr (Menschen) etwa schwerer zu erschaffen oder der Himmel? Er baute ihn, * hob sein Dach empor und formte ihn (zurecht). * Und er ließ ihn bei Nacht dunkel werden, und die Tageshelle an ihm zum Vorschein kommen. * Und darnach breitete er die Erde aus, * und ließ ihr Wasser und ihre Weide daraus hervorkommen. * Und er gab den Bergen einen festen Stand. * (Dies alles) euch und eurem Vieh zu Nutz (und Frommen).«
Sure 80, 24–32: »Der Mensch möge doch auf seine Nahrung schauen, * wie wir das Wasser in Strömen (vom Himmel) geschüttet haben! * Hierauf haben wir in der Erde lauter Spalten gemacht, * und Korn auf ihr wachsen lassen, * Trauben und frisches Grün, Ölbäume und Palmen, * dicht bewachsene Gärten, * Früchte und Futter, * euch und eurem Vieh zu Nutz (und Frommen).«
Sure 78, 6–16: »Haben wir nicht die Erde zu einem Lager gemacht, * und die Berge zu Pflöcken? * Und wir haben euch als Paare erschaffen. * Und wir haben euern Schlaf zum Ausruhen gemacht, * und die Nacht zu einem Gewand, * und den Tag zum Lebensunterhalt. * Und über euch haben wir sieben feste (Himmelsgewölbe) aufgebaut. * Und wir haben eine hell brennende Leuchte gemacht. * Und von den regenschweren Wolken (?) haben wir Wasser in Strömen herabkommen lassen, * um damit Korn und Pflanzenwuchs hervorzubringen, * und Gärten mit dichtem Baumbestand.«
Sure 96, 1–5 (angeblich die älteste Offenbarung überhaupt, siehe oben S. 52): »Trag vor im Namen deines Herrn, der erschaffen hat, * den Menschen aus einem Embryo erschaffen hat! * Trag vor! Dein Herr ist edelmütig wie niemand auf der Welt, * (er) der gelehrt hat, das Schreibrohr (zu gebrauchen), * den Menschen gelehrt hat, was er (zuvor) nicht wußte.«
Die im vorhergehenden aufgeführten Zitate enthalten zwar ein paar dunkle Stellen. Aber im großen und ganzen sprechen sie eine deutliche Sprache. Das Thema von Gottes Schöpfermacht und von seiner Güte gegen die Menschen ist ja auch, wenn man so sagen darf, von Natur gegeben. Ein religiös so tief veranlagter Mensch wie Mohammed konnte es von sich aus anschlagen, ohne erst durch fremde Vorbilder – man könnte am ehesten an gewisse Psalmen denken – dazu angeregt zu werden. Der Umstand, daß der Prophet in seinen späteren Verkündigungen immer wieder auf dieses einfa-

che und doch unerschöpfliche Thema zurückgekommen ist, mag als ein weiterer Beweis dafür gewertet werden, daß wir es hier mit einem primären, für seine gesamte Verkündigung entscheidenden Grundmotiv zu tun haben. So weit ist alles klar. Zum Problem wurde die koranische Lehre vom gütigen Schöpfergott erst, als Richard Bell mit der These hervortrat, ihr komme gegenüber dem Gerichtsgedanken die Priorität zu. Der Sachverhalt, der durch die Bellsche These in Frage gestellt wird, ist so kompliziert, daß wir nicht gleich mit einer abschließenden und eindeutigen Stellungnahme aufwarten können. Die wissenschaftliche Diskussion ist noch im Fluß. Wir müssen deshalb selber aktiv in das Gespräch eingreifen und Gegengründe vorbringen, wenn wir uns die Ansicht von Bell nicht ohne weiteres zu eigen machen wollen.

Priorität oder Gleichzeitigkeit?

Die Frage, ob der Lehre vom gütigen Schöpfergott die Priorität vor dem Gerichtsgedanken zukommt, wäre leicht zu beantworten, wenn wir die Gruppe der Suren, die Nöldeke der ersten mekkanischen Periode zuweist, chronologisch genauer differenzieren könnten. Bell, der in seiner bekannten und schätzenswerten Koranübersetzung (Edinburgh 1937 und 1939), wie der Titel besagt, »a critical re-arrangement of the Surahs« angestrebt hat, scheint in dieser Hinsicht im ganzen zu optimistisch und im einzelnen manchmal zu apodiktisch geurteilt zu haben. Sein Versuch, zwei dem Thema vom gütigen Schöpfergott gewidmete Stellen in eine Zeit zurückzudatieren, in der der Reim am Schluß der Verse noch nicht obligatorisch geworden war, muß als mißglückt bezeichnet werden. Von der einen Stelle (Sure 106, siehe die Übersetzung oben S. 74) kann man allenfalls sagen, daß die Verse schlecht, aber kaum, daß sie überhaupt nicht aufeinander reimen (-aiš, -aif, -ait, -auf). In der zweiten Stelle (6, 95ff.) sind allerdings die mit Reim versehenen Schlußsätze jeweils nur lose an den vorhergehenden Text angehängt, so daß der Zusammenhang des Ganzen sogar flüssiger wird, wenn man sie überhaupt wegläßt. Daraus darf man aber nicht schließen, daß der Text ursprünglich ohne solche Schlußsätze, also ohne Reim, verkündet worden ist. Der Sachverhalt erklärt sich viel einfacher. Mohammed hat sich das Reimen leichtgemacht, indem er den Schluß der Verse aus erbaulichen Gemeinplätzen bildete, die unter sich auf einen der häufigsten Reime enden. Das spricht eher gegen als für ein hohes Alter der betreffenden Stelle.
Weiter glauben wir annehmen zu müssen, daß Bell in der chronolo-

gischen Beurteilung der Textstellen, die die Ankündigung des Endgerichts zum Inhalt haben, manchmal zu kritisch verfahren ist. Es fällt auf, daß er einige eschatologische Stellen, die auf den unvoreingenommenen Leser einen sehr altertümlichen Eindruck machen, als relativ spät bezeichnet. Vielleicht liegt hier ein circulus vitiosus vor. Wer die eschatologische Idee grundsätzlich für sekundär hält, ist von vornherein geneigt, Hinweise auf das Endgericht chronologisch hinter die frühesten Offenbarungssprüche einzustufen (vgl. Watt, Mecca, S. 61). Jedenfalls ist dies eine festzustellen: die meisten der von Bell angeführten frühen Belege für die Lehre vom gütigen Schöpfergott stehen im Text unmittelbar neben Abschnitten eschatologischen Inhalts. Es ist nicht einzusehen, warum die letzteren alle jüngeren Datums sein sollen. Auf die einzelnen Fälle brauchen wir hier nicht einzugehen. Sure 79, 27–33, anschließend eschatologisch Vers 34–41, ebenso Vers 1–14; Sure 80, 24–32, anschließend eschatologisch Vers 33–42, vgl. auch Vers 17–23; Sure 78, 6–16, anschließend eschatologisch Vers 17–36; Sure 96, 1–5, angeblich der älteste Offenbarungstext überhaupt, anschließend die Verse 6–8: »Aber nein! Der Mensch ist wirklich aufsässig, * (darum) daß er sich für selbstherrlich hält. * Doch zu deinem Herrn kehrt (dereinst) alles zurück (wörtlich: Zu deinem Herrn ist die Rückkehr).«
In seinem Artikel »Muhammed and Previous Messengers« wertet Bell die koranischen Berichte über frühere Gottesgesandte unter anderem auch für seine spezielle These aus. Wir werden in anderem Zusammenhang auf diese Berichte zurückkommen und dabei feststellen, daß sie sich – mit den nötigen Einschränkungen – sehr wohl für die Rekonstruktion von Mohammeds eigener Zeitgeschichte verwenden lassen. Der Prophet hat offensichtlich viel eigenes Sinnen und Erleben in das seiner vermeintlichen Vorläufer hineingesehen. Diese sind dadurch immer mehr in seine eigene Rolle hineingewachsen. Jedoch ist zu beachten, daß die koranischen Abschnitte über die Geschichte früherer Gottesmänner aus einer Zeit stammen, in der die große Masse der Mekkaner die Botschaft des Propheten bereits abgelehnt hatte. Wenn Mohammed in der verbissenen Auseinandersetzung, die er von da ab mit seinen Gegnern führte, die Geister der früheren Gesandten heraufbeschwor, tat er das im Hinblick auf seine derzeitige Lage und nicht etwa in der Absicht, das zeitlich weit zurückliegende Anfangsstadium seiner Verkündigung ins rechte Licht zu rücken. Deshalb gibt die Tatsache, daß bei den Gesandten der Vorzeit der eschatologische Gedanke zugunsten der Vorstellung von zeitlichen Strafgerichten, vor allem aber zugunsten der monotheistischen Idee in den Hinter-

grund tritt, nicht ohne weiteres Aufschluß über die Streitfrage, um die es uns hier geht. Anscheinend hat Mohammed in jener Zeit, in der er gegen den hartnäckigen Widerstand der Mekkaner anzukämpfen hatte, mehr und mehr mit dem Gedanken gespielt, daß seine Gegner auch einmal von einer jener Gerichtskatastrophen erfaßt werden könnten, wie sie über frühere Geschlechter hereingebrochen waren. Demgegenüber trat der Gedanke an das große, die ganze Menschheit umfassende Gericht am Ende aller Tage – wenigstens vorübergehend – in den Hintergrund (s.u. S. 98). In dem hier angedeuteten Sinn sind die koranischen Geschichten von den Gesandten der Vorzeit zu verstehen. Wenn man sie schon historisch auswerten will, kann man sie keinesfalls zur Stützung der Bellschen These beiziehen. Sie sprechen eher gegen als für sie.

Kurzum, mit Gründen der Textchronologie läßt sich schwerlich beweisen, daß der Gerichtsgedanke nicht schon am Anfang von Mohammeds Prophetie gestanden habe. Auch die psychologische Begründung der Bellschen These will nicht einleuchten. Bell meint, Mohammed sei als ein Mann der Praxis auf Grund seiner ganzen Veranlagung und seines fortgeschrittenen Alters zu sehr auf die Verwirklichung konkreter Ziele eingestellt gewesen, als daß er sich damit hätte begnügen können, das herannahende Ende der Welt zu proklamieren (The Origin of Islam . . ., S. 71f.). Die koranischen Gerichtsszenen wären demnach als nachträglich zurechtgedachte, gut komponierte »Sanktionen« für eine Natur- und Erfahrungsreligion zu verstehen. (The Beginnings of Muhammad's Religious Activity, S. 24). Das klingt allzu rationalistisch. Es ist nicht recht einzusehen, warum Mohammed auf Grund seiner praktischen Veranlagung nicht damit begonnen haben könnte, seinen Landsleuten die Botschaft vom kommenden Gericht vorzutragen. Sein erster Schritt an die Öffentlichkeit war so oder so ein Schritt ins Uferlose. Angenommen, er war nun einmal vom Gedanken an das kommende Gericht erfüllt, – warum soll er dann nicht eben davon auch gesprochen haben? Wes das Herz voll ist, des geht der Mund über. Das gilt erst recht für einen angehenden Propheten.

Man wird überhaupt vorsichtig sein müssen mit Spekulationen darüber, was bei einem Ekstatiker wie Mohammed psychologisch a priori möglich oder »strukturell primär« ist (so Birkeland, The Lord Guideth, S. 133). Auf Grund des Textbefundes scheint nun einmal sowohl die Verkündigung vom strengen Herrn des Gerichts als auch die vom gütigen Schöpfer und Erhalter der Welt für die früheste Zeit von Mohammeds prophetischer Tätigkeit verbürgt zu sein. Davon haben wir auszugehen. Beide Gottesvorstellungen stehen zwar in einer inneren Spannung zueinander. Aber deshalb braucht die eine die andere nicht auszuschließen. Sie dienten, jede auf ihre Weise, dem Ziel, auf das Mohammeds Predigt ausgerichtet war: die Mitmenschen aus ihrer bisherigen Gedankenlosigkeit und primitiven Selbstsicherheit wachzurütteln und zu einer von Grund auf neuen, echt religiösen Lebenshaltung zu bekehren.

Der Glaube an den allmächtigen Schöpfergott

Die koranische Terminologie

Um aufzuzeigen, in welcher Weise der Mensch sich Gott gegenüber zu verhalten, wie er sich grundsätzlich zu ihm einzustellen hat, verwendet Mohammed im Koran eine ganze Anzahl von Ausdrücken. Zuerst einmal ist der Ausdruck aslama zu erwähnen, ein Verbum im sog. IV. Stamm, von dem die Wörter Muslim (eine Partizipialform) und Islām (ein Infinitiv) abgeleitet sind. Der Grundstamm des Verbums (salima) bedeutet im allgemeinen »vollständig sein«, »unversehrt sein«, »heil sein«. Demnach hat der IV. Stamm die Bedeutung bekommen: »vollständig hingeben«, »vollständig aufgeben« (mit dem Schwergewicht auf »vollständig«). An sich wäre jeweils das Objekt zu nennen, das »vollständig hingegeben« wird, wie in Sure 3, 20: »ich habe mein Angesicht (= mich) völlig Gott ergeben«, oder in Sure 2, 112; 4, 125; 31, 22: »wer sein Angesicht (= sich) völlig Gott hingibt«. Aber anscheinend ist das Verbum schon früh in absolutem Sinn verwendet worden, also ohne Objekt. In diesem Fall ist in der Übersetzung jeweils ein rückbezügliches Fürwort zu ergänzen (»sich [Gott] völlig ergeben«), soweit das Verbum nicht schon zum terminus technicus für die von Mohammed verkündete Religion geworden ist und einfach »Islam« oder auch »Annahme des Islam« bedeutet. Mit aslama, islām bezeichnet der Prophet also eine innere Haltung, in der der Mensch im Hinblick auf Gott sich selber völlig aufgibt. Als heidnisches Gegenstück wäre etwa istaǧnā, »sich reich, d. h. unabhängig fühlen«, anzuführen, die unbändige Selbstsicherheit des altarabischen Männerstolzes (vgl. 96, 6f.). Nachdem aslama erst einmal zum terminus technicus für die Zugehörigkeit zu Mohammeds Religionsgemeinschaft geworden war, hat es natürlich viel von seinem ursprünglichen Bedeutungsgehalt eingebüßt. So konnte der Prophet in Sure 49, 14 sagen: »Die (beduinischen) Araber sagen: ›Wir sind gläubig.‹ Sag: Ihr seid nicht (wirklich) gläubig geworden. Sagt vielmehr: ›Wir haben den Islam angenommen.‹ (Denn) der Glaube ist euch noch nicht ins Herz eingegangen.«

Das Verhältnis des Menschen zu Gott wird im Koran weiter durch die termini ʿabd, Mehrzahl ʿibād, »Diener«, »Sklave« und rabb, »Herr«, und durch das zugehörige Verbum ʿabada, Gott »dienen«, umschrieben. Damit verbindet sich eine ganze Skala von Vorstellungen und Gefühlswerten. Gott steht einerseits als der gewaltige

Machthaber über seinen Dienern. Diese sollen sich vor Gott allein fürchten (ḫašiya), nicht vor den Menschen. »Aus Furcht vor ihrem Herrn ängstigen sie sich« (23, 51). Die »Gottesfurcht«, ittaqā, Abstractum taqwā, wörtlich »sich (vor Gott) in acht Nehmen«, ist das eigentliche Kennzeichen des Frommen. Ungezählte Male fordert Mohammed seine Landsleute auf, gottesfürchtig zu sein. Der Herr will von seinen Dienern in Demut (taḍarruʿ) und im Verborgenen angerufen sein (z. B. 7, 55). Dem entsprechen auch die Gesten der Verbeugung (rukūʿ) und der Niederwerfung (suǧūd) (22, 77). Verbeugung und Niederwerfung sind denn auch zu wesentlichen Bestandteilen des islamischen Gottesdienstes geworden. Die ganze Kreatur wirft sich in Anbetung vor ihrem Herrn nieder: alles, was im Himmel und auf der Erde ist, Engel, Tiere, selbst Sonne, Mond und Sterne, sogar Berge und Bäume. Denn alles, was körperhaft geschaffen ist, wirft (morgens und abends) seine Schatten nach rechts und links, eine unterwürfige Prosternation vor dem erhabenen Schöpfergott (16, 48; 13, 15).

Gott ist aber auch ein gütiger und gnädiger Herr, der um das Wohl seiner Diener besorgt ist. Er steht mit denen, die an ihn glauben, in einem Verhältnis, das nach dem Vorbild der arabischen Lebensformen als Klientel bezeichnet wird. Sie sind seine Schutzbefohlenen, und er ist umgekehrt ihr »Schutzherr« (maulā), ihr »Freund« (walī) und »Helfer« (naṣīr). »Auf ihn sollen die Gläubigen vertrauen« (yatawakkal, z. B. 3, 122). Er ist im Grund seines Wesens barmherzig und zum Vergeben bereit. »Im Namen des barmherzigen und gnädigen Gottes«, diese Formel, die sog. Basmala, ist allen Suren (mit Ausnahme von Sure 9) vorgesetzt. Und in dem Gebet, mit dem Sure 2 abschließt, heißt es: »Herr! Lad uns nicht auf, was über unsere Kraft geht! Verzeih uns, vergib uns und erbarm dich unser! Du bist unser Schutzherr. So hilf uns gegen das Volk der Ungläubigen!« (Vers 286). Daß man in Gott gleichzeitig den strengen und den gütigen Herrn zu sehen hat, kommt besonders prägnant in Sure 32, 16 zum Ausdruck, wo es von den Frommen heißt: »Sie beten zu ihrem Herrn in Furcht und Verlangen«, d. h. in Furcht vor seiner Strafe und im Verlangen nach seiner Barmherzigkeit (vgl. 7, 56).

Aus dem koranischen Ausdruck āmana »glauben« läßt sich nicht allzuviel ablesen, zumal es sich um ein Lehnwort aus dem Hebräischen bzw. Aramäischen oder aus dem Äthiopischen handelt. Mohammed hat damit wohl in erster Linie die Bedeutung »fürwahrhalten« verbunden. Aufschlußreicher sind einige Ausdrücke, die sich auf das Gegenstück des Glaubens, den Unglauben beziehen. Mohammeds Gegner – wir können sie kurz als »Ungläubige«

bezeichnen – streiten die Zeichen Gottes ab (ǧaḥada) und erklären seine Gesandten als Lügner und den Inhalt der Offenbarung als Lüge (kaḏḏaba), während die Gläubigen das alles »für wahr halten«. Eine besondere Art von (wenn wir so sagen wollen) negativem Glauben wird im Koran mit širk oder išrāk bezeichnet, was eigentlich »Beigesellung« bedeutet. Damit ist gemeint, daß die Gegner Mohammeds dem einen Schöpfergott andere Götter oder sonstige Wesenheiten beigesellen, indem sie behaupten, diese hätten mit ihm Anteil an der Herrschaft über die Welt und die Menschen. Bezeichnend ist, daß der Gegenseite nicht der Vorwurf gemacht wird, sie lehne den Glauben an Gott überhaupt ab. Das Vergehen der »Ungläubigen« besteht vielmehr darin, daß sie sich nicht zur Anerkennung seiner Einzigkeit bereitfinden können. Eben im Hinblick darauf heißt es 40, 12: »Wenn Gott allein angerufen wird, seid ihr ungläubig. Wenn man ihm aber beigesellt (nämlich andere Götter), seid ihr gläubig.« Hier steht deutlich Monotheismus gegen Polytheismus.

Viel häufiger als širk und išrāk wird auf die Ungläubigen der Ausdruck kafara (Partizip kāfir, Infinitiv kufr) angewandt. Die Wortwurzel kfr kommt im Koran gegen 500mal vor. Nun ist kāfir in der Bedeutung »Ungläubiger« eigentlich ein Lehnwort. Mohammed hat den Ausdruck entweder durch jüdische oder durch christliche Vermittlung kennengelernt und demnach seine Gegner als kuffār »Ungläubige« oder als allaḏīna kafarū »die ungläubig sind« bezeichnet. Im Altarabischen bedeutet aber kafara »undankbar sein«, und wir dürfen annehmen, daß diese Bedeutung dem Propheten auch in den Fällen, in denen er das Wort im Sinn von »ungläubig sein« anwandte, noch gegenwärtig war. Jedenfalls gibt es eine ganze Anzahl von Koranstellen, in denen man kafara mindestens ebensogut mit »undankbar sein« wie mit »ungläubig sein« übersetzen kann. Besonders klar tritt dieser Bedeutungsgehalt von kafara da in Erscheinung, wo die Alternative dazu mit dem Ausdruck šakara »dankbar sein« bezeichnet wird. Bei alledem handelt es sich, wohlgemerkt, nicht etwa um Dankbarkeit bzw. Undankbarkeit von Mensch zu Mensch, sondern um die Dankbarkeit, die die Menschen ihrem Herrn und Schöpfer schuldig sind, und die die »Gläubigen« ihm tatsächlich entgegenbringen, während die Ungläubigen eben damit ihren Unglauben bekunden, daß sie Gott gegenüber undankbar sind. Von den wichtigsten Textbelegen sei wenigstens einer in Übersetzung mitgeteilt. Bei den übrigen müssen wir uns mit den Stellenangaben begnügen.

Sure 31, 12: »Wir haben dem Luqmān die Weisheit verliehen (indem wir ihn aufforderten): Sei Gott dankbar! Wenn einer (Gott) dankbar ist, ist er es für sich selber (d.h. zu seinem eigenen Vorteil). Und wenn einer (ihm) undankbar ist (kafara) – Gott ist reich (oder: auf niemand angewiesen) und des Lobes würdig (auch wenn man ihm nicht zu danken weiß).« Weitere Belege zum Thema der Dankbarkeit bzw. Undankbarkeit gegen Gott: Sure 27, 40; 39, 7; 14, 7f.; 2, 152; 39, 66; 7, 10; 23, 78; 32, 9; 76, 2f.; 22, 66; 80, 17–23; 29, 67; 16, 112f.

Lobpreisung des Schöpfers

Immer wieder muß Mohammed die Feststellung machen, daß der Mensch ein von Grund auf undankbares Geschöpf ist, so wie er das schon in Sure 80, 17, einer Verkündigung aus der ersten mekkanischen Periode, zum Ausdruck gebracht hat: »Der verfluchte Mensch! Wie undankbar (= ungläubig) ist er doch! (qutila l-insānu mā akfarahū).« Dreißigmal heißt es in einem Refrain in Sure 55: »Was wollt ihr (nicht alles) leugnen von den Wohltaten eures Herrn!« Seinerseits wird aber der Prophet nicht müde, Gott zu lobpreisen und ihm für all das Gute Dank zu sagen, das er zum Wohl der Menschen getan hat und immer wieder tut. Ein beträchtlicher Teil des Korans hat den Lobpreis Gottes zum Inhalt. Himmel und Erde und alle, die darin sind, lobpreisen ihn (z.B. 17, 44), einschließlich der Engel (z.B. 39, 75). Selbst die Vögel, die – wie zum Gebet – in Reihen am Himmel schweben, stimmen in den Lobpreis mit ein (24, 41). In ungezählten Darlegungen wird immer wieder das eine Hauptthema abgewandelt: Gott, der Schöpfer und Erhalter der Welt und aller Kreatur, der Herr und Wohltäter der Menschheit. Im folgenden sei eine kleine Auswahl von Stellen gegeben, in denen jeweils eine ganze Anzahl von Beweisen der göttlichen Schöpfungskraft aneinandergereiht sind. Im Anschluß daran bedarf es noch einiger Bemerkungen über gewisse Einzelthemen, die in der koranischen Lobpreisung in mannigfaltigen Abwandlungen wiederkehren, so daß wir annehmen dürfen, daß sie dem Propheten besonders am Herzen gelegen haben.

Sure 43, 10–14: »(Gott ist es) der euch die Erde zu einem Lager gemacht hat, und der euch auf ihr Wege gemacht hat, damit ihr euch vielleicht zurechtfändet, * und der Wasser vom Himmel hat herabkommen lassen in einem (begrenzten) Maße. Und wir haben damit abgestorbenes Land zum Leben erweckt. So werdet ihr (dereinst bei der Auferstehung aus der Erde wieder) hervorgebracht werden. * Und (er ist es) der alles, was es an Paaren (männlich und weiblich) gibt, geschaffen hat, und euch Schiffe und

Herdentiere gemacht hat, die ihr besteigt, * um euch auf ihrem Rücken zurechtzusetzen und dann, wenn ihr euch darauf zurechtgesetzt habt, der Gnade eures Herrn zu gedenken und zu sagen: Preis sei dem, der uns dies dienstbar gemacht hat! Wir wären (unsererseits) nicht dazu imstande gewesen. * Unserem Herrn wenden wir uns (in Ehrfurcht) zu.«

Sure 16, 78–83: »Und Gott hat euch aus dem Leib eurer Mutter hervorkommen lassen, ohne daß ihr (irgend) etwas wußtet. Und er hat euch Gehör und Gesicht und Herz (d.h. Verstand) gegeben, damit ihr vielleicht dankbar wäret. * Sehen sie denn nicht auf die Vögel, wie sie in der Himmelsluft (Gott) dienstbar sind, indem nichts sie (oben) hält außer Gott? Darin liegen doch Zeichen für Leute, die glauben! * Und Gott hat euch aus euern Häusern (buyūt) eine Stätte der Ruhe gemacht. Und er hat euch aus der Haut der Herdentiere Zelte (buyūt) gemacht, die ihr leicht (an Gewicht) findet, wenn ihr (von einem Lagerplatz) aufbrecht, und wenn ihr haltmacht. Und aus ihrer Wolle, ihrem Fell und ihrem Haar (hat er euch) Gebrauchsgegenstände (gemacht), und eine Nutznießung auf eine (beschränkte) Zeit. * Und Gott hat bewirkt, daß das, was er (an Dingen) erschaffen hat, euch Schatten spendet (so daß ihr euch unterstellen könnt). Und in den Bergen hat er euch Schlupfwinkel gemacht. Und er hat euch Hemden gemacht, die euch vor der Hitze schützen, und Hemden, die euch (durch Panzerung) vor eurer (gegenseitigen) Gewalt(anwendung) schützen (d.h. vor Verletzungen, die ihr euch im Kampf gegenseitig beibringt). So vollendet er seine Gnade an euch, damit ihr vielleicht Ergebung zeiget (tuslimūna). * Wenn sie sich nun abwenden (und nicht auf dich hören), – du bist nur zur offenkundigen Übermittlung (der Botschaft) verpflichtet. * Sie kennen die Gnade Gottes, und dann erkennen sie sie nicht an! Die meisten von ihnen sind eben ungläubig (oder: undankbar).«

Sure 6, 95–9: »Gott ist es, der die (Samen-)Körner und die Dattelkerne spaltet (und keimen läßt) und so das Lebendige aus dem Toten hervorbringt. Und er ist es, der (umgekehrt) das Tote aus dem Lebendigen hervorbringt. So ist Gott. Wie könnt ihr nur so verschroben sein (und seine Allmacht nicht anerkennen)! * (Er ist es) der die Morgendämmerung spaltet (so daß das Tageslicht zum Vorschein kommt). Und er hat die Nacht zur Ruhe gemacht, und Sonne und Mond (als Mittel) zur Berechnung (der Zeit). Das ist (alles) von ihm bestimmt, der mächtig ist und Bescheid weiß. * Und er ist es, der euch die Sterne gemacht hat, damit ihr euch durch sie in der Finsternis des Festlandes und des Meeres zurechtfindet. Wir haben die Zeichen auseinandergesetzt für Leute, die Bescheid

wissen. * Und er ist es, der euch aus einem einzigen Wesen hat entstehen lassen. Und nun gibt es (für jeden) eine Zeit der Ruhe (im Mutterleib) und eine Zeit der Übergabe (ins Dasein?). Wir haben die Zeichen auseinandergesetzt für Leute, die Verstand haben. * Und er ist es, der vom Himmel Wasser hat herabkommen lassen. Und wir haben dadurch Pflanzen jeder Art hervorgebracht, und aus ihnen Grün, (in Ähren) übereinandergeschichtete Körner. – Und aus der Fruchtscheide der Palmen entstehen tief herabhängende (?) Dattelbüschel. – Und (wir haben) Gärten mit Weinstöcken (wachsen lassen), und Öl- und Granatapfelbäume, (deren Früchte) einander ähnlich oder auch unähnlich (sind). Schaut doch, wenn sie tragen, auf ihre Früchte, und auf ihr Reifen! In (all) dem liegen Zeichen für Leute, die gläubig sind!«
Sure 2, 164: »In der Erschaffung von Himmel und Erde; im Aufeinanderfolgen von Tag und Nacht; in den Schiffen, die zum Nutzen der Menschen auf dem Meer fahren; (darin) daß Gott Wasser vom Himmel hat herabkommen lassen, um dadurch die Erde, nachdem sie abgestorben war, (wieder) zu beleben; (darin) daß er auf ihr allerlei Getier sich hat ausbreiten lassen; darin, daß die Winde wechseln, und (in) den Wolken, die (ihm) zwischen Himmel und Erde in Dienst gestellt sind, – (in alledem) liegen Zeichen für Leute, die Verstand haben!«

Der religiöse Sinngehalt der Lobpreisung

Mohammed muß selber von der Allmacht Gottes und von seinem tätigen Wirken ganz überwältigt gewesen sein. Sonst hätte er nicht in einer so überschwenglichen Weise das Lob des Schöpfers singen können. Er war eben ein durch und durch religiöser, von Ehrfurcht und Dankbarkeit gegen Gott erfüllter Mensch. Aber die Lobpreisungen, die im Vorhergehenden in Übersetzung wiedergegeben sind, und die vielen anderen, die sich sonst noch im ganzen Koran verstreut finden, sind keine Selbstgespräche eines religiösen Schwärmers. Sie sind als Predigttexte für die Zeitgenossen bestimmt. Diese sollen durch sie ermahnt, erbaut und zum Nachdenken angeregt werden. Das kommt oft auch schon in der Formulierung zum Ausdruck. In all den Wundern der Schöpfung »liegen Zeichen für Leute, die Verstand haben«, »für diejenigen, die sich erinnern lassen wollen, oder die bereit sind, dankbar zu sein«, oder wie es sonst noch heißen mag.
Zwei Grundtatsachen sind es, die den Menschen durch den Hinweis auf das Wirken des Schöpfergottes ins Gedächtnis zurückge-

rufen werden sollen: zum einen die Allmacht Gottes, zum anderen seine Güte. Die Allmacht Gottes ergibt sich schon allein daraus, daß Himmel und Erde mit allem, was darin ist, von ihm geschaffen sind. In seinen Aussagen über die Erschaffung der Welt geht Mohammed natürlich von bestimmten kosmologischen und mythologischen Voraussetzungen aus. So wird der Himmel im Gegensatz zur Erde regelmäßig als Plural bezeichnet, denn genaugenommen gibt es sieben übereinandergeschichtete Himmel, an deren unterstem Sonne, Mond und Sterne als schmucke Leuchten angebracht sind. Vom untersten Himmel gehen auch die Sternschnuppen aus, um auf die neugierigen Satane niederzusausen, die etwas von dem erlauschen wollen, was weiter oben im Himmel verhandelt wird (z. B. 37, 7–10). Der eigentliche Schöpfungsakt wird 21, 30 folgendermaßen beschrieben: »Himmel und Erde waren eine zusammenhängende Masse (ratq), worauf wir sie getrennt haben.« In Sure 41, 9–12 ist zu lesen, Gott habe in zwei Tagen die Erde geschaffen, in (insgesamt?) vier Tagen die Berge und die nötige Nahrung, in zwei Tagen die sieben Himmel. Sonst heißt es meist ganz kurz (in Anlehnung an den biblischen Schöpfungsbericht), Gott habe Himmel und Erde in sechs Tagen erschaffen.

Besonders eindringlich verweist der Prophet auf die Erschaffung des Menschen. Seine Betrachtungen über das werdende Leben beschränken sich zuerst auf den stetig sich wiederholenden biologischen Entwicklungsprozeß, der mit der Zeugung seinen Anfang nimmt und über den Zwischenzustand eines embryonenhaften Daseins im Mutterleib zur Geburt des Einzelmenschen führt (so schon 96, 1f.). In späteren Textstellen wird die biologische Entstehung des Menschen (durch die Fortpflanzung) sozusagen nach rückwärts ergänzt, nämlich durch den Hinweis auf die – im jüdischen und christlichen Mythos vorgezeichnete – Erschaffung des ersten Menschen (z. B. 32, 7–9). Im Zusammenhang damit kommt Mohammed gelegentlich auch auf den Mythos zu sprechen, demzufolge der Teufel sich geweigert haben soll, vor Adam niederzufallen, da dieser aus »Lehm« oder »Ton« erschaffen sei, er selber aber aus Feuer. Ein weiteres Zeichen göttlicher Allmacht und Weisheit erblickt der Prophet darin, daß Gott aus dem ersten Menschen, der ein Einzelwesen war, eine Zweiheit gemacht hat, so daß die Menschheit sich in der Folgezeit aus sich selber heraus vermehren konnte. Zum Beispiel 4, 1: »Ihr Menschen! Fürchtet euren Herrn, der euch aus einem einzigen Wesen geschaffen hat, und der aus ihm das ihm entsprechende andere Wesen geschaffen hat, und der von ihnen beiden viele Männer und Frauen (über die Erde) ausgebreitet hat.«

Es ist bezeichnend für die von Mohammed vertretene, spezifisch religiöse Naturanschauung, daß immer wieder Gott als diejenige Kraft genannt wird, die im biologischen Prozeß der Entwicklung des Menschen wirksam ist. Genaugenommen ist überhaupt nicht davon die Rede, daß der Mensch »entsteht« oder »sich entwickelt«, sondern davon, daß er von Gott geschaffen wird. Und zwar tritt Gott nicht nur bei der Erschaffung des ersten Menschen in Aktion, sondern beim Werden eines jeden Einzelmenschen, und auch hier wieder nicht nur im Anfangsstadium, bei der Zeugung, sondern auch in allen darauf folgenden Stadien: bei der Bildung und Weiterentwicklung des Embryo und des Fötus bis zur Geburt und durchs ganze Leben hindurch bis zum Sterben (und Auferstehen). Wir haben hier den Ansatzpunkt zu jener Theorie der späteren islamischen Theologie, die besagt, daß es in der Welt keinen Mechanismus und keine Naturgesetze gibt, da Gott unausgesetzt, von Zeitatom zu Zeitatom, in die jeweilige Situation eingreift und daraus eine neue schafft.

Unter den Zeichen, die Mohammed als Beweise von Gottes Güte anführt, wird ein Thema ganz besonders häufig variiert: Gott als Spender des Regens, der unerläßlichen Voraussetzung für die Entstehung aller Vegetation und damit auch für das Leben von Tier und Mensch. In einem so regenarmen und zugleich heißen Land wie Arabien bot sich dieses Thema von selbst an. Der so überaus wichtige Regen blieb jedem Zugriff des Menschen entzogen. Er kam, wenn er sich überhaupt einstellte, aus einer übermenschlichen Welt, und bot so – von den arabischen Lebensverhältnissen aus gesehen – den allereinfachsten, jedem einleuchtenden Gottesbeweis dar. Ein Zweifel war hier von vornherein ausgeschlossen. »Wenn du sie fragst: wer hat vom Himmel Wasser herabkommen lassen und dadurch die Erde, nachdem sie abgestorben war, (wieder) belebt?, sagen sie: Gott!« (29, 63).

Alle im Koran aufgeführten Zeichen von Gottes Güte kommen – unmittelbar oder mittelbar – dem Menschen zugut. Dieser steht sozusagen im Mittelpunkt des Naturgeschehens. Sonne und Mond sind eben für den Menschen zur Berechnung (ḥusbān) der Zeit bestimmt (z. B. 55, 5), der Tag zur Beschaffung des Lebensunterhaltes (z. B. 78, 11) usw. Eine solche anthropozentrische Einschätzung der Naturvorgänge ist nicht weiter verwunderlich. Was dagegen auffällt und auch wieder die ausgesprochen religiöse Naturanschauung des Propheten kennzeichnet, ist die Tatsache, daß eine ganze Anzahl von Einrichtungen und Vorkehrungen, die der Mensch als wohltuend empfindet, der Wirksamkeit Gottes zugeschrieben werden, während sie nach unserer Auffassung vom Menschen selber ausgedacht, erfunden oder hergestellt sind. Die leicht transportablen, aus Tierhaut hergestellten Zelte werden so als ein Geschenk Gottes gewertet, ebenso die anderen aus Wolle, Fell und Haar gefertigten Gebrauchsgegenstände, desgleichen Hemden zum Schutz vor der Hitze und andere (die gepanzert sind) zum Schutz vor Verwundungen (16, 80f.). Auch die Schiffe, auf denen man wie auf einem Reittier »aufsitzt« oder »aufgeladen wird« (für die Araber ist nicht das Kamel das »Schiff der Wüste«, sondern umgekehrt das Schiff eine Art Reittier des Meeres), werden ausdrücklich und an zahlreichen Stellen als eine Gabe Gottes bezeichnet. Gegenüber der Allmacht Gottes tritt nicht nur die Natur völlig zurück. Auch der Mensch verliert seinen Eigenwert. Alles, was er kann und macht, ist ein Werk des Schöpfers.

Die Wiederbelebung der Vegetation durch den Regen und die Erschaffung des Menschen werden von Mohammed auch noch in einer ganz anderen Weise ausgedeutet. Der Prophet bezieht diese Wunder der Natur auf das Wunder der Auferstehung, indem er folgert, daß derjenige, der totes Land wiederbelebt und den Menschen ins Dasein bringt, auch die Macht hat, Tote aufzuerwecken. So heißt es in unmittelbarem Anschluß an den Ausspruch, daß Gott (durch den Regen) totes Land lebendig mache, »so werdet ihr (dereinst aus den Gräbern) herausgebracht werden« (43, 11; 30, 19; ähnlich 50, 11; 35, 9); »er, der sie (die Erde) (wieder) belebt, kann (auch) die Toten (wieder) lebendig machen. Er hat zu allem die Macht« (41, 39). Die Auferstehung wird oft der Erschaffung des Menschen gegenübergestellt und geradezu als »neue Schöpfung« bezeichnet (z.B. 50, 15). Gott »beginnt die Schöpfung (d.h. er vollzieht sie ein erstes Mal, zur Existenz im Diesseits), hierauf wiederholt er sie (durch die Auferweckung, zur Existenz im Jenseits)« (z.B. 27, 64). Er, der den Menschen zuvor aus dem Sperma erschaffen hat, »hat die Macht, ihn (nachdem er gestorben ist, wieder ins Leben) zurückzubringen« (86, 8, einer der frühesten Texte des Korans). In Sure 22, 5–7 wird dieses besondere Thema wohl am eingehendsten behandelt: »Ihr Menschen! Wenn ihr wegen der Auferweckung (der Toten) im Zweifel seid, (so bedenkt:) wir haben euch (ursprünglich) aus Erde geschaffen, hierauf aus einem Tropfen (Sperma), hierauf aus einem Embryo, hierauf aus einem Fötus, (wohl)gestaltet oder auch ungestaltet, um euch (unsere Zeichen) klarzumachen. Und wir lassen im Mutterleib verweilen, was wir wollen, bis zu einer bestimmten Frist. Hierauf bringen wir euch als Kind (ins Dasein) hinaus. Hierauf mögt ihr (heranwachsen und) mannbar werden. Und der eine von euch wird (frühzeitig) abberufen, der andere lebt bis ins erbärmlichste (Greisen-)Alter, so daß er, nachdem er (vorher) Wissen gehabt hat, nichts (mehr) weiß. Und du siehst, daß die Erde erstarrt ist (und kein Leben mehr zeigt). Wenn wir dann Wasser auf sie herabkommen lassen, gerät sie (mit ihrer Vegetation) in Bewegung, treibt und läßt allerlei herrliche Arten (von Pflanzen und Früchten) wachsen. * Dies (geschieht) deshalb, weil Gott die Wahrheit ist, die Toten (wieder) zum Leben bringen wird und zu allem die Macht hat, * und weil die Stunde (des Gerichts), an der nicht zu zweifeln ist, kommen, und Gott (alle) auferwecken wird, die in den Gräbern sind.« Das klingt langatmig und konstruiert. Aber der gedankliche Inhalt ist um so deutlicher erkennbar. Die beiden an sich selbständigen Hauptthemen von Mohammeds Prophetie, die Lehre vom allmächtigen und gütigen Schöpfergott und die Ankündigung des Gerichts, sind hier aufeinander bezogen und ineinander verschachtelt. Dabei tritt, wie so oft in der Predigt des Propheten, der eschatologische Gedanke in den Vordergrund.

Die früheren Offenbarungsreligionen

Wer immer ein Verhältnis zur Geschichte hat, sieht und erlebt das Geschehen der eigenen Zeit im Zusammenhang mit dem, was früher war. Die Gegenwart wird auf die Vergangenheit zurückbezogen und umgekehrt die Vergangenheit von der Gegenwart her beurteilt und, soweit das möglich ist, an ihr gemessen. Die beiden Größen brauchen durchaus nicht in Deckung gebracht zu werden. Je größer die Unterschiede sind, die man zwischen Gegenwärtigem und Früherem feststellen zu müssen glaubt, je mehr man differenzieren kann, um so plastischer wird das Bild, um so tiefer der Einblick in die Zeitbedingtheit der eigenen Situation. Entscheidend ist bei alledem, daß überhaupt eine Beziehung zwischen Gegenwart und Vergangenheit hergestellt, d. h. ins Bewußtsein erhoben wird. Wer sich einer solchen Beziehung nicht bewußt wird, lebt subjektiv geschichtslos, mag sein Dasein objektiv gesehen noch so sehr in das seiner Vergangenheit verstrickt sein.

Man darf wohl annehmen, daß Mohammed schon vor seinem Berufungserlebnis in dem hier angedeuteten Sinn ein Verhältnis zur Geschichte gehabt hat. Wir denken dabei in erster Linie an seine Vertrautheit mit altarabischen Überlieferungen und Sagen. Wenn er etwa die Geschichte vom Untergang der Ṯamūd auch erst in späteren Jahren in seine Verkündigung eingebaut hat, so braucht das nicht zu bedeuten, daß sie ihm früher noch nicht bekannt war. Vielleicht ist er sogar selber einmal auf einer Reise an den Felsengräbern von Hegra vorbeigekommen und hat bei dieser Gelegenheit erzählen oder wiedererzählen hören, daß jenes alte Volk einst in diesen Gemächern gewohnt habe und dann in einer plötzlich einsetzenden Naturkatastroppe untergegangen sei. Schon damals könnte das Motiv von der Vergänglichkeit alles Erdendaseins, die Frage »ubi sunt qui ante nos«, in ihm angeklungen haben. Wie dem auch sein mag, sicher ist, daß er schon in frühester Zeit von den »Leuten des Elefanten« wußte, einer südarabisch-abessinischen Expedition, die gegen Mekka gerichtet war, aber wie durch ein Wunder erfolglos abgebrochen werden mußte. Sure 105, die darauf Bezug nimmt, gehört zu seinen frühesten Verkündigungen. Der Prophet hat dieses für seine Vaterstadt wichtige historische Geschehnis in einem durchaus religiösen Sinn gedeutet, indem er die Vernichtung der Angreifer auf seinen »Herrn« zurückführte. Der

Herr ist es, der »ihre List hat mißlingen lassen«, der sie »wie abgefressene Halme« gemacht hat, so daß Mekka unversehrt blieb. Wir dürfen in Sure 105 schon einen ersten Hinweis darauf sehen, daß Gott nicht nur über dem Kosmos thront, sondern auch der Herr der Geschichte ist und tätig in sie eingreift.

Es wäre allerdings zu viel gesagt, wenn man behaupten wollte, Mohammed habe von Anfang an bewußt und grundsätzlich eine religiöse Geschichtsauffassung propagiert. Der Gedanke, daß Gott in der Geschichte wirksam ist, wurde in Sure 105 sozusagen nur nebenbei und vorläufig aufgegriffen. Er war noch nicht zu einer tragenden Idee von Mohammeds Verkündigung geworden. Bedeutsam und grundlegend für seine ganze Prophetie wurde dagegen die Erkenntnis eines besonderen Sachverhalts aus dem Bereich der – wenn man so sagen darf – universellen Heilsgeschichte. Nämlich die Erkenntnis, daß Gott außerhalb des arabischen Sprachgebiets sich bereits mehrfach geoffenbart hatte. Der Prophet war sich darüber klargeworden, daß die außerarabischen Gemeinschaften der Christen und Juden heilige, von Gott geoffenbarte Schriften besaßen, während die Araber allem Anschein nach noch keine solche Offenbarung erhalten hatten. Diese offenkundige Vernachlässigung seiner eigenen Volks- und Sprachgemeinschaft muß ihm sehr zu schaffen gemacht haben, wenngleich er sich nicht schon in seinen ersten Verkündigungen darüber ausgesprochen hat. Die Tatsache, daß es Christen und Juden gab, lag nun einmal auf der Hand. Ebenso muß auch in Mekka allgemein bekannt gewesen sein, daß die Angehörigen der beiden Religionen sich auf heilige Schriften beriefen, die in einer nichtarabischen Sprache abgefaßt waren.

Ganz allmählich, halb bewußt, halb unbewußt, mag in Mohammed der Gedanke gereift sein, die Araber würden auch noch einmal eine heilige Schrift erhalten, und zwar in ihrer eigenen Sprache, und er selber könnte vielleicht dazu ausersehen sein, ihnen eine solche Offenbarung zu übermitteln. Später sagt er zwar einmal, er sei nicht darauf gefaßt gewesen, daß die Schrift ihm zukommen würde. Er sehe darin (daß gerade er zum Übermittler ausersehen sei) einen besonderen Gnadenerweis seines Herrn (28, 86). Wir dürfen ihm das ohne weiteres glauben, können aber trotzdem annehmen, daß er wenigstens im Unterbewußtsein mit der Möglichkeit einer Offenbarung in arabischer Sprache gerechnet hat, und weiter mit der Möglichkeit, in eigener Person eine solche Offenbarung übermitteln zu dürfen. Im Lauf der Zeit ist dann dieser heilsgeschichtliche Sachverhalt in seinem Bewußtsein klar hervorgetreten und auch in seiner Verkündigung zum Ausdruck gekommen. Der Koran sollte nichts anderes sein als die arabische Fassung der für die »Leute der Schrift« bestimmten Uroffenbarung. Als Gottes Gesandter an die Araber wiederholte und bestätigte Mohammed den wesentlichen Inhalt der jüdischen und christlichen Verkündigung. Die arabisch-islamische Gemeinschaft (umma) reihte sich nunmehr gleichwertig an die Gemeinschaften an, an die schon vorzeitig die göttliche Heilsbotschaft herangetragen worden war. Sie bildete das letzte, abschließende Glied der langen Kette der universellen Heilsgeschichte.

Die Übernahme biblischer Geschichten

Nachdem Mohammed erst einmal die Überzeugung gewonnen hatte, daß die eine göttliche Wahrheit den »Leuten der Schrift«, d. h. Juden und Christen, bereits geoffenbart worden war, während im arabischen Sprachbereich eine entsprechende Offenbarung noch ausstand, war er natürlich daran interessiert, möglichst viel vom Inhalt der jüdischen und christlichen Offenbarungsschriften in Erfahrung zu bringen. Nicht daß er die Absicht gehabt hätte, die fremdsprachigen heiligen Texte oder Teile daraus geradezu als Grundlage für eine Bearbeitung der Offenbarung in arabischer Sprache zu benützen. Die Übernahme der fremden Stoffe erfolgte nicht so unmittelbar und bewußt. Sonst hätte ja auch seine eigene Verkündigung den Offenbarungscharakter eingebüßt. Statt zum Propheten, wäre er allenfalls zum Initiator einer religiösen Übersetzungsliteratur geworden. Und wenn alles so weitergelaufen wäre, hätten sich die Araber schließlich auf Grund einer genaueren Kenntnis der nunmehr ins Arabische übertragenen jüdischen oder christlichen Schriften zum Judentum oder Christentum bekehrt, nicht aber zu einer eigenen, neuen Religion.
In Wirklichkeit ist die Entwicklung, wie wir wissen, anders verlaufen. Mohammed hat wohl jüdisches und christliches Gedankengut und damit auch Teile jener nichtarabischen Schriften kennengelernt. Aber die Übermittlung erfolgte ausschließlich durch mündliche Überlieferung. Der Prophet sah darin nur eine Bereicherung seines persönlichen Wissens. Die Kenntnisse, die er sich über fremde Gewährsmänner erwarb, wurden in seinem Unterbewußtsein zum Eigenbesitz und konnten so nachträglich den Stoff für originalarabische Offenbarungen abgeben. Im Kapitel über Mohammeds Sendungsbewußtsein ist dieser merkwürdige psychologische Sachverhalt schon ausführlich zur Sprache gekommen. Wir setzen ihn deshalb als bekannt voraus und beschränken uns im

folgenden auf das rein Stoffliche, d. h. auf die Frage, was Mohammed nun tatsächlich aus dem jüdischen und christlichen Schrifttum kennengelernt und sich angeeignet hat.
Was dem Propheten, kurz gesagt, als »biblische Geschichte« zur Kenntnis gekommen ist und so in den Islam Aufnahme gefunden hat, bewegt sich innerhalb enger Grenzen. Die biblische Schöpfungsgeschichte hat auf die koranische Kosmologie nur teilweise eingewirkt. Auf den Mythos von der Vertreibung aus dem Paradies wird öfters angespielt, aber ohne besonderen Nachdruck, auf die Geschichte von Kain und Abel nur ein einziges Mal, und dies an einer Stelle, die in die Zeit nach der Hiğra anzusetzen ist (5, 27–32). Mehrfach und ausführlich wird im Koran über Noah und die Sintflut berichtet, ferner über Abraham mit seinen Söhnen Isaak und vor allem Ismael sowie über Abrahams Gegenspieler Lot, schließlich über Mose mit Aaron, seine Auseinandersetzung mit Pharao und den Zug der Kinder Israels durch das Meer und die Wüste. Eine einzelne Sure (12) ist überdies ausschließlich der Geschichte von Joseph gewidmet. Die weiteren Anspielungen auf alttestamentliche Gestalten wie Elias, David, Salomo, Jonas und Hiob haben – wenn man aufs Ganze sieht – nur nebensächliche Bedeutung. Von den eigentlichen Propheten (Jesaia, Jeremia, Amos usw.) hat Mohammed anscheinend überhaupt nichts gehört. Von den Gestalten des Neuen Testaments steht natürlich Jesus im Mittelpunkt des Interesses. Mohammed hat aber nur die apokryphe Geburts- und Kindheitsgeschichte genauer kennengelernt (einschließlich der Geschichte von Maria).
Der Zeitraum, innerhalb dessen der Prophet die hier angeführten Gestalten aus der biblischen Geschichte kennengelernt und in seine Verkündigung aufgenommen hat, läßt sich nur ungefähr bestimmen. Einige Stoffe, so die Geschichte von Kain und Abel und einzelne Episoden aus dem Leben von Saul, David und Goliath (2, 246–51), sind ihm anscheinend erst in der Zeit nach der Hiğra zur Kenntnis gekommen. Andere, wie die Geschichte von Abraham (und Ismael) und von Mose und den Kindern Israels, haben ihn sowohl vor als auch nach der Hiğra stark beschäftigt. Die Auseinandersetzung mit den Juden von Medina hat diese biblischen Gestalten sogar wieder in den Mittelpunkt des Interesses gerückt und in einem neuen Licht erscheinen lassen. Man kann aber trotzdem sagen, daß das Gesamtbild, das Mohammed sich von der biblischen Geschichte gemacht hat, schon während seines Aufenthalts in Mekka in den wesentlichen Zügen festlag. Andererseits dürfen wir als sicher annehmen, daß der Prophet in der allerersten Zeit seines öffentlichen Wirkens, also unmittelbar nach seinem

Berufungserlebnis, von biblischer Geschichte noch so gut wie gar nichts wußte. Jedenfalls hat er in seinen Verkündigungen der ersten Zeit noch nicht darauf Bezug genommen. Die koranischen Abschnitte, die biblischen Gestalten gewidmet sind, lassen sich chronologisch – soweit sie nicht aus der Zeit nach der Hiğra stammen – in der weitaus überwiegenden Mehrzahl der sogenannten zweiten und dritten mekkanischen Periode zuweisen, d. h. den Jahren, in denen Mohammed einen verbissenen, schier aussichtslosen Kampf gegen den Unglauben seiner mekkanischen Landsleute geführt hat. Das ist kein Zufall. In keinem anderen Abschnitt seines Lebens, weder im Anfangsstadium seiner prophetischen Verkündigung noch in den Jahren nach der Hiğra, hätte er ein so unmittelbares, lebendiges Verhältnis zur Geschichte von Noah und der Sintflut, von Abraham und dessen angeblichem Kampf gegen den zeitgenössischen Götzendienst, von Lot und dem Untergang von Sodom und Gomorrha sowie von Mose und seiner Auseinandersetzung mit Pharao finden können.

Straflegenden

Was die Art der Darstellung angeht, so sind die biblischen Geschichten im Koran manchmal mehr nur angedeutet als ausführlich wiedererzählt. Der Wortlaut nimmt sich oft so aus, als ob Mohammed den sachlichen Vorgang als bekannt voraussetzen könne und nur noch für sich und die Seinen die Nutzanweisung daraus zu ziehen habe. Im einzelnen ist hier noch manches zu klären. Vielleicht ließe sich an Hand einer stilgeschichtlichen Untersuchung der Zeitpunkt feststellen, von dem ab der Prophet für Anspielungen auf die Geschichte eliptische Zeitsätze verwendet hat, d. h. Sätze, die mit iḏ, »als«, »(damals) als«, beginnen, aber keinen Nachsatz haben. Jedenfalls hat er in der Zeit nach der Hiğra von diesem Stilmittel reichlich Gebrauch gemacht, – wie wir weiter unten sehen werden, auch bei Anspielungen auf Episoden der eigenen Zeitgeschichte. Er ruft damit irgendwelche Gegebenheiten, die allgemein bekannt sind oder wenigstens bekannt sein müßten, in das Gedächtnis zurück, ohne die Einzelheiten zu einem Gesamtbild auszugestalten.
Weiter fällt auf, daß die biblischen Gestalten öfters aus der Vereinzelung gelöst und zu einer ganzen Reihe aneinandergefügt werden. So ist z. B. der Abschnitt Sure 37, 75–148 den Gottesmännern Noah, Abraham, Mose (mit Aaron), Elias, Lot und Jonas gewidmet, der Abschnitt 38, 17–48 den Gottesmännern David, Salomo,

Hiob, Abraham (mit Isaak und Jacob), Ismael, al-Yasaʿ (Elisa) und Ḏū l-Kifl. Hierbei ist wohl die Tendenz wirksam, die einzelnen Individuen als Gestalten der Heilsgeschichte zu typisieren. Mohammed macht seine Hörer darauf aufmerksam, daß vorzeiten immer wieder Männer aufgetreten sind, die, wenn auch unter verschiedenen Begleitumständen, im wesentlichen dieselbe Aufgabe hatten, nämlich mit ihrer Frömmigkeit ein leuchtendes Vorbild zu geben und der Wahrheit der göttlichen Offenbarung das Wort zu reden.

Ein besonders interessanter Fall einer solchen Reihenbildung liegt in denjenigen koranischen Geschichten vor, die man seit J. Horovitz als Straflegenden zu bezeichnen pflegt, – interessant auch deshalb, weil hier biblische und außerbiblische, genauer gesagt altarabische Erzählungsstoffe in gleicher Weise Berücksichtigung finden. An zwei Stellen, die beide noch der ersten mekkanischen Periode zuzurechnen sind, wird kurz, fast stichwortartig, an die Strafgerichte erinnert, die in früheren Zeiten über gewisse Völker, Stämme oder Ortschaften hereingebrochen sind. Die Stellen haben folgenden Wortlaut: Sure 89, 6–14: »Hast du nicht gesehen, wie dein Herr mit den ʿĀd verfahren ist, * (mit) Iram, der (Stadt) mit der Säule, * dergleichen sonst nirgendwo geschaffen worden ist, * und (mit den) Ṯamūd, die im Tal (in dem sie wohnten) den Fels aushöhlten, * und (mit) Pharao, dem mit den Pfählen (?), * (mit all denen) die im Land aufsässig waren * und darin viel Unheil angerichtet haben? * Dein Herr ließ die Geißel einer (schrecklichen) Strafe auf sie herabsausen. * Wahrlich, dein Herr ist auf der Lauer!« Sure 53, 50–4: »Und daß er früher die ʿĀd hat zugrundegehen lassen, * und die Ṯamūd, und nicht(s von ihnen) übrigbleiben ließ, * und vorher die Leute Noahs, die noch frevelhafter und aufsässiger waren? * Und (daß er) die der Zerstörung geweihte (wörtlich umgekehrte) (Stadt Sodom) hat untergehen lassen, * und jenes Ereignis über sie gebracht hat?«

In verschiedenen Suren der zweiten und auch noch der dritten mekkanischen Periode (diese zeitliche Fixierung ist wichtig) werden die einzelnen Delinquenten und ihre Strafgerichte etwas genauer umschrieben. Dabei sind auch wieder verschiedene Straflegenden aneinandergereiht. Wenn man einige Sonderfälle und Überschneidungen außer Betracht läßt, ergibt sich im ganzen eine Sechs- oder Siebenzahl, und es ist deshalb nicht ausgeschlossen, daß der mysteriöse Ausdruck „sieben maṯānī (Geschichten?)« in Sure 15, 87 eben auf solche sieben Straflegenden zu deuten ist (»Wir haben dir wahrlich sieben maṯānī und den gewaltigen Koran gegeben«). Es handelt sich um die Geschichten von (1) Noah und seinen Zeitgenossen, die in der Sintflut umgekommen sind; (2) von den 'Ād und ihrem »Gesandten« Hūd, dessen Botschaft sie ablehnten; (3) von den Ṯamūd und ihrem »Gesandten« Ṣālih, dessen Kamel sie in frevlerischer Weise zu Fall brachten; (4) von Lot und den »umgekehrten« (Städten, d.h. Sodom und Gomorrha); (5) von den Madyan, die von ihrem »Gesandten« Šu'aib vergebens ermahnt wurden, volles Maß und Gewicht zu geben; (6) von Mose und den Israeliten und ihrer Unterdrückung durch Pharao und seine Leute; schließlich (7) von Abraham und seinem Kampf gegen den Götzendienst seiner Landsleute.

Die zuletzt genannte Geschichte ist allerdings nur mit Vorbehalt den Straflegenden zuzurechnen, weil in ihr abgesehen davon, daß sie mit der Geschichte von Lot enger zusammengehört, nicht eigentlich von einem Strafgericht die Rede ist. Für die Straflegenden ist es eben charakteristisch, daß das betreffende Volk schließlich wegen seines hartnäckigen Unglaubens und seiner Bosheit in einer verheerenden Naturkatastrophe untergeht. Der Untergang der 'Ād erfolgt durch einen schrecklichen Sturm, der eine Woche lang ununterbrochen anhält, der Untergang der Ṯamūd durch ein Erdbeben, einen Donnerschlag oder einen »Schrei«, derjenige der Madyan ebenfalls durch ein Erdbeben oder einen »Schrei«. Bei Sodom und Gomorrha ist es ein böser Regen oder Steinhagel, beim Volk des Noah natürlich die Sintflut, und bei Pharao und den Seinen der Untergang beim Durchzug durchs Meer. Vgl. 29, 40: »Jedes (Volk) haben wir für sein Vergehen bestraft. Über die einen schickten wir einen Sandsturm: über andere kam der Schrei; (wieder) andere ließen wir in der Erde versinken oder (in der Flut oder im Meer) ertrinken.«

Zeitliche Gerichtskatastrophen und eschatologisches Gericht

Die vernichtenden Katastrophen, die nach Aussage der koranischen Straflegenden über die Volksgenossen von Noah, Lot und Mose (Pharao) sowie über die 'Ād, Ṯamūd und Madyan hereingebrochen sind, gehören alle der Vergangenheit an. Die Menschen, die von ihnen betroffen worden sind, haben ihre Gottlosigkeit mit der nahezu vollständigen Vernichtung ihres Volkes gebüßt. Denn jedesmal ist nur eine Minderheit unter Führung des betreffenden »Gesandten« gerettet worden, während die große Masse dem Tod verfiel. Demnach hat also schon mehrfach in der Geschichte ein

Strafgericht stattgefunden. Wie läßt sich das aber mit Mohammeds Verkündigung vom Endgericht in Einklang bringen? Wie können die Menschen am Jüngsten Tag in ihrer Gesamtheit zur Verantwortung gezogen werden, wenn einzelne Völker bereits im Zeitlichen das Gericht über sich haben ergehen lassen müssen?

Man kann diesen – tatsächlichen oder scheinbaren – Widerspruch nicht einfach damit aus der Welt schaffen, daß man annimmt, Mohammed habe ursprünglich nur von zeitlichen Strafgerichten gesprochen und erst nachträglich die eschatologische Idee in seine Verkündigung aufgenommen. Der Textbefund steht dem entgegen. Nach wie vor müssen wir – trotz R. Bell (s. S. 76f.) – davon ausgehen, daß der Prophet schon zu Beginn seines öffentlichen Auftretens vom Weltuntergang und vom Jüngsten Gericht gepredigt hat. Die koranischen Straflegenden sind also keineswegs älter als die koranischen Hinweise auf das allgemeine Endgericht. Im Gegenteil. Sie sind nicht einmal gleich alt, sondern um einiges jünger. In den ersten Suren der sog. ersten mekkanischen Periode finden sich nämlich nur vereinzelte Hinweise auf zeitliche Strafgerichte. Der weitaus größte Teil der Straflegenden folgt erst in Suren der zweiten und dritten mekkanischen Periode. In den medizinischen Suren sind sie dann allerdings kaum mehr anzutreffen. Nach der Hiğra hat sich Mohammed anscheinend nicht weiter für sie interessiert. Dieser chronologische Sachverhalt ist bedeutsam. Er ermöglicht uns einen Einblick in die besonderen Voraussetzungen, unter denen Mohammed sich veranlaßt sah, neben der eschatologischen Idee auch die Vorstellung von zeitlichen Strafgerichten in seine heilsgeschichtliche Konzeption aufzunehmen.

Mohammeds besonderes Interesse an den Straflegenden ist bedingt durch die Nutzanwendung, die er während eines begrenzten Zeitabschnitts für sich und seine Umgebung daraus ziehen zu können glaubte. Wie wir bereits festgestellt haben und im nächsten Kapitel noch genauer sehen werden, hat er zu Beginn seiner Prophetie noch nicht die dogmatischen Folgerungen aus seinem Gottesglauben gezogen. Nachdem er aber erst einmal den konsequenten Monotheismus propagiert und sich dadurch die erbitterte Feindschaft seiner Landsleute zugezogen hatte, lag es nahe, seine eigene Situation mit der eines Noah, eines Abraham, eines Lot usw. zu vergleichen. Wie diese Gottesmänner stand er mit der kleinen Schar seiner Getreuen einer großen Mehrheit von »Ungläubigen« gegenüber. Wie sie durfte er sich durch den nahezu völligen Mißerfolg seiner Bekehrungsarbeit nicht entmutigen lassen. Im Gedanken an sie konnte er des göttlichen Beistands gewiß sein, ja sogar hoffen, daß er am Leben bleiben würde, falls etwa seine Volksgenossen ihre

Sündhaftigkeit mit dem Untergang büßen müßten. Eine Zeitlang scheint der Prophet tatsächlich damit gerechnet zu haben, daß die Mekkaner in einer Gerichtskatastrophe ihren Untergang finden würden. »Ich warne euch vor einem Donnerschlag ähnlich dem der 'Ād und Ṯamūd«, heißt es kurz und bündig Sure 41, 13. Auch Sure 26, 201 – 9 und 7, 97 – 9 wird in aller Deutlichkeit ausgesprochen, daß das Strafgericht jederzeit ganz plötzlich hereinbrechen könnte. Vielleicht hat Mohammed sogar noch nach der Hiǧra ein Strafgericht über Mekka für möglich gehalten: »Wie manche Stadt haben wir zugrunde gehen lassen, die machtvoller war als die (Stadt), die dich vertrieben hat!« (47, 13).

Solange Mohammed mit einem derartigen Nachdruck von zeitlichen Strafgerichten predigte, mußte die Vorstellung von einem allgemeinen Gericht am Ende aller Tage notwendigerweise in den Hintergrund treten. Zwar sind im Koran zuweilen eine ganze Reihe von Straflegenden in Abschnitte eschatologischen Inhalts eingebettet, so daß es aussieht, als ob sie damit eine innere Einheit bilden würden (so 54, 9 – 42; 11, 25 – 99). Auch innerhalb der einzelnen Straflegenden wird hin und wieder auf das Endgericht angespielt. So Sure 11, 60 und 99, wo von einem Fluch gesprochen wird, der den 'Ād bzw. dem Volk des Pharao »in dieser Welt und am Tag der Auferstehung nachgeht«, oder 41, 16, wo es vom Strafgericht der 'Ād heißt: »Da sandten wir an unheilvollen Tagen einen eiskalten Wind über sie, um sie im diesseitigen Leben die Strafe der Schande kosten zu lassen. Aber die Strafe des Jenseits ist schändlicher. Und sie werden (dann) keine Hilfe finden.« (Vgl. 39, 25f.) Solche Formulierungen wirken jedoch gekünstelt. Hier werden zwei verschiedenartige Vorstellungskreise, die beide in sich geschlossen sind, mehr oder weniger gewaltsam übereinandergeschoben mit der an sich löblichen Absicht, sie in Deckung zu bringen. Selbstverständlich konnte man nachträglich den Standpunkt vertreten, daß das zeitliche Strafgericht jeweils nur einen Vorentscheid darstellt, während die letzte Entscheidung dem Jüngsten Gericht vorbehalten bleibt. In diesem Sinn ist wohl auch Sure 17, 58 zu verstehen: »Es gibt keine Stadt, die wir nicht (noch) vor dem Tag der Auferstehung zugrunde gehen lassen oder doch schwer strafen würden. Das ist in der Schrift (der Vorherbestimmung) verzeichnet.« Es hieße aber dem koranischen Textbefund und dem historischen Sachverhalt Gewalt antun, wenn wir eine derartige theologische Spekulation grundsätzlich für alle Straflegenden voraussetzen wollten.

Das Interesse, das Mohammed an den Gestalten der früheren Heilsgeschichte nahm, beschränkte sich keineswegs auf die eigentlichen Strafgerichte. Das ganze Leben und Wirken, wir können hinzufügen: auch das Leiden der Gottesgesandten war ihm in gleicher Weise wichtig. Je mehr er sich mit den Frommen der Vorzeit beschäftigte, um so deutlicher glaubte er zu sehen, daß im Grunde genommen immer dasselbe geschehen war. Zu jedem Volk war ein »Gesandter«, »Warner« oder »Führer« (so 13, 7) gekommen. Seine Volksgenossen hatten ihn aber für einen Lügner erklärt, sich über ihn lustig gemacht und seine Botschaft abgelehnt. Schließlich war dann die Masse des Volkes vom Strafgericht ereilt worden, während der Gesandte am Leben blieb. Sogar die Geschichte der sagenhaften Völker des alten Arabien hat der Prophet in diesem typisierenden Sinn gedeutet, um nicht zu sagen umgedichtet. Hūd, Ṣāliḥ und Šuʿaib, die Gesandten der ʿĀd, Ṯamūd und Madyan, blieben, dem Beispiel Noahs und Lots folgend, beim Untergang ihres Volkes verschont (11, 58.66.94). Die Geschichte von Mose und Pharao wurde insofern typisiert, als Mose (mit den Israeliten) als gläubige Minderheit dem Pharao und seinem Volk als gottlose Mehrheit gegenüberstand, also im Prinzip dieselbe Rolle spielte wie Noah, Lot und die anderen frommen Männer und deren Gefolge. Gegenüber der Gleichartigkeit traten die Unterschiede der Einzelerscheinungen mehr und mehr zurück.

Mohammed hat die Geschichten und Gestalten der früheren Heilsgeschichte nicht von ungefähr so stark aneinander angeglichen. Den eigentlichen Grund für diese Typisierung und Schematisierung haben wir darin zu sehen, daß er das eigene Zeitgeschehen in die Heilsgeschichte mit einbezog und nun von eben diesem Zeitgeschehen aus die einzelnen Episoden der Vergangenheit sozusagen anvisierte. Mit einer zugleich naiven und großartigen Einseitigkeit nahm er den Geschichtsabschnitt, innerhalb dessen er selber als der Gesandte Gottes an die Araber lebte, wirkte und litt, zum Maßstab für das Leben und Wirken der früheren Gesandten und projizierte daraufhin die Gegebenheiten und Situationen des zeitgenössischen mekkanischen Milieus in die Vergangenheit zurück. Die früheren Gottesmänner nahmen so immer mehr die Konturen des arabischen Propheten an. Ihre Gegner wurden zu Spiegelbildern der heidnischen Mekkaner. Die Reprojizierung erstreckte sich sogar auf die Glaubensvorstellungen. Schon Noah soll – wie Mohammed (27, 91) – gesagt haben: »Mir ist geboten worden, ein Muslim zu sein« (10, 72). Derselbe Noah klagt mit folgenden Worten vor Gott über seine ungläubigen Landsleute: »Herr! Sie haben sich mir widersetzt und sind einem gefolgt, der durch sein Vermögen und seine Kinder nur noch mehr Schaden hat (da er sich in seiner Hartnäckigkeit noch bestärken läßt) * und sie haben gewaltige Ränke geschmiedet. * Und sie haben gesagt: ›Gebt doch nicht eure Götter auf! Gebt weder Wadd auf, noch Suwāʿ, noch Yaġūṯ, Yaʿūq und Nasr!‹« (71, 21–3). Hier werden also altarabische Götter unbedenklich in die vorsintflutliche Zeit zurückdatiert und dem Pantheon der Zeitgenossen Noahs einverleibt. Übrigens wird im Koran auch die Landung der Arche vom innerarabischen Standpunkt aus geschildert und auf den arabischen Berg al-Ǧūdī verlegt (11, 44).

Objektiv betrachtet hatte eine derartige Rückschau auf die frühere Heilsgeschichte eine armselige Nivellierung zur Folge. Anstatt die Vergangenheit in der Vielfalt ihrer Erscheinungsformen zur Kenntnis zu nehmen und gelten zu lassen, hat Mohammed immer nur sich selber und seine eigenen Zeitumstände darin gesucht und wiedergefunden. Die handelnden Personen verblaßten zu bloßen Schemen. Eintönig, mit nur geringfügigen Abwandlungen, wurde auf der Bühne der Geschichte immer wieder dasselbe Stück gespielt. Für den Historiker, der sich um die Geschichte Mohammeds und seiner Zeit bemüht, ist nun aber eben dieser Schematismus aufschlußreich. Aus den Lebensumständen der früheren Gottesmänner, so wie sie im Koran verzeichnet sind, lassen sich wertvolle Rückschlüsse auf die Zeitgeschichte des arabischen Propheten ziehen. Wenn so – um nur einige wenige Beispiele anzuführen – die Ṯamūd in Sure 11, 62 zu Ṣāliḥ sagen, man habe, ehe er mit seiner Verkündigung aufgetreten sei, »(große) Hoffnung auf ihn gesetzt«, ist anzunehmen, daß dieser Ausspruch ursprünglich auf Mohammed gemünzt war. Oder wenn in Sure 7, 88 die »Oberen« (al-malaʾ) der Madyan dem Šuʿaib und seinen Anhängern (bzw. 14, 13 die früheren Ungläubigen ihren Gesandten) drohen: »Wir werden dich und die, die mit dir glauben, aus unserer Stadt vertreiben (bzw. wir werden euch aus unserem Land vertreiben), oder ihr müßt wieder unserer Religion beitreten«, bedeutet das, daß Mohammed seinerseits von den »Oberen« der Quraiš eine solche Drohung zu hören bekam. Wenn schließlich in Sure 11, 27 die »Oberen« des Volkes von Noah sagen: »Wir sehen, daß dir nur diejenigen von uns folgen, die der untersten Schicht der Bevölkerung angehören (wörtlich, unsere Niedrigsten)«, so sind sicher eben dem arabischen Propheten derartige Vorhaltungen gemacht worden. Wir werden im folgenden noch öfters Gelegenheit haben, koranische

Stellen, die von frommen Männern der Vorzeit handeln, in diesem Sinn als indirekte Quelle für die Zeitgeschichte Mohammeds auszuwerten.

Der Unglaube der Mekkaner

Der Polytheismus

In Sure 26, 214 wird Mohammed aufgefordert, seine »nächsten Sippenangehörigen« zu warnen. Man darf darnach annehmen, daß sich der Prophet mit seiner Botschaft zunächst ausschließlich oder wenigstens vorwiegend an Personen aus seiner Familie und Sippe gewandt hat. Dafür spricht unter anderem auch die Tatsache, daß seine Gattin Ḫadīǧa als erste den Islam angenommen hat, und daß sein Vetter ʻAlī und sein Klient und Adoptivsohn Zaid ibn Ḥāriṯa als die ersten männlichen Konvertiten gelten. Es lohnt sich aber kaum, der Frage nachzugehen, wie lange Mohammed sich mit seiner Predigt auf den Kreis seiner näheren Verwandtschaft und Bekanntschaft beschränkt, und von welchem Zeitpunkt ab er sich an die weitere Öffentlichkeit gewandt hat. Wenn er sich wirklich dazu berufen fühlte, die Glaubenswahrheit, die er in eigener Person erfahren hatte, anderen kundzutun, mußte er früher oder später einen größeren Kreis von Menschen ansprechen. Und dazu ist es ja auch tatsächlich gekommen. Datierungsfragen spielen hierbei eine untergeordnete Rolle. Der Inhalt der Verkündigung blieb auch vor einem erweiterten Hörerkreis der gleiche wie bisher. Zwischen der mehr privaten und der öffentlichen Predigt ist deshalb keine eigentliche Zäsur anzusetzen.

Eine Änderung in Mohammeds Predigt und damit auch in seinem Verhältnis zu den Hörern trat erst zu einem späteren Zeitpunkt ein, nämlich als der Prophet sich gedrungen fühlte, die letzten Forderungen aus seinem neugewonnenen Gottesglauben zu ziehen und gegen den Polytheismus seiner Landsleute anzugehen. In einem von ʻUrwa ibn az-Zubair an den Kalifen ʻAbdalmalik (685–705) eingesandten Bericht über die Vorgeschichte der Hiǧra heißt es (Ṭabarī, Annalen I, 1180; Korankommentar, Kairo 1381, IX, 151): »Als der Gesandte Gottes seine Volksgenossen zu der ihm geoffenbarten Rechtleitung und Erleuchtung aufrief, wozu Gott ihn (als Gesandten an sie) geschickt hatte, hielten sie sich anfänglich nicht von ihm fern (Variante: liefen sie ihm anfänglich nicht davon) und waren nahe daran, auf ihn zu hören (Variante: und pflegten ihm zuzuhören). (Das ging so lange) bis er auf ihre Götzen (ṭawāǧīṯ) zu sprechen kam.« ʻUrwa berichtet weiter, daß die Mekkaner nunmehr gegen Mohammed und seine Anhänger eingeschritten seien und ihnen schwer zugesetzt hätten, was wiederum die erste Hiğra, nämlich die nach Abessinien, ausgelöst habe.

Der Bericht von ʿUrwa wird den historischen Sachverhalt einigermaßen richtig wiedergeben. Er stimmt zu dem Befund der frühesten Suren des Korans. In ihnen ist die Verkündigung des Propheten noch nicht eigentlich von dem Gedanken getragen, daß es nur einen Gott gibt. Eine monotheistische Gottesvorstellung liegt hier erst im Ansatz vor. Dagegen spielt die Polemik gegen die Vielgötterei eine bedeutende Rolle in den koranischen Propheten- und Straflegenden. Diese gehören aber, wie wir festgestellt haben (S. 95), in der überwiegenden Mehrzahl der sog. zweiten mekkanischen Periode an, spiegeln also nicht den Ausgangspunkt, sondern ein späteres Stadium in der Entwicklung der Prophetie wider.

Demnach ist sich Mohammed erst im Lauf der Zeit, und zwar eben in der polemischen Auseinandersetzung mit seinen »ungläubigen« Landsleuten, darüber klargeworden, daß neben dem Gott, den er als den Herrn (rabb), Schöpfer und Wohltäter und als den Herrscher am Tag des Gerichts verehrte, weitere Gottheiten, auch solche untergeordneter Natur, überhaupt nicht denkbar seien. Im Koran wird den Ungläubigen immer wieder ihre Behauptung, Gott stehe nicht für sich allein, sondern habe »Teilhaber« (šurakāʾ, Einzahl šarīk) neben sich, zum Vorwurf gemacht. Mohammed bezeichnet die Vertreter des arabischen Heidentums nunmehr kurz als mušrikūn, d.h. als solche, die die Idee der »Teilhaberschaft« (širk) vertreten. Allerdings scheint er in Anbetracht der hohen Verehrung, die die drei Göttinnen al-Lāt, al-ʿUzzā und Manāt bei seinen Landsleuten genossen, vorübergehend noch einmal zu einem Kompromiß bereit gewesen zu sein. Wenn wir den Geschichtsschreibern in diesem Punkt glauben dürfen, bezeichnete er diese weiblichen Gottheiten in einer Offenbarung als »ġarānīq« (Reiher?), deren Fürbitte genehm (Variante: zu erhoffen) sei. Er stellte sie sich vermutlich als eine Art von Gottestöchtern vor oder setzte wenigstens bei seinen Zuhörern eine solche Vorstellung voraus. Denn als er sie dann in der endgültigen Formulierung der Offenbarung, Sure 53, 19ff., ganz ablehnte (vgl. oben S. 67), tat er das mit der Begründung, daß Gott doch keine weiblichen Sprößlinge haben könne, wo sie (die Mekkaner) sich ihrerseits nur mit männlichen zufrieden gäben. »Das wäre eine ungerechte Verteilung« (Vers 22).

Nachdem der Prophet seine Bereitschaft, die genannten drei Göttinnen wenigstens als »Töchter Allahs« gelten zu lassen, widerrufen und als Einflüsterung des Teufels erklärt hatte, war er nie mehr zu ähnlichen Zugeständnissen bereit. In Sure 109 hat er die Konsequenz seiner eindeutigen Haltung klar formuliert: »Sag: Ihr Ungläubigen! * Ich verehre nicht, was ihr verehrt. * Und *ihr* verehrt nicht, was ich verehre. * Und *ich* verehre nicht, was ihr (bisher immer) verehrt habt. * Und *ihr* verehrt nicht, was ich verehre. * Ihr habt eure Religion, und ich die meine!« Der strenge Monotheismus wurde schließlich zu einem hauptsächlichen Kennzeichen des Islam, der Polytheismus – wenn man es mit einer neutestamentlichen Formulierung ausdrücken darf – zu einer Sünde wider den Geist. So heißt es 4, 48 und 116: »Gott vergibt nicht, daß man ihm (andere Götter) beigesellt. Was darunter liegt (d. h. die weniger schweren Sünden) vergibt er, wem er will.«

Die ideologische Auseinandersetzung

In seiner Polemik gegen die heidnischen Mekkaner bringt der Prophet eine ganze Reihe von Gründen vor, die nach seiner Meinung jeden von der Sinnlosigkeit und Verkehrtheit des Polytheismus überzeugen müßten. Dabei setzt er immer voraus, daß seine Gegner Gott als den Schöpfer und Herrn der Welt und als Helfer in der Not (besonders auch in Seenot) anerkennen. Ihr Vergehen beschränkt sich darauf, daß sie ihn nicht als den alleinigen Gott verehren. »Wenn Gott allein angerufen wird, seid ihr ungläubig. Wenn ihm aber ›beigesellt‹ wird, seid ihr gläubig« (40, 12). Išrāk und širk bedeutet ja eben, daß Götter oder Götzen »beigesellt«, d. h. zu Gott hinzugefügt, neben ihm angenommen, und nicht, daß sie für sich allein an Gottes Statt verehrt werden.
An einigen Stellen des Korans versucht Mohammed die polytheistische Einstellung seiner Gegner gerade damit zu entkräften, daß er den Glauben an eine Art Obergott, nämlich an den Schöpfer und Herrn der Welt, als gegeben annimmt und nun folgert, daß das Vorhandensein weiterer Götter den Kosmos in ein Chaos verwandeln würde (21, 22; 23, 91). Es ist einfach widersinnig, daß der allmächtige Herr des Himmels und der Erde seinesgleichen (andād) neben sich haben könnte (27, 59–64; 41, 9–12). Wer dies trotzdem behauptet, bleibt den Beweis dafür schuldig (27, 64; vgl. 10, 66). Sowenig die Freien ihre Sklaven als gleichberechtigte Teilhaber an ihrem Hab und Gut anerkennen und wie ihresgleichen respektieren (30, 28; vgl. 16, 71), wird Gott angebliche Götter auf seine Stufe emporheben und an seiner Allmacht teilnehmen lassen. Im übrigen weist der Prophet immer wieder auf die Machtlosigkeit der von den Heiden verehrten Götter hin. Sie können denen, die sie anrufen, nicht helfen, weder nützen noch schaden. Sie erschaffen

nichts, sind vielmehr selber erschaffen und haben keine Macht über Leben, Tod und Auferstehung (so 25, 3). Auch sind sie außerstande, den Menschen ihren Lebensunterhalt zukommen zu lassen. »Hören sie euch, wenn ihr (zu ihnen) betet? * Oder bringen sie euch Nutzen oder Schaden?« »Diejenigen, denen ihr an Gottes Statt dienet, vermögen euch keinen Lebensunterhalt (zu bescheren).« So soll schon Abraham gesprochen haben (26, 72f.; 29, 17). Mohammed zitiert gerade diesen Patriarchen auch sonst gern als Verfechter des reinen, monotheistischen Gottesglaubens.

Im Gegensatz zur unbestreitbaren Realität Gottes werden die heidnischen Götter oder Götzen im Koran gelegentlich als »nichtig« (bāṭil) bezeichnet (22, 62; 31, 30), oder als bloße Namen (53, 23; 12, 40; 7, 71). Aber im allgemeinen wird doch vorausgesetzt, daß sie existieren. Sie stellen irgendwelche Wesen dar. Nur werden sie eben von denen, die sie anbeten, für göttlich erklärt und damit in eine Rolle eingewiesen, die ihnen nicht zusteht. In Anbetracht der Verschiedenartigkeit der Textbelege läßt sich allerdings die Vorstellung, die Mohammed von ihnen gehabt bzw. bei seinen Hörern vorausgesetzt hat, nicht eindeutig bestimmen. Das eine Mal sind sie als Engel gedacht, das andere Mal als Satane, dann wieder als nicht näher bezeichnete Geister (ǧinn), oft auch als irgendwelche Wesen, die angeblich bei Gott Fürsprache einlegen, ohne dazu berechtigt zu sein. Speziell die als »Teilhaber« Gott beigesellten Engel haben weibliche Namen erhalten (z.B. 53, 27) und sind damit gewissermaßen zu Töchtern Gottes erklärt worden. Zusammenfassend kann man nur so viel sagen, daß es sich durchweg um reale Wesen aus der Welt der Engel und Dämonen handelt, und nicht etwa um bloße Wahnvorstellungen.

Diese Geisterwesen werden in verschiedenen eschatologischen Stellen des Korans zusammen mit ihren Verehrern sozusagen leibhaftig heraufbeschworen und (zum Gericht) »vorgeführt« (muḥḍarūna, 36, 75). Zum Teil legen sie einfach dadurch gegen die Götzendiener Zeugnis ab, daß sie diesen nicht antworten (18, 52); 28, 64) oder »ihnen ist entschwunden (und zu nichts geworden), wozu sie früher gebetet hatten« (z.B. 41, 48). Zum Teil ergreifen sie aber auch das Wort, um auszusagen, daß sie sich aus der Verehrung der Heiden nichts gemacht haben (10, 29; 46, 5), oder um ausdrücklich zu bestreiten, daß sie zu Lebzeiten der Heiden von diesen tatsächlich verehrt worden seien (28, 63; 10, 28; 46, 5, 35, 14). »Wenn diejenigen, die der ›Teilhaberschaft‹ gehuldigt haben, ihre ›Teilhaber‹ sehen, sagen sie: ›Herr! Das sind unsere Teilhaber, die wir anstatt deiner angerufen haben.‹ * Da wenden sich diese an sie mit den Worten: ›Ihr lügt ja!‹« (16, 86). »Und am

Tag, da wir sie alle (zu uns) versammeln! Da sagen wir zu denen, die (zeitlebens) der ›Teilhaberschaft‹ gehuldigt haben: ›Auf euren Platz, ihr und eure Teilhaber!‹ Und wir trennen sie voneinander. Und ihre Teilhaber sagen: ›Ihr habt überhaupt nicht uns verehrt. * Gott genügt als Zeuge zwischen und uns euch. Wir haben (überhaupt) nicht beachtet, daß ihr uns verehrt habt‹« (10, 28f.).

Die Bedrängnis der Gläubigen

Das Streitgespräch zwischen Mohammed und den heidnischen Mekkanern muß ziemlich einseitig gewesen sein. Dem unablässigen Drängen des Propheten, auf die Verehrung der angeblichen Nebengötter zu verzichten und an Gott allein zu glauben, wußten seine Gegner – nach dem Koran zu schließen – immer nur entgegenzuhalten, daß sie dem Glauben und der Tradition ihrer Väter treu bleiben wollten. Der Einwand: »Wenn ich nun (aber) mit etwas zu euch gekommen bin, was eher rechtleitet als das, was ihr von euren Vätern überkommen habt?« (43, 24) scheint keinen Eindruck auf sie gemacht zu haben. Spöttisch meinten sie, wenn Gott es so gewollt hätte, hätten weder sie noch ihre Väter etwas außer ihm angebetet (16, 35; 6, 148).
Nun blieb es aber – zum Leidwesen Mohammeds und der Gläubigen – nicht bei dem bloßen Wortgeplänkel. In dem weiter oben angeführten Bericht des ʿUrwa an ʿAbdalmalik (s. S. 102) und auch sonst in der Literatur ist von einer »Versuchung« oder »Prüfung« (fitna) die Rede, der die Anhänger Mohammeds von seiten der heidnischen Mekkaner unterworfen worden seien mit dem Ergebnis, daß manche von ihnen den Glauben aufgegeben hätten. Ibn Hišām (Ibn Isḥāq), Ṭabarī und Ibn Saʿd schildern die Quälereien im einzelnen. Man wird nicht alles, was hier aufgeführt wird, als bare Münze nehmen dürfen. Die Tatsache selber steht aber außer Zweifel.
Die Anhänger des Propheten, besonders die aus den unteren Schichten der Bevölkerung, hatten eine schwere Zeit der Prüfung zu überstehen. Das läßt sich indirekt auch aus dem Koran ablesen. In Abschnitten über die früheren Gottesmänner, in denen ja Mohammed sich selber widergespiegelt sieht, finden sich einige Hinweise auf die sozial gedrückte Lage der Gläubigen. So halten Sure 11, 27 die ungläubigen »Oberen« (al-malaʾ) aus dem Volk Noahs diesem vor, daß ihm gerade die niedrigsten (arāḏilunā) Gefolgschaft leisten. Aus den folgenden Versen (28–30) ist zu schließen, daß er (Noah = Mohammed) aufgefordert worden ist, sie (aus seiner

Gemeinschaft) zu »verstoßen« (wörtlich: sie zu verjagen, ṭarada), allerdings ohne daß er diesem Ansinnen nachgekommen wäre. In der Geschichte von Ṣāliḥ ergreifen gleichfalls die frevlerischen und hochmütigen »Oberen« gegen die »unterdrückten« Gläubigen Partei (7, 75). Sure 7, 88 sagen die hochmütigen Oberen aus dem Volk der Madyan zu Šuʿaib: »Wir werden dich und diejenigen, die mit dir gläubig sind, aus unserer Stadt vertreiben, wenn ihr euch nicht wieder unserer Religion anschließt.« (Ähnlich 14, 13, wo ganz allgemein die Ungläubigen zu ihren »Gesandten« so sprechen.) Und in einem Zweigespräch, das sich in der Hölle abspielt (40, 47; 14, 21), bekennen die »Schwachen«, den »Hochmütigen« Gefolgschaft geleistet zu haben (weshalb sie mit ihnen in die Hölle gekommen sind). Ähnlich Sure 34, 31–3 – die Szene spielt am Jüngsten Tag –: »Die Unterdrückten sagen zu den Hochmütigen: ›Wenn ihr nicht gewesen wäret, wären wir Gläubige!‹ * Die Hochmütigen sagen zu den Unterdrückten: ›Haben etwa wir euch von der rechten Leitung abgehalten, nachdem sie zu euch gekommen war? Nein, ihr waret (eurerseits) Sünder‹. * Die Unterdrückten sagen zu den Hochmütigen: ›Nein! (Ihr waret voller List und) Ränke bei Tag und Nacht. (Damals) als ihr uns (immer wieder) befahlt, gegen Gott ungläubig zu sein und ihm seinesgleichen (als Nebengötter) zu machen‹ . . .« Derartige Formulierungen lassen deutlich erkennen, daß die wirtschaftlich und sozial Unselbständigen unter Mohammeds Anhängern dem Druck, der von der herrschenden Schicht der Bevölkerung auf sie ausgeübt wurde, auf die Dauer kaum widerstehen konnten.
Männer von Rang wie die späteren Kalifen Abū Bekr und ʿOmar hatten unter der »Versuchung« (fitna) natürlich weniger zu leiden. Das gilt auch für den Propheten selber. Er wurde wohl verspottet und für einen Lügner erklärt, allenfalls auch einmal bedroht (8, 30), im übrigen schikaniert, aber nicht tätlich angegriffen, geschweige denn gefoltert. Sure 11, 91 sagen die Madyan zu ihrem Gesandten Šuʿaib, sie würden ihn steinigen (d. h. mit Steinwürfen außer Landes jagen), wenn nicht seine Gruppe (von Männern) (rahṭ) wären. Eine ebensolche Äußerung mag Mohammed von seinen eigenen Landsleuten gehört haben. Seine Sippe (?) wurde so weit respektiert, daß man nicht handgreiflich gegen ihn vorging.
Trotzdem war er von dem hartnäckigen Widerstand und der feindseligen Haltung seiner Landsleute auch persönlich schwer getroffen. Sein ganzes Lebenswerk schien in Frage gestellt. Wie Noah bedurfte er des göttlichen Zuspruchs, um seine Trauer über die Erfolglosigkeit seiner Predigt und Bekehrungsarbeit zu überwinden. »Noah erhielt die Offenbarung: Niemand von deinem

Volk wird gläubig werden außer denen, die schon gläubig sind. Mach dir deshalb keinen Kummer über das, was sie getan haben!« (11, 36; vgl. 6, 33–5; 10, 66). In einer schwachen Stunde scheint er sogar einmal an seiner eigenen Verkündigung irre geworden zu sein. Nur so ist es zu verstehen, wenn er gegen Schluß der 12. Sure im Rückblick auf die frühere Heilsgeschichte sagt: »Als dann die Gesandten schließlich verzweifelten und glaubten, sie hätten gelogen (die Lesart kaḏabū verdient gegenüber dem Passiv kuḏibū den Vorzug), kam unsere Hilfe zu ihnen« (Vers 110).

Bekehrungsarbeit und Determinismus

Mohammed muß schwer darunter gelitten haben, daß die Mehrzahl der Mekkaner, unter ihnen gerade die maßgebenden Kreise, von seiner Botschaft nichts wissen wollten. Selbst wenn wir annehmen, daß er im Grunde genommen seiner Sache immer sicher war, und daß nur vorübergehend einmal Zweifel in ihm aufgestiegen sind, ob er nicht doch zu einem Zugeständnis an die Glaubensvorstellungen seiner Gegner hätte bereit sein sollen – die Ergebnislosigkeit seiner Bemühungen und die Erfahrung, daß er tauben Ohren predigte, konnte nicht spurlos an ihm vorübergehen. Der enthusiastische Schwung, mit dem er sein prophetisches Amt in Angriff genommen hatte, ließ allmählich nach. Die Hoffnung, daß der von ihm vertretene Gottesglaube bald überall Anklang finden werde, wurde enttäuscht, sein Glaube an den (wenn wir kurz so sagen dürfen) gesunden Menschenverstand erschüttert. Unter dem Eindruck dieser bitteren Erfahrung meldeten sich auch in seiner Verkündigung die Stimmen der Resignation und des Pessimismus zum Wort. Auf die Dauer mußte er sich eben mit den Tatsachen abfinden. Ja mehr noch, er mußte versuchen, die Halsstarrigkeit und Unbelehrbarkeit seiner Gegner mit der göttlichen Weltordnung und der Heilsgeschichte in Einklang zu bringen. Damit war eigentlich schon die Aufgabe einer Theodizee gestellt.

In Anbetracht der Tatsache, daß der Koran als ganze Sammlung wie auch innerhalb der einzelnen Suren einer chronologischen Anordnung entbehrt, ist es natürlich nicht möglich, die Linien des hier angedeuteten weltanschaulichen Entwicklungsprozesses genau nachzuzeichnen. Wir müssen zudem damit rechnen, daß Abschnitte, die uns für die Gesamtentwicklung oder für das Endergebnis charakteristisch scheinen, erst in der Zeit nach der Hiğra ihre letzte Prägung erhalten haben. Denn auch bei seiner Auseinandersetzung mit den Juden von Medina ist der Prophet auf hartnäckigen

Widerstand gestoßen. So hatte er in späteren Jahren noch Anlaß genug, zum Problem der menschlichen Halsstarrigkeit Stellung zu nehmen. Der Schwerpunkt der Entwicklung liegt aber in der Zeit vor der Hiğra, und das ist entscheidend. Der Unglaube der Mekkaner hat Mohammed zu einer grundsätzlichen Stellungnahme gezwungen. Daher ist es wohl angebracht, einige der wichtigsten koranischen Belege gleich hier im Zusammenhang anzuführen. Sie haben, um es vorwegzunehmen, eine ausgesprochen deterministische Tendenz.

Hie und da stellt Mohammed die bloße Tatsache fest, daß sein Bemühen, die Ungläubigen zum Glauben zu bringen, vergeblich ist. So Sure 12, 103: »Die meisten Menschen sind nicht gläubig, du magst noch so sehr darauf aus sein.« Sure 21, 45: »Sag! Ich warne euch mit der Offenbarung. Doch diejenigen, die taub sind, hören den Zuruf nicht, wenn sie gewarnt werden.« Meistens geht aber der Prophet noch weiter, indem er die Halsstarrigkeit der Ungläubigen auf den Willen Gottes zurückführt. Das bedeutet zugleich eine Entlastung für ihn selber. »Wenn Gott gewollt hätte, hätten sie (ihm) nicht (andere Götter) beigesellt. Und wir haben dich nicht zum Hüter über sie gemacht. Du bist nicht Sachwalter über sie« (6, 107). »Wenn dein Herr gewollt hätte, wären die Erdenbewohner allesamt gläubig geworden. Willst nun du die Menschen zwingen, daß sie gläubig werden?« (10, 99). Vielleicht sollte auch der bekannte Spruch: »Es gibt keinen Zwang in der Religion« (2, 257) ursprünglich bedeuten, daß man niemanden zum (rechten) Glauben zwingen *kann,* nicht aber, daß man ihn nicht dazu zwingen *darf.*

Der deterministische Charakter von Mohammeds Urteil über die Halsstarrigkeit seiner Gegner tritt besonders deutlich an den Stellen in Erscheinung, an denen er davon spricht, daß Gott die Ungläubigen »irren läßt« (der dabei verwendete Ausdruck aḍalla bedeutet, wohl gemerkt, nicht etwa bloß zulassen, sondern geradezu veranlassen, daß jemand irre geht). »Wenn Gott einen rechtleiten will, weitet er ihm die Brust für den Islam. Wenn er aber einen irren lassen will, macht er ihm die Brust eng und bedrückt.« (6, 125). »Du magst noch so sehr darauf aus sein, daß sie rechtgeleitet werden, – Gott leitet nicht recht, wen er irren läßt« (16, 37). »Wenn Gott gewollt hätte, hätte er euch zu einer einzigen Gemeinschaft (umma) gemacht. Aber er läßt irren, wen er will, und leitet recht, wen er will« (16, 93). Gott scheint sich von vornherein auf die Prädestination festgelegt zu haben, und zwar in malam partem. So spricht er in einer eschatologischen Szene zu den in die Hölle Verdammten: »Wenn wir gewollt hätten, hätten wir einem jeden seine Rechtleitung zukommen lassen. Aber mein Wort ist in Erfüllung gegangen: ›Ich werde die Hölle mit lauter Ǧinn und Menschen anfüllen‹« (32, 13; ähnlich 11, 120.) Vereinzelt klingt wohl einmal der Gedanke auf, daß der Teufel als der typische Verführer mit am Werk ist (z.B. 38, 71–85). Die entscheidende Aktivität geht aber immer von Gott aus. Er bestimmt, wer von seinen Dienern dereinst in die Seligkeit, und wer von ihnen in die Verdammnis eingehen soll. Kein Wunder, daß sich nachmals in der islamischen Theologie der Determinismus gegenüber der Lehre von der Entscheidungsfreiheit des Menschen durchgesetzt hat.

Die Hiǧra

Nachdem Mohammed sich jahrelang alle erdenkliche Mühe gegeben hatte, seine mekkanischen Landsleute für seinen Glauben zu gewinnen, war er schließlich zu der Erkenntnis gekommen, daß sie von Gott selber zum Unglauben prädestiniert seien. Die bittere Wahrheit vom Unglauben der Mekkaner fand damit wenigstens eine theoretische, ideologische Erklärung. Der Prophet brauchte sich wegen der Erfolglosigkeit seiner Predigt keine Vorwürfe mehr zu machen. Er war innerlich damit fertig geworden.

Das änderte jedoch nichts an den tatsächlichen Verhältnissen. Die Partei der Muslime hatte sich von den Glaubensanschauungen der übrigen Mitbürger losgesagt, war aber nach wie vor darauf angewiesen, mit der andersgläubigen, ihr feindlich gesinnten Mehrheit der Bevölkerung zusammenzuleben. Dabei mußte sie allerlei Schikanen in Kauf nehmen. Besonders betroffen waren natürlich diejenigen Gläubigen, die – als Sklaven oder sonstwie – der heidnisch-mekkanischen Herrenschicht unmittelbar unterstanden. Manche von ihnen mögen unter der fortgesetzten »Arglist« der »Oberen« so gelitten haben, daß sie zuletzt der Versuchung erlagen und ihrem Glauben untreu wurden. Dagegen hatte Mohammed persönlich den Vorteil, einer nicht unbedeutenden Sippe anzugehören. Sein Oheim Abū Ṭālib, das derzeitige Haupt der Hāšim, stellte sich schützend vor ihn, obwohl er seinerseits nicht zum Islam übergetreten war.

Der Druck, dem die Gläubigen ausgesetzt waren, scheint ein erstes Mal um das Jahr 615 besonders bedrohlich geworden zu sein. Die Folge war eine große Auswanderungsbewegung nach dem christlichen Abessinien. Insgesamt sollen 89 Männer und 18 Frauen emigriert sein, eine Zahl, die um so eher ins Gewicht fällt, als die Liste, die von den Teilnehmern an der späteren Hiǧra nach Medina (im Jahr 622) überliefert wird, kaum über 70 Namen aufweist. Die Gläubigen, die mit dem Propheten weiter auf ihrem Posten blieben, waren nach dem Auszug der Abessinienfahrer zu einer zahlenmäßig ganz geringfügigen Minderheit zusammengeschmolzen.

Trotzdem hielt man sie noch für zu gefährlich, als daß man sie in Ruhe gelassen hätte. Im Anschluß an die Bekehrung von ʿOmar ibn al-Ḫaṭṭāb, dem späteren Kalifen, gewannen sie zwar wieder mehr Bewegungsfreiheit, aber nur für kurze Zeit (616?). Der Versuch der Gegner, Mohammeds Sippe durch einen Boykott (616–8) zur Nachgiebigkeit zu zwingen, zeigte, auch wenn er erfolglos endete, daß der Prophet und seine Anhänger nach wie vor in ihrer Existenz bedroht waren. Für Mohammed persönlich bedeutete der Tod seiner treuen Gattin Ḫadīǧa und seines Oheims Abū Ṭālib eine weitere, empfindliche Verschlechterung der Lage. In seiner Verzweiflung verfiel er schließlich auf den Gedanken, sein Glück in der Nachbarstadt Ṭā'if zu versuchen und die dort heimischen Ṯaqīf auf seine Seite zu ziehen (620?). Das Unternehmen endete mit einem gänzlichen Mißerfolg. Rechtlos und flüchtig mußte er sich erst des Schutzes einer fremden Sippe vergewissern, ehe er es wagen konnte, seine Vaterstadt wieder zu betreten.

Die Lage schien hoffnungslos. Aber eine Wendung zum Besseren stand nahe bevor. Es gelang dem Propheten, von Mekka aus mit einigen Bewohnern von Medina Verbindung aufzunehmen und sie für seinen Glauben zu gewinnen. Während der Wallfahrt des Jahres 621 wurde eine vorläufige, während der des Jahres 622 eine endgültige Abmachung getroffen. Die Neubekehrten von Medina, Angehörige der beiden führenden Stämme Aus und Ḫazraǧ, bekannten sich in aller Form zur Gemeinschaft der Gläubigen und erklärten sich außerdem bereit, die kollektive Schutz- und Trutzpflicht, die eigentlich seiner Sippe Hāšim oblag, ihrerseits zu übernehmen. Dadurch waren die Voraussetzungen gegeben für eine regelrechte Auswanderung der muslimischen Gemeinde und überhaupt für deren Fortbestand. Bald darauf begaben sich die mekkanischen Gläubigen in kleinen Gruppen und möglichst unauffällig auf den Weg nach Medina, gefolgt von Mohammed in Begleitung Abu Bekrs, des nachmaligen ersten Kalifen (September 622). Das war die berühmte Hiǧra. Man übersetzt diesen arabischen Ausdruck oft ungenau mit »Flucht«, sollte aber eher »Auswanderung« oder noch besser »Emigration« dafür sagen. Mohammed ist aus seiner Vaterstadt nicht eigentlich geflohen. Er hat sich – allerdings unter dem Zwang der Verhältnisse – von ihr losgesagt; er hat die natürlichen Beziehungen zu seiner Sippe und seinem Stamm abgebrochen, um unter den Bewohnern von Medina eine neue Heimat und zugleich eine neue Stätte der Wirksamkeit zu finden. Er ist, kurz gesagt, nach Medina emigriert.

Die Auseinandersetzung mit den Juden

Die arabisch-islamische Gemeinde von Medina

Dem Propheten mag es sonderbar zumute gewesen sein, als er in Begleitung seines getreuen Gefolgsmannes Abu Bekr und zweier Dienstleute den Weg von Mekka nach Medina eingeschlagen hatte. Seine Heimat, zugleich die Stätte einer jahrelangen, wenngleich mühsamen und nahezu erfolglosen Bekehrungsarbeit, lag endgültig hinter ihm. Er durfte sich nicht zurücksehnen, mußte vielmehr froh sein, wenn man ihn nicht zuletzt noch einholte und zur Rückkehr zwang. Was ihn in Medina erwarten würde, ließ sich nicht mit Sicherheit voraussehen. Jedenfalls stand er vor der Aufgabe, sein Werk in einer völlig neuen Umgebung fortzuführen oder eher wiederaufzunehmen, und er wird sich der Schwierigkeit eines solchen Unterfangens wohl bewußt gewesen sein. Das Gefühl, im Kreis der eigenen Sippe geborgen zu sein – für einen Araber die Voraussetzung jeder normalen Existenz –, war ihm verlorengegangen.

Immerhin, es blieb ihm keine andere Wahl mehr, als einen Neuanfang zu versuchen. Und die allgemeinen Aussichten standen nicht schlecht. Als er gegen Ende September 622, am 12. Rabīʿ I des arabischen Mondjahres, das auf Grund dieses denkwürdigen Ereignisses nachträglich zum Jahr 1 der islamischen Zeitrechnung deklariert worden ist, auf seinem Kamel in die Oasensiedlung von Medina einritt, wurde er bereits erwartet, und er durfte sogar damit rechnen, daß man ihn nicht unfreundlich aufnehmen würde. Die meisten seiner mekkanischen Glaubensgenossen, etwa siebenzig an der Zahl, hatten sich schon vor ihm eingestellt und ein vorläufiges Unterkommen gefunden. Grundsätzlich war alles vorbereitet und geregelt. Das war ja der Zweck jener Abmachung während der letzten Wallfahrt gewesen, als die maßgebenden arabischen Stämme und Sippen von Medina die Schutzpflicht für den Propheten und damit auch für seine mekkanischen Gefolgsleute übernommen hatten.

Anscheinend hatte die Mehrzahl der medinischen Araber gegen den Zuzug von Mohammed und seinen Anhängern wenig einzuwenden. Das ist begreiflich. Die Einwohnerschaft stellte in ihrer Gesamtheit – einschließlich der jüdischen Siedlungsgruppen – ein so lockeres politisches Gebilde dar, daß die wenigen mekkanischen Emigranten verhältnismäßig leicht verkraftet werden konnten, zumal sie mit niemand versippt und daher lokalpolitisch unbelastet waren. Dagegen ist es erstaunlich, wie schnell und in welchem Ausmaß die medinischen Araber zum Islam übergetreten sind, genauer gesagt, in welchem Umfang sie bereits zum Islam übergetreten waren, noch ehe der Prophet seinen Einzug gehalten hatte. Gewiß, die Bekehrungsarbeit unter den Medinern hatte schon im Jahr 621 eingesetzt, und zwar damit, daß Muṣʿab ibn ʿUmair, ein zuverlässiger, in den koranischen Verkündigungen gut bewanderter Gefolgsmann Mohammeds, einige für den Islam gewonnene Mediner auf ihrem Rückweg von der Pilgerfahrt begleitete und nunmehr unter ihren Landsleuten die Botschaft vom neuen Glauben verkündete. Bis zur Wallfahrt des Jahres 622 waren fast schon in jeder arabischen Familie Übertritte erfolgt. Saʿd Ibn Muʿāḏ, eine der führenden Persönlichkeiten, war ebenfalls gewonnen, desgleichen allem Anschein nach auch schon ʿAbdallāh ibn Ubai, der später zum Anführer der wenig zuverlässigen Mitläufer, der sogenannten Heuchler (munāfiqūn) werden sollte. Das ist aber alles gar nicht so selbstverständlich, wie es sich, vom Endergebnis her gesehen, ausnehmen mag. Die arabische Bevölkerung von Medina hätte nicht in so verhältnismäßig kurzer Zeit für den Islam gewonnen werden können, wenn sie nicht von vornherein dafür empfänglich gewesen wäre. Der tiefere Grund für diese ihre Bereitwilligkeit, der Lehre des Propheten zu folgen, wird darin zu suchen sein, daß in Medina schon seit vielen Generationen Juden ansässig waren. In der dauernden Berührung mit ihren jüdischen Mitbewohnern mögen die medinischen »Heiden« die Überzeugung von der Absolutheit des altarabischen Götter- und Götzenglaubens eingebüßt und vielleicht sogar schon mit dem Gedanken gespielt haben, daß auch den Arabern eine religiöse Offenbarung zuteil werden könnte.

Mohammed hätte sich natürlich nichts Besseres wünschen können. Der Erfolg, der ihm trotz seiner jahrelangen Bekehrungsarbeit in Mekka versagt geblieben war, wurde ihm in Medina zuteil, ohne daß er persönlich hätte eingreifen müssen. Die Saat, die er in seiner Vaterstadt ausgestreut hatte, war gegen alle menschliche Berechnung an der Stätte seines selbstgewählten Exils aufgegangen. Nun stand er plötzlich an der Spitze einer großen muslimischen Gemeinde. Damit ergaben sich für ihn zugleich ganz neue Aufgaben. Das soeben erstandene oder noch im Entstehen begriffene Gemeinwesen bedurfte einer politischen Führung. Emigranten (muhāǧirūn) und Ortsansässige, die sogenannten Helfer (anṣār), mußten miteinander verbrüdert werden. Bald zeichnete sich auch die Notwendigkeit ab, das gesamte Stadtkollektiv zu einem Schutz- und

Trutzbündnis gegen einen etwa von Mekka drohenden Angriff zusammenzuschließen. Der Prophet ist so zwangsläufig in eine politische Rolle hineingewachsen. Es zeigte sich im Lauf der Monate und Jahre, daß er in der Lage war, die gewaltigen Aufgaben, die an ihn herantraten, von Fall zu Fall zu meistern. Sogar Raubzüge und kriegerische Unternehmungen wußte er schließlich mit Geschick zu organisieren oder anzuführen, obwohl ihm persönlich das Kriegshandwerk nicht lag.

Fühlungnahme mit den Juden

Die Aufgaben, die sich für den Propheten daraus ergaben, daß die große Masse der medinischen Araber zum Islam übertrat, waren vorwiegend organisatorischer Natur. Die Substanz von Mohammeds Verkündigung wurde davon nicht berührt. Problematisch war jedoch Mohammeds Begegnung mit den medinischen Juden. Es war das erste Mal, daß er Gelegenheit hatte, mit einer repräsentativen Gruppe von Andersgläubigen Kontakt aufzunehmen, die nicht einfach »Heiden« waren, sondern Angehörige einer altehrwürdigen, von ihm selber als wahr anerkannten Offenbarungsreligion. Er muß dieser Begegnung mit großer Spannung entgegengesehen haben. Einerseits kann ihm nicht verborgen geblieben sein, daß die Juden von Medina – wenigstens vorläufig – von seiner Prophetie nichts wissen wollten. An dem Treffen während der Wallfahrt des Jahres 622 hatten nur medinische Araber, aber keine Juden teilgenommen. Und die Bekehrungsarbeit von Muṣʿab ibn ʿUmair hatte sich ebenfalls nur unter den medinischen Arabern abgespielt. Andererseits wird der Prophet doch gehofft haben, daß die Juden ihn irgendwie anerkennen würden. Er selber war ja von Anfang an überzeugt, daß der Inhalt seiner Verkündigung mit dem der früheren Offenbarungsreligionen übereinstimme. Das brauchte nun nur noch von seiten der Juden bestätigt zu werden.
Diese seine Erwartung hat sich nicht erfüllt. Die überwiegende Mehrzahl der Juden lehnte seine Botschaft auch nach einer persönlichen Fühlungsnahme weiter ab. Nur ein paar Einzelgänger, darunter ʿAbdallāh ibn Sallām, der in der späteren Überlieferung geradezu als Musterkonvertit gefeiert wird, wechselten zu ihm über. Auf seinesgleichen spielt wohl Sure 3, 199 an: »Unter den Leuten der Schrift gibt es welche, die an Gott glauben und an das, was zu euch (im Koran), und was zu ihnen (in ihrer Heiligen Schrift) herabgesandt worden ist ...« Es waren Ausnahmen,

die die Regel bestätigten. Das medinische Judentum verhielt sich dem Propheten gegenüber äußerst reserviert.

Mohammed gab aber die Hoffnung nicht auf. Er rechnete immer noch damit, daß es zu einer Einigung oder wenigstens zu einem Ausgleich kommen würde. Der Schwebezustand dauerte bis Anfang 624, also von der Hiğra an gerechnet über ein Jahr. Während dieser Zeit hielt der Prophet an der These fest, daß der Islam im Grundsätzlichen mit dem Judentum übereinstimme. Gewisse Angleichungen im Bereich des Kultus sollten die Einheitlichkeit der beiden Religionen augenfällig zum Ausdruck bringen. Sie wurden allerdings – wenigstens teilweise – schon vor der Hiğra vorgenommen. Mohammed hatte bereits in Mekka sein Augenmerk mehr und mehr auf das Judentum gerichtet.

So ist der gemeinsame Freitagsgottesdienst allem Anschein nach in Anlehnung an den jüdischen Sabbat kurz vor der Hiğra unter den neubekehrten Medinern eingeführt worden. Mohammed selber soll die Freitagsversammlung ein erstes Mal im unmittelbaren Anschluß an seine Emigration abgehalten haben. Das jüdische Vorbild wurde übrigens nicht einfach übernommen. Weder im Wochentag noch hinsichtlich der Arbeitsruhe herrscht Übereinstimmung (beim Freitag soll die Arbeit nur während der Zeit des Gottesdienstes ruhen; siehe 62, 9f.). Der Prophet wollte sich im Kultus an das Judentum anlehnen, aber nicht darin aufgehen. Umgekehrt konnte er auch nicht erwarten, daß die Juden ihrerseits einfach zum Islam übertreten würden. Nur sollten sie eben Mohammed gelten lassen, d. h. als den Gesandten Gottes an die Araber anerkennen, so wie er selber dazu bereit war, im Judentum eine wahre Religion zu sehen.

Auch das sogenannte »mittlere« Gebet (2, 238; »Haltet die Gebete ein, (besonders) auch das mittlere) ist vielleicht in Anlehnung an den jüdischen Kultus eingefügt worden, und zwar nach der Hiğra, aber noch ehe die Zahl der täglichen Gebete auf fünf erweitert war. Unter dem eigens genannten »mittleren« Gebet hat man wohl das Mittagsgebet zu verstehen, da es zeitlich zwischen dem Morgen- und dem Abendgebet liegt, – den beiden Tagesgebeten, die vermutlich schon in früher Zeit obligatorisch waren. Die Dreizahl von täglichen Gebeten, die sich daraus ergibt, entspricht aber dem jüdischen Brauchtum. Eine weitere, allerdings auch wieder nicht sicher nachweisbare Angleichung an das Judentum könnte man darin sehen, daß die Gläubigen beim Gebet eine geraume Zeit wahrscheinlich die Richtung nach Jerusalem eingenommen haben. Schließlich ist in diesem Zusammenhang die Einführung des Fastens am ʿĀšūrāʾ-Tag, dem »Zehner«, zu erwähnen. Damit ist Mohammed ohne Zweifel einem jüdischen Vorbild gefolgt, nämlich dem jüdischen Fasten am großen Versöhnungstag, dem 10. des Monats Tischri. Die Frage, ob der ʿĀšūrāʾ-Tag schon bei der Übernahme des jüdischen Brauches oder erst später auf den 10. Tag des arabischen Monats Muḥarram angesetzt worden ist, tut hier nichts zur Sache.

Enttäuschung und Ablehnung

Mohammed hat natürlich nicht erwartet, daß er die medinischen Juden durch eine derartige Angleichung an ihren Kultus von der Wahrhaftigkeit seiner Sendung würde überzeugen können. Einrichtungen wie das ʿĀšūrāʾ-Fasten oder das »mittlere« Gebet übernahm er nicht so sehr aus der taktischen Erwägung heraus, daß er sie damit für sich gewinnen könnte, als vielmehr auf Grund seiner Überzeugung von der sachlichen Übereinstimmung aller Offenbarungsreligionen. Die These von der Einheit der Offenbarung stand für ihn so unerschütterlich fest, daß er einfach nicht verstand, wie jemand – die Lauterkeit seiner Gesinnung vorausgesetzt – anderer Meinung sein konnte. Die an die Juden gerichtete Aufforderung, seine Verkündigung als eine Bestätigung ihrer eigenen Offenbarung anzuerkennen (2, 40f.), war ernst gemeint. Seine Glaubensgenossen forderte er auf (29, 46), sie sollten sich im Streitgespräch mit den Leuten der Schrift der besten Beweisgründe bedienen. »Sagt: Wir glauben an das, was zu uns, und an das, was zu euch (als Offenbarung) herabgesandt worden ist. Unser und euer Gott ist einer. Ihm sind wir ergeben (muslimūn).«
Als er schließlich einsah, daß alles Zureden nichts half, war er schwer enttäuscht. Er blieb aber seiner Sache sicher. Was er über ein Jahrzehnt als Offenbarungswissen verkündet hatte, konnte unmöglich in Zweifel gezogen werden. Folglich lag der Fehler auf seiten der Juden. Aus irgendwelchen schwer verständlichen Gründen erkannten sie die Wahrheit der koranischen Offenbarung nicht an. »Wenn man zu ihnen sagt: ›Glaubt an das, was Gott (nunmehr als Offenbarung) herabgesandt hat!‹, sagen sie: ›Wir glauben (nur) an das, was (früher) auf uns herabgesandt worden ist.‹ Aber sie glauben nicht an das, was darnach gekommen ist, wo es doch die Wahrheit ist, indem es bestätigt, was ihnen (bereits) vorliegt« (2, 91). »Sie verbergen die Wahrheit wissentlich« (2, 146). »Als (durch die koranische Verkündigung) zu ihnen kam, was sie (aus ihrer eigenen Offenbarung bereits) kannten, glaubten sie nicht daran. Gottes Fluch komme über die Ungläubigen!« (2, 89). Sie sind zu eigenmächtig und neidisch, um zugeben zu können, daß auch

jemand außerhalb ihrer Gemeinschaft von Gott mit der Offenbarung begnadet worden ist (2, 90. 105. 109; 3, 13f.).

Mohammed machte sich in seiner Enttäuschung darüber, daß die Juden nicht für seine Botschaft zu gewinnen waren, mit allerlei bitteren Bemerkungen über ihre Unbelehrbarkeit und moralische Minderwertigkeit Luft, teilweise unter Verwertung von Episoden und Formulierungen aus der biblischen Geschichte. Aus dem Koran ließe sich ein ganzes Sündenregister des jüdischen Volkes zusammenstellen. Die Juden – im Hinblick auf die frühere Heilsgeschichte ist meistens von den »Kindern Israels« die Rede – haben Herzen, die verhärtet sind, sogar härter als Stein (2, 74; 5, 13; 57, 16). Sie sagten von sich selber, daß ihre Herzen unbeschnitten seien (2, 88; 4, 155). Sie haben den Bund, den sie mit Gott geschlossen hatten, gebrochen (4, 155; 5, 13) und ihre eigenen Propheten umgebracht (2, 61. 91; 3, 21. 112. 181; 4, 155; 5, 70). Sie lieben Wortverdrehungen und entstellen so auch das Wort Gottes (4, 46; 5, 13. 41; 2, 75; 3, 18). Sie sind vertragsbrüchig und verräterisch (2, 100; 5, 13) und hören auf Lügen (5, 41f.). Sie nehmen, obwohl das ihnen ausdrücklich verboten ist, Wucher (4, 161), verzehren unrechtes Gut (5, 42. 62f.) und bringen die Leute um ihr Geld (4, 161; 9, 34). Sie behaupten zwar, für das Jenseits privilegiert zu sein, hängen aber mit einer besonderen Zähigkeit am Leben und würden am liebsten 1000 Jahre alt werden (2, 94–6; vgl. 62, 6–8). Mit Genugtuung wird im Koran festgestellt, daß sie schon im diesseitigen Leben für ihre Widerspenstigkeit mit Erniedrigung und Verelendung bestraft sind (2, 61; 3, 112; 7, 152; vgl. 2, 85; 5, 41). Zweimal wird auf eine Geschichte angespielt, derzufolge gewisse Juden zur Strafe für ihre Unbotmäßigkeit in Affen (und Schweine) verwandelt worden seien (5, 60; 7, 166). In Sure 62, 5 werden diejenigen, denen die Thora aufgeladen worden ist, ohne daß sie sie zu tragen vermochten, mit einem Esel verglichen, der Bücher trägt.

Die Reaktion des Propheten auf das Verhalten der Juden erschöpfte sich nicht in derartigen mehr oder weniger deklamatorischen Betrachtungen. Mohammed sah sich veranlaßt, seinen eigenen Standpunkt nochmals gründlich zu überprüfen. Das Ergebnis war eine Umorientierung, die mit ihren Folgen bis in die heutige Zeit nachwirkt. Das zeitgenössische Judentum und damit das Judentum überhaupt büßte einen wesentlichen Teil der Bedeutung ein, die ihm bis dahin, insbesondere in der Zeit der Hiğra und in dem darauffolgenden Jahr, zugekommen war. Dafür trat der spezifisch arabische Charakter von Mohammeds Sendung wieder mehr in den Vordergrund. Das zeigte sich schon rein äußerlich darin, daß den Gläubigen für das gottesdienstliche Gebet die Richtung nach

Mekka vorgeschrieben wurde. Das Kultheiligtum von Mekka, eine altheidnische Institution, die nun aber in aller Form in den Islam übernommen und dadurch für alle Zeiten sanktioniert wurde, löste die heiligen Stätten von Jerusalem, dem geistigen Zentrum des Judentums, ab. In Sure 2, 142–150 wird über diese Veränderung der Gebetsrichtung (qibla) ausführlich gesprochen. Zwar ist hier nicht von der Qibla nach Jerusalem die Rede. Diese ist im Koran ebensowenig belegt wie das ʿĀšūrāʾ-Fasten. Man kann aber annehmen, daß mit der Qibla, von der es heißt, sie sei probeweise festgelegt worden (V. 143), und deren Abschaffung »die Toren unter den Leuten« sich nicht recht erklären konnten (142), eben die Gebetsrichtung nach Jerusalem gemeint ist. Anscheinend war die Qibla eine Zeitlang überhaupt nicht näher bestimmt (Anfang von Vers 144), vermutlich in der Übergangszeit, noch ehe die Richtung nach der heiligen Kultstätte (in Mekka) regelrecht vorgeschrieben wurde. Das Endergebnis ist jedenfalls deutlich erkennbar: die Richtung nach der »heiligen Kultstätte« (in Mekka), die dem Propheten am Herzen lag (qiblatan tarḍāhā), sollte nunmehr durchweg eingehalten werden (144. 149f.), und zwar in bewußtem Gegensatz zur Qibla der »Leute der Schrift«.
Auch das von den Juden übernommene ʿĀšūrāʾ-Fasten hat sich im Islam nicht halten können. Es ist zwar nicht eigentlich außer Geltung gesetzt worden, wie das bei der Gebetsrichtung nach Jerusalem der Fall war, blieb aber nur als eine private und zusätzliche Frömmigkeitsübung am Leben, nachdem – eben auch im Jahr 624 – der Ramaḍān zum spezifisch islamischen Fastenmonat erklärt worden war. Die Umwandlung des eintägigen ʿĀšūrāʾ-Fastens in einen ganzen Fastenmonat ist übrigens, wenn F. Goitein die Dinge richtig sieht (Der Islam, 18, 1929, S.192ff.), nicht auf einmal erfolgt, sondern über eine Zwischenstufe. Im vorliegenden Zusammenhang hat das jedoch wenig zu bedeuten. Das Endergebnis ist ebenso wie bei der Bestimmung über die Gebetsrichtung eindeutig: eine offensichtlich aus dem Judentum übernommene Einrichtung ist an die besonderen arabisch-islamischen Gegebenheiten angepaßt und zuletzt völlig auf sie umgestellt worden.

Die Abrahamlegende

Die Umorientierung von Jerusalem nach Mekka, von der heiligen Stadt der Juden nach dem altarabischen Heiligtum, bedurfte einer sachlichen Begründung und Rechtfertigung, wenn sie nicht als Rückfall in das Heidentum mißverstanden werden sollte. Mohammed hat sich zu diesem Zweck einer Geschichtskonstruktion bedient, die man kurz als Abrahamlegende bezeichnen kann. Es handelt sich um einen Sachverhalt, über den sich Muslime und Nichtmuslime wahrscheinlich nie werden einigen können. Nach muslimischer Auffassung ist das, was im Koran über Abraham in seiner Beziehung zum mekkanischen Heiligtum ausgesagt wird, keine Legende, sondern entspricht den historischen Tatsachen. Auf der Gegenseite ist man sich, vor allem seit den Untersuchungen des holländischen Orientalisten Snouck Hurgronje, darüber klar, daß Abraham – als geschichtliche Persönlichkeit – nie etwas mit der Kaʿba und dem damit verbundenen Kult zu tun gehabt hat, und daß deshalb die entsprechenden koranischen Äußerungen als bloße Ideologie zu bewerten sind und nur subjektiv wahr sein können. Kurzum, wir haben es hier mit einem heiklen Thema zu tun. Es muß aber erörtert werden. Denn niemand wird bestreiten können, daß es zur Sache gehört.

Die einschlägigen Koranstellen sind Sure 2, 125–9; 22, 26–9; 3, 95–7; 14, 35–41. Der Textbefund läßt sich kurz folgendermaßen zusammenfassen. Abraham hat seinerzeit Gott darum gebeten, er möge Mekka zu einem geschützten Ort machen, damit welche von seinen Nachkommen als Bewohner des an sich unfruchtbaren Gebietes künftig im Schutz des Gottesfriedens ihren Lebensunterhalt würden finden können (14, 35–41; 2, 125f.; vgl. 3, 97). Derselbe Abraham hat – zusammen mit seinem Sohn Ismael – die Grundmauern des »Hauses« (d.h. der Kaʿba) aufgerichtet (2, 127) und ist von Gott beauftragt worden, eben dieses Haus für diejenigen zu reinigen, die dort die Gebetsübungen und die Prozession der Wallfahrt verrichten (22, 26–9; 2, 125), hier wieder in Verbindung mit Ismael). Die Reinigung des Hauses ist ohne Zweifel in kultisch-religiösem Sinn gemeint. Abraham sollte die Unreinheit des Heidentums beseitigen, damit die Wallfahrtszeremonien im Sinn des monotheistischen Gottesglaubens durchgeführt werden könnten. Bezeichnenderweise wird der Patriarch auch sonst im Koran öfter als ein »Ḥanīf«, d.h. als typischer Vertreter des reinen Gottesglaubens bezeichnet und den polytheistischen Heiden (mušrikūn) gegenübergestellt (z.B. 2, 135). Manchmal wird ihm überdies das Prädikat »muslim« (Gott ergeben, ein Muslim) zugeschrieben. Soweit der Textbefund. Es fragt sich nun, wie er historisch auszuwerten ist.

Snouck Hurgronje hat die Meinung vertreten, Mohammed sei erst nach der Hiǧra, anläßlich seiner Auseinandersetzung mit den Juden von Medina, auf den Gedanken verfallen, Abraham (und Ismael) mit Mekka und dem Kaʿbakult in Verbindung zu bringen. Die

Abrahamlegende wäre demnach – kurz gesagt – von Mohammed frei erfunden worden zu dem Zweck, seine Umorientierung nach Mekka heilsgeschichtlich zu unterbauen und damit zu rechtfertigen. Demgegenüber haben neuerdings sowohl E. Beck als auch Y. Moubarac darauf aufmerksam gemacht, daß Abraham in verschiedenen Koranstellen, die noch aus der Zeit vor der Hiğra stammen, bereits als Vertreter des reinen Gottesglaubens gepriesen wird, und daß seine Verbindung mit Mekka und dem dortigen Heiligtum wahrscheinlich auch schon in die Zeit vor der Hiğra zurückgeht. Wenn dem so ist, kann die Entwicklung der in den oben aufgeführten Stellen vorliegenden Abrahamlegende nicht so rational vor sich gegangen sein, wie dies Snouck Hurgronje und nach ihm A. J. Wensinck (in der Enzyklopädie des Islam unter dem Stichwort Ibrāhīm) dargestellt haben. Wir dürfen wohl mit Beck annehmen, daß Mohammed bei der Ausarbeitung der Abrahamgestalt weniger bewußt überlegend und konstruierend vorgegangen ist, daß er vielmehr Elemente seiner Lehre, die bereits vorhanden waren, in einer geschickten Auseinandersetzung mit seinen jüdischen (und christlichen) Gegnern organisch weiterentwickelt und ausgebaut hat (Le Muséon, 65, 1952, S. 90f., 93f.). Das Endergebnis bleibt allerdings so oder so eine Kultlegende. Der biblische Patriarch ist schließlich zum Begründer oder Reformator des mekkanischen Heiligtums und zu einem »Imām« (2, 124), einem Prototyp des muslimischen Gläubigen geworden.

Die Berufung auf Abraham als Prototyp gewann für den Propheten dadurch an Bedeutung, daß er den Patriarchen chronologisch genauer einzuordnen wußte – und damit näherte er sich mit seiner These wieder mehr dem historischen Sachverhalt. Wahrscheinlich hat er erst im Anschluß an die Hiğra einen klaren Überblick über die frühere Heilsgeschichte bekommen. Er wußte jetzt, daß die Juden die Thora, die Christen das »Evangelium« als heilige Bücher besaßen, und daß Jesus als letzter der Gesandten Gottes aus dem Judentum hervorgegangen war. Seine intensive Beschäftigung mit der Geschichte der Kinder Israels ließ ihn die besondere Bedeutung Moses als des Stifters der jüdischen Religion erkennen. Die Reihenfolge Mose (Judentum) – Jesus (Christentum) – Mohammed (Islam) kommt an verschiedenen Koranstellen der medinischen Zeit zum Ausdruck (z.B. 5, 44–8). Abraham aber, der angebliche Begründer oder Reformator des mekkanischen Kultzeremoniells, geht chronologisch der Reihe Mose – Jesus – Mohammed weit voraus. Wenn sich also der Prophet auf ihn berufen konnte, hatte er damit seiner eigenen Religion die Priorität sowohl vor dem Judentum als auch vor dem Christentum gesichert. Diese Folgerung ist in

Sure 3, 65–8 abschließend formuliert: »Ihr Leute der Schrift! Was streitet ihr über Abraham, wo doch die Thora und das Evangelium erst nach ihm herabgesandt worden sind? Habt ihr denn keinen Verstand? * . . .* Abraham war weder Jude noch Christ. Er war vielmehr ein (Gott) ergebener Ḥanīf, und kein Polytheist. * Die Menschen, die Abraham wahrlich am nächsten stehen, sind diejenigen, die ihm (seinerzeit) gefolgt sind, und dieser Prophet (d. h. Mohammed) und die, die (mit ihm) gläubig sind.«

Kriegerische Unternehmungen

Die Auseinandersetzung mit den Juden hatte ein blutiges Nachspiel. Die drei großen jüdischen Stämme der Banū Qainuqāʿ, Naḍīr und Quraiẓa wurden einzeln und nacheinander in ihrem Siedlungsgebiet in Medina regelrecht angegriffen, belagert und niedergekämpft, obwohl sie formell mit Mohammed und seiner Gefolgschaft verbündet waren. Die Qainuqāʿ durften nach ihrer Unterwerfung und der Herausgabe ihrer Besitzungen wenigstens noch emigrieren (624), ebenso die Naḍīr (625). Dagegen fand der Stamm der Quraiẓa nach seiner Unterwerfung keine Gnade (627). Mohammed traf die Entscheidung allerdings nicht in eigener Person, übertrug sie vielmehr – offensichtlich aus taktischen Gründen – dem Saʿd Ibn Muʿāḏ, einem allerseits hochgeachteten Mann aus dem Stamm der Aus, der ehemaligen Verbündeten der Quraiẓa. Dieser war kurz zuvor im Grabenkrieg, in dem die Quraiẓa eine ziemlich fragwürdige Neutralität eingehalten hatten, schwer verwundet worden. Selber vom Tod gezeichnet, sprach er über die Quraiẓa das vernichtende Urteil aus. Alle Männer sollten dem Tod verfallen, ihr Hab und Gut verteilt und die Frauen und Kinder zu Sklaven gemacht werden. Etwa 600 Quraiẓiten wurden im Lauf des folgenden Tages abgeschlachtet. Die Frauen wurden unter die Muslime verteilt. Mohammed schickte einige der Frauen, die ihm als dem Anführer zugefallen waren (er hatte ein Fünftel der Beute zu beanspruchen), nach dem Naǧd, um Pferde und Waffen gegen sie einzuhandeln.

Es ist nicht leicht, über diese geschichtlichen Vorgänge das richtige Urteil zu finden, zumal sie nur von der einen, muslimischen Seite dokumentiert sind. Man ist von vornherein geneigt, Mohammed und den Muslimen mehr Schuld zuzuschieben als den Juden. Falls sich Sure 8, 58 tatsächlich auf den Beginn des Unternehmens gegen die Quraiẓa bezieht (was nicht unwahrscheinlich ist), sind diese angegriffen worden, weil Mohammed von ihnen Verrat fürchtete, nicht weil sie bereits Verrat geübt hatten, – eine sehr fragwürdige Begründung eines militärischen Angriffs. Heutzutage würde man das wohl als Präventivkrieg und als Aggression bezeichnen. Als Mohammed während der Belagerung der Banū Naḍīr einen Teil ihrer Palmen umhauen ließ, verletzte er ein ungeschriebenes Gesetz der arabischen Kriegführung – Grund genug, um sich nachträglich mit einer eigens darauf bezüglichen Offenbarung zu rechtfertigen (59. 5: »Wenn ihr Palmen umgehauen habt – oder habt stehen lassen –, geschah das mit Gottes Erlaubnis.«) Im übrigen gilt unser Mitgefühl naturgemäß der schwächeren Partei, die dem Angriff zum Opfer gefallen ist. Nachrichten über einzelne Männer der Quraiẓa, die ihrer Hinrichtung mit einer fast schon übermenschlichen Fassung entgegengingen, wirken dadurch noch erschütternder, daß sie rein sachlich, das heißt aber auch völlig gefühl- und teilnahmslos überliefert sind.

Doch sprechen auch gewichtige Gründe zugunsten des Propheten. Vor allem ist zu bemerken, daß die medinischen Juden nicht um ihres Glaubens willen bekriegt und aus dem Land vertrieben oder umgebracht worden sind, sondern weil sie innerhalb des Gemeinwesens von Medina in sich geschlossene Gruppen bildeten, die für Mohammed und seine Parteigänger jederzeit, vor allem aber bei einer Bedrohung durch auswärtige Gegner, gefährlich werden konnten. Es ist kein Zufall, daß die Unternehmungen gegen die Naḍīr nur wenige Monate nach der Schlacht am Uḥud, die gegen die Quraiẓa unmittelbar nach dem Grabenkrieg stattgefunden haben. Beidesmal war Mohammed mit den Seinen in eine äußerst kritische Lage geraten. Der Prophet mußte mit der Möglichkeit rechnen, daß die Juden mit seinen Gegnern gemeinsame Sache machen würden, falls sich das Kräfteverhältnis noch etwas weiter zu seinen Ungunsten verschieben sollte. Nachdem die akute Gefahr überstanden war, sollten für die Zukunft eben durch die Ausschaltung jüdischer Bevölkerungsgruppen sichere Verhältnisse geschaffen werden. Im übrigen erstreckten sich die Unternehmen Mohammeds immer nur auf einzelne jüdische Stämme, nie auf das medinische Judentum in seiner Gesamtheit. Dementsprechend verhielten sich diese Stämme selber. Andernfalls hätten sie sich unbedingt zum Abwehrkampf gegen die Partei der Muslime zusammenschließen müssen.

Was endlich die Massakrierung der Banū Quraiẓa angeht, so ist zu bedenken, daß die Gepflogenheiten in der damaligen Kriegführung in mancher Hinsicht brutaler waren, als wir das im Zeitalter der Genfer Konvention gewohnt sind. Mohammed muß aber mit dem Maßstab seiner eigenen Zeit gemessen werden. Nachdem die Quraiẓa sich ihm auf Gnade und Ungnade ergeben hatten, war er nach allgemeiner Ansicht durchaus berechtigt, keine Gnade walten zu lassen. So merkwürdig und unmenschlich sich das auch anhören mag: in der öffentlichen Meinung ist er wohl dadurch schuldig geworden, daß er Befehl gegeben hat, etliche Palmen der Banū Naḍīr zu fällen, nicht aber dadurch, daß er an einem einzigen Tag mehr als ein halbes Tausend Juden über die Klinge hat springen lassen.

Der Krieg mit den Mekkanern

Die Umorientierung nach Mekka

Zu Beginn des Jahres 624, knapp anderthalb Jahre nach der Hiğra, hat Mohammed endgültig mit dem Judentum gebrochen. Gleichzeitig hat er eine kultische Neuorientierung vorgenommen, indem er nämlich die Kaʿba in Mekka zu einem spezifisch islamischen Heiligtum erklärte. Diese Neuorientierung oder genauer gesagt Umorientierung kam darin zum Ausdruck, daß für das gottesdienstliche Gebet, die Ṣalāt, von da ab eben die Richtung (qibla) nach Mekka vorgeschrieben war, während man vorher die Richtung nach Jerusalem oder nach Osten eingenommen hatte. Ideologisch wurde der neue Kurs damit begründet, daß bereits Abraham mit seinem Sohn Ismael, dem Stammvater der Araber, die Kaʿba als Heiligtum verehrt und den reinen, islamischen Gottesglauben propagiert habe. Der Abkehr vom Judentum entsprach also eine Hinwendung zur Kaʿba und zu der damit verknüpften mekkanischen Kulttradition.

Wenn man die Ereignisse der folgenden Jahre überblickt, könnte man den Eindruck bekommen, daß das Verhältnis Mohammeds zum Judentum oder wenigstens zu den jüdischen Stämmen von Medina weiterhin mit seinem Verhältnis zu Mekka und den Mekkanern in einem inneren Zusammenhang gestanden hat. Es sieht so aus, als ob jedesmal, wenn eine größere Unternehmung gegen die heidnischen Mekkaner über die Bühne gegangen war, die Juden hätten herhalten müssen. Bei einer genaueren Beurteilung des Sachverhalts wird man aber kaum von einer Zwangsläufigkeit sprechen können. Gewiß, Mohammed benützte, nachdem er grundsätzlich mit dem Judentum gebrochen hatte, jede Gelegenheit, die größeren Gruppen dieser Religionsgemeinschaft zu schwächen oder überhaupt auszuschalten. Sooft es zu ernsthaften Auseinandersetzungen mit den Mekkanern kam, erwiesen sich die Juden für ihn als recht zweifelhafte Bundesgenossen. So war es kein Wunder, daß er vornehmlich im Anschluß an solche Auseinandersetzungen mit dem äußeren Feind Unternehmungen gegen das jüdische Bevölkerungselement innerhalb des eigenen Machtbereichs in Gang brachte. Jedoch mußte die Fehde mit den Mekkanern so oder so ausgefochten werden, ganz unabhängig von der Gefahr, die die jüdischen Stammeseinheiten für Mohammed und die Seinen tatsächlich oder angeblich darstellten. Wir haben deshalb guten Grund, den Krieg, den Mohammed – mit Unterbrechungen – in den Jahren 624 bis 630 gegen die Mekkaner geführt hat, zum Gegenstand einer eigenen Betrachtung zu wählen. In der Gesamtgeschichte des Propheten stellt dieser Krieg ein besonders dramatisches Kapitel dar. Nicht nur wegen der Fülle spannender Situationen, sondern auch, und vor allem, wegen der Beharrlichkeit und inneren Konsequenz, mit der sich Mohammed von kleinsten Anfängen zum überwältigenden, endgültigen Erfolg, der Einnahme von Mekka, emporgearbeitet und durchgekämpft hat, ohne damit seinem ursprünglichen, rein religiösen Ziel untreu zu werden.

Das Kriegsgeschehen

Dem eigentlichen Krieg gingen einige kleinere Unternehmungen voraus, die die Beraubung mekkanischer Karawanen zum Ziel hatten. Im Januar 624 hatte eine solche Unternehmung erstmals Erfolg, allerdings wohl nur deshalb, weil der Überfall – er fand bei Naḫla in der Nähe von Mekka statt – noch vor Ablauf des heiligen Monats Rağab erfolgte, die Begleitmannschaft der Karawane also vor einem Angriff sicher zu sein glaubte. Bereits im März desselben Jahres rückte eine größere Expedition aus, diesmal unter der persönlichen Führung des Propheten. Den beutelustigen Emigranten (Muhāğirūn) schloß sich eine große Anzahl von einheimischen Medinern, sogenannte Anṣār, an. Angriffsziel war eine große Karawane auf ihrem Rückweg von Syrien nach Mekka. Die Karawane konnte sich noch rechtzeitig in Sicherheit bringen. Ein Eilbote hatte aber schon vorher die Nachricht von dem beabsichtigten Überfall nach Mekka gebracht, worauf ein regelrechtes Heer sich in Marsch setzte. Mohammed und seine Begleiter entschlossen sich, obwohl in der Minderzahl, zur Schlacht. Sie fand in der Nähe der Wasserstelle von Badr statt und endete mit einem überwältigenden Sieg und einem bedeutenden Prestigegewinn der Muslime.

Ein Jahr darauf (März 625) rückten die Mekkaner aus, um Rache für Badr zu nehmen. Am Fuß des Berges Uḥud (nördlich von Medina) gewannen sie die Schlacht. Sie zogen sich aber zurück, ohne den Sieg auszunützen. Ergebnislos endete auch zwei Jahre später (April 627) der Grabenkrieg, so benannt nach einem Graben, der zur Verteidigung der offenen Flanke von Medina ausgehoben wurde. Es gelang dem Propheten durch geschickte Verhandlungen mit den Beduinenstämmen, die sich dem Heerzug der Mekkaner angeschlossen hatten, die Einheit der Angreifer zu sprengen und diese so zum Rückzug zu bewegen.

Im März 628 machte Mohammed, vielleicht veranlaßt durch einen Traum, den erstaunlichen Versuch, in Begleitung seiner Anhänger eine Wallfahrt nach Mekka zu unternehmen. Er kam nur bis an die Grenze des heiligen Bezirks, nach Ḥudaibīya, konnte aber dort mit den Mekkanern einen Vertrag aushandeln. Darnach sollten für die nächsten zehn Jahre die Waffen ruhen. Außerdem sollte der Prophet mit seinem Gefolge im folgenden Jahr (629) zu einem dreitägigen Pilgerbesuch nach Mekka kommen dürfen, – ein Zugeständnis, von dem er dann auch Gebrauch gemacht hat. Für die Begleiter Mohammeds schien das Ergebnis des Zugs nach Ḥudaibīya enttäuschend. In Wirklichkeit war es ein großer Erfolg. Die Partei der Muslime stand nun mit den Mekkanern gleich auf gleich.

In den nächsten anderthalb Jahren arbeitete die Zeit für die Muslime. Der Mißerfolg, mit dem ein Vorstoß gegen die Byzantiner im September 629 bei Mu'ta (im heutigen Jordanien) endete, konnte die Entwicklung nicht mehr aufhalten. Im Dezember desselben Jahres setzte sich Mohammed mit einem gewaltigen Truppenaufgebot in Marsch. Ein Grund zur Kündigung des in Ḥudaibīya abgeschlossenen Waffenstillstands ließ sich leicht finden. Die Widerstandskraft der Mekkaner war wie gelähmt. Mohammed hatte die nötigen Machtmittel in der Hand, gewährte aber von vornherein allen denen Sicherheit, die sich nicht zur Wehr setzen würden. So konnte er Anfang 630, fast ohne Widerstand zu finden, als Sieger in seine Vaterstadt einziehen. Ein Ziel, das ihm seit dem Bruch mit den Juden jahrelang vorgeschwebt hatte, war schließlich ohne besondere Kraftanstrengung erreicht worden. Das Kultzentrum der Kaʿba lag nun endgültig innerhalb des islamischen Herrschaftsbereichs. Der alte Unglaube der Mekkaner löste sich unter dem überzeugenden Eindruck der Ereignisse wie von selber auf. Die weitaus überwiegende Mehrzahl der Einwohner kam zur Erkenntnis, daß der Islam, den Mohammed vor Jahren tauben Ohren gepredigt hatte, doch der richtige Glaube sein müsse.

Die allgemeinen Voraussetzungen

Im Vorhergehenden ist nur über die allerwichtigsten Etappen des Kriegs mit den Mekkanern berichtet worden, und auch das nur mit dürren Worten. Das bunte Vielerlei der einzelnen Unternehmungen konnte dabei nicht berücksichtigt werden. Worauf wir aber eingehen können und müssen, das sind die allgemeinen Voraussetzungen, unter denen der Krieg gegen die Mekkaner in Gang kam und bis zum siegreichen Ende durchgeführt wurde. Dabei ist von vornherein zu bedenken, daß die Entwicklung sich nicht etwa nach einem Gesamtplan vollzogen hat, der schon am Anfang festlag und nur noch ausgeführt zu werden brauchte. Als Mohammed im Herbst des Jahres 622 als Emigrant in Medina eintraf, hat er schwerlich auch nur ahnen können, daß er später einmal an der Spitze eines gewaltigen Heeres in seine Vaterstadt einziehen würde. Die kriegerischen Auseinandersetzungen waren überdies nicht nur Mittel zu dem Zweck der Abrechnung mit den Mekkanern und der Eroberung ihrer Stadt. Sie unterstanden primär einer ihnen eigenen Gesetzmäßigkeit und waren insofern eine zeitlose Erscheinung im Dasein der Steppen- und Oasenbewohner Innerarabiens. Erst sekundär sind sie in die große Politik jener bedeutenden geschichtlichen Epoche einbezogen und ihr dienstbar gemacht worden.

Zu Beginn der Kampfhandlungen scheinen wirtschaftliche Gesichtspunkte im Vordergrund gestanden zu haben. Die Muslime, die gemeinsam mit Mohammed in Medina Zuflucht gefunden hatten, waren als Flüchtlinge großenteils unbemittelt und fielen so ihren medinischen Glaubensbrüdern zur Last. Nichts lag für sie näher, als dem Gesetz der Wüste zu folgen und gegen eine stammesfremde Einheit auf Raub und Plünderung auszuziehen. Da sie aus ihrem bisherigen Stammverband, dem der Quraiš, durch die Hiǧra praktisch ausgeschieden waren, konnte man es ihnen kaum verübeln, wenn sie eben auf Kosten der Quraiš versuchten, wieder zu Besitz zu kommen. Tatsächlich bildete der Beuteertrag von Naẖla und Badr für Mohammed und die Seinen die Grundlage zu einer selbständigen wirtschaftlichen Existenz. An den Propheten wurde – auch bei den späteren Unternehmungen – jeweils ein Fünftel der Beute abgeführt, als Grundstock oder überhaupt als Beitrag für den Haushalt des von ihm geführten Gemeinwesens.

Im Koran finden sich wohl Angaben über die Verteilung der Kriegsbeute und den Verwendungszweck des dem Propheten vorbehaltenen Beuteanteils. Dagegen wird der Beutezug als solcher, nämlich als Mittel zum Gelderwerb (wenn wir den Sachverhalt kurz so bezeichnen dürfen), nicht eigens erwähnt. Mohammed hat von der beduinisch-arabischen Institution der Razzia Gebrauch gemacht, bzw. den Gebrauch dieser Institution seinen Anhängern freigegeben, ohne sie durch eine koranische Verkündigung zu sanktionieren. Soweit der Koran auf Raubzüge und überhaupt auf Kampfhandlungen Bezug nimmt, wird als selbstverständlich vorausgesetzt oder ausdrücklich darauf hingewiesen, daß es sich um Unternehmungen speziell gegen die heidnischen Mekkaner oder gegen andere heidnische Einheiten, also jedenfalls gegen Heiden handelt. Wir sehen darin ein weiteres entscheidendes Motiv in Mohammeds Auseinandersetzung mit den Mekkanern. Aus der Razzia entwickelte sich eine Art Glaubenskrieg, das »Kämpfen auf dem Weg Gottes«, wie es in späteren Stellen des Korans so oft heißt. Schon die ersten Unternehmungen waren ja eben gegen jene Mekkaner gerichtet, die die Botschaft des Propheten abgelehnt und schließlich seine Anhänger und ihn selber zur Emigration gezwungen hatten. Nachdem Mohammed in der ersten Zeit nach der Hiğra anscheinend noch versucht hatte, seine Gefolgschaft vor kriegerischen Unternehmungen zurückzuhalten (4, 77: »haltet eure Hand zurück«, d. h. vom Kampf), hat er ihnen nachher ausdrücklich die Erlaubnis dazu erteilt. In diesem Sinn ist wohl Sure 22, 39f. zu verstehen: »Denen, die kämpfen (Lesart yuqātilūna), ist die Erlaubnis (dazu) erteilt worden, weil sie (vorher) Unrecht erlitten haben . . .*, (ihnen) die unberechtigterweise aus ihren Häusern vertrieben worden sind, nur weil sie sagen: ›Unser Herr ist Gott‹ . . .« (vgl. auch 2, 246). Und die Verletzung des heiligen Monats beim Unternehmen von Naḫla hat Mohammed nachträglich damit gerechtfertigt, daß von seiten der Mekkaner ein noch größeres Unrecht vorausgegangen sei (2, 217).

Der Kampf gegen die ungläubigen Mekkaner ist, nachdem er erst einmal aufgenommen worden war, nicht mehr zur Ruhe gekommen. Im Gegenteil. Er nahm im Lauf der Zeit immer größere Ausmaße an. Die anfänglichen Raubüberfälle (die übrigens meist mit dem bloßen Versuch endeten) entwickelten sich zu regelrechten Schlachten. Die Mekkaner gingen zum Gegenangriff über und drangen dabei zweimal (Uḥud und Grabenkrieg) bis an die Stadtgrenze von Medina vor. Beide Parteien versuchten außerdem, möglichst viel beduinische Einheiten auf ihre Seite zu bringen, so daß schließlich ein großer Teil der arabischen Halbinsel in Mitleidenschaft gezogen war. Das muslimische Gemeinwesen wuchs auf diese Weise wie von selber in die Rolle einer Großmacht hinein, wobei Mekka nicht mehr der einzige Gegenspieler blieb. Der »Kampf auf dem Weg Gottes« erhielt erst in diesem größeren Rahmen seine eigentliche, universelle Bedeutung. Er wurde zu einer regelrechten Institution und hat als solche in der islamischen Pflichtenlehre Aufnahme gefunden. Wirklich zum Tragen kam die Institution allerdings erst in der Zeit nach dem Tod des Propheten. Die großen arabisch-islamischen Eroberungen wären ohne sie nicht möglich gewesen.

Man darf nun aber – und damit kommen wir zu einem letzten Punkt – Mohammeds Verhältnis zu Mekka nicht ausschließlich unter dem Aspekt des Kriegsgeschehens betrachten, auch wenn es nach außenhin jahrelang dadurch gekennzeichnet worden ist. Trotz der bitteren Erfahrungen, die er in der Zeit vor der Hiğra mit seinen Landsleuten gemacht hatte, und trotz der militärischen Unternehmungen, die von 624 bis gegen 630 zwischen Medina und Mekka hin und her gingen, hegte der Prophet seiner Vaterstadt gegenüber nicht nur feindselige Gefühle. Im Grund seines Herzens war er ihr sogar zugetan. Zum Kaʿba-Kult und den Wallfahrtszeremonien muß er von jeher ein inneres Verhältnis gehabt haben. Davon hat er sich auch in Medina nicht losgesagt. Im Gegenteil. Nach dem Bruch mit den Juden wurde die Kaʿba geradezu zum Kultzentrum der neuen islamischen Religion erhoben, wobei die Abrahamlegende wertvolle Dienste leistete. Mekka erhielt dadurch für Mohammed und die Seinen eine besondere Art von Anziehungskraft. Der Krieg gegen die ungläubigen Bewohner durfte nicht den Untergang der Stadt zur Folge haben. Der Prophet strebte je länger je mehr nach einem friedlichen Ausgleich. Das zeigte sich mit aller Deutlichkeit, als er im Jahr 628 versuchte, zur Begehung der Wallfahrtszeremonien in die an sich noch feindliche Stadt Zutritt zu erhalten. Der Vertrag von Ḥudaibīya sah u. a. die Genehmigung zu einem solchen friedlichen Wallfahrtsbesuch vor, wenn auch erst für das kommende Jahr. Damit war das Eis gebrochen. Nachdem die Mekkaner dem Propheten erst einmal Einlaß in das Stadtgebiet und Zutritt zu ihrem Stadt- und Stammesheiligtum gewährt hatten, konnten sie unmöglich die Feindseligkeiten im alten Stil wieder aufnehmen. Die propagandistische Wirkung der Wallfahrt vom Jahr 629 kann man deshalb kaum zu hoch einschätzen. Mohammed brauchte eigentlich nur noch zuzuwarten, bis die Früchte seines diplomatischen Erfolges vollends ausgereift waren. Führende Mekkaner wie Abū Sufyān, der Ahnherr der späteren Umaijaden, kamen ihm unterwegs entgegen, als er um die Jahreswende 629/30 in Mekka einmarschierte, um die Stadt in Besitz zu nehmen und dem Machtbereich des Islam einzuverleiben. Bei dem Feldzug, der kurz nach dem Einmarsch in Mekka gegen die Hawāzin und Ṯaqīf unternommen werden mußte, zeigte es sich, daß die Masse der bis dahin »ungläubigen« Mekkaner den Anschluß an die Partei Mohammeds durchaus bejahte. Bei der darauffolgenden Beuteverteilung hielt es der Prophet allerdings für geboten, einer ganzen Anzahl von führenden Mekkanern bedeutende Zuwendungen zu machen. Das war jedoch weniger ein Stimmen- oder Gesinnungskauf (wenn man die Sache so grob beim Namen nennen will) als vielmehr ein Anerkennungsgeschenk dafür, daß die Betreffenden für die Sache Mohammeds »sich innerlich hatten gewinnen lassen«, wie der koranische Ausdruck lautet (almu'allafa qulūbuhum). Wie dem auch sein mag, jedenfalls betrachteten sich die Mekkaner in der Folgezeit nicht nur als politische Parteigänger des Propheten, sondern auch als Angehörige der großen islamischen Glaubensgemeinschaft. Die Stadt mit der »heiligen Kultstätte« hatte sich zum Islam bekehrt, nicht zuletzt deshalb, weil der Kaʿba-Kult und das Wallfahrtszeremoniell auch in der neuen Religion beibehalten werden sollten.

Das Zeugnis des Korans

Im Koran finden sich eine ganze Anzahl von Anspielungen und Hinweisen auf den Krieg mit den Mekkanern. Für den Historiker ist es natürlich interessant, zu sehen, in welcher Weise Mohammed zu dem für ihn und seine Gemeinde so wichtigen Geschehen sozusagen ex cathedra Stellung genommen hat. Im folgenden soll deshalb auf dieses Selbstzeugnis des Korans bzw. Mohammeds noch etwas näher eingegangen werden.

Der erste Eindruck, den wir bei der Lektüre der einschlägigen Stellen gewinnen, ist enttäuschend. Nirgends zeichnet sich das tatsächliche Geschehen in einem klaren Bild ab. Überall finden wir mehr oder weniger dunkle Hinweise – Anspielungen auf Ereignisse oder Situationen, die wir erst umständlich, nämlich auf Grund der sonstigen Überlieferung, ermitteln müssen, ehe wir überhaupt etwas damit anfangen können. Es wäre ganz unmöglich, an Hand solcher koranischer Verkündigungen den Ablauf auch nur einer einzigen kriegerischen Unternehmung zu rekonstruieren. So wird z.B. Sure 8, 7f. folgendermaßen auf die Schlacht bei Badr angespielt: »Und (damals) als Gott euch die eine der beiden Gruppen versprach, (nämlich) daß sie euch zufallen solle, und ihr wünschtet, daß die ohne Kampfkraft euch zukomme. Aber Gott wollte die Wahrheit durch seine Worte wahrmachen und den letzten der Ungläubigen abschneiden (d.h. die Ungläubigen ausrotten), * damit er die Wahrheit wahr und Lug und Trug (wörtlich: was nichtig ist) zunichte mache, auch wenn es den Sündern zuwider war.« Man muß schon wissen, daß die Muslime bei Badr eigentlich nur die mekkanische Karawane (»die Gruppe ohne Kampfkraft«) überfallen wollten und sich erst nachträglich zu einer regelrechten Schlacht gegen das von Mekka zum Entsatz der Karawane ausgerückte Heer entschließen mußten, um den Korantext auch nur einigermaßen deuten zu können. Ähnlich dunkel klingt Vers 42 derselben Sure, in dem ebenfalls auf die Schlacht bei Badr angespielt wird: »(Damals) als ihr (Gläubigen) auf der näheren Talseite waret, und sie (d. h. das mekkanische Aufgebot) auf der ferneren, und die Reiter (der Karawane) unterhalb von euch. Und wenn ihr euch gegenseitig verabredet hättet (nämlich zu einem Treffen), wäret ihr hinsichtlich der Verabredung nicht einig geworden. Aber (zu ergänzen: es kam durch höhere Fügung zum Treffen) damit Gott eine Sache entscheide, die ausgeführt werden sollte . . .« Nicht viel deutlicher ist in Sure 48, 18f. der Hinweis auf eine Episode, die sich im Jahr 628 in Ḥudaibīya abgespielt hat: »Gott hat wirklich an den Gläubigen Wohlgefallen gefunden, (damals) als sie dir unter dem Baum huldigten. Er wußte, was (für Gedanken) sie im Herzen hatten. Und er sandte die Seelenruhe (sakīna) auf sie herab und belohnte sie mit einem nahen Erfolg (d. h. stellte ihnen als Lohn einen nahe (bevorstehende)n Erfolg in Aussicht), * und viel Beute, die sie machen würden. Gott ist mächtig und weise.«

Kurzum, der Gang der Ereignisse läßt sich aus den koranischen Zeugnissen schlechterdings nicht ablesen. Das liegt ganz einfach daran, daß es überhaupt nicht in der Absicht des Propheten lag, über die Geschichte seiner Zeit nach Art eines Chronisten Bericht zu erstatten. Er konnte vielmehr, da er unmittelbar zu seinen Zeitgenossen sprach, die einzelnen Geschehnisse als bekannt voraussetzen und beschränkte sich nun darauf, sie von seinem durchaus religiös orientierten Standpunkt aus zu bewerten und zur Belehrung und Erbauung seiner Glaubensgenossen auszudeuten. So verstanden, gewinnen die einschlägigen Koranstellen einen historischen Quellenwert eigener Art. Sie gewähren uns einen tiefen Einblick in Mohammeds ureigene Geschichtsbetrachtung und Geschichtsdeutung. Wir dürfen nur nicht am Gegenständlichen hängen bleiben, wenn wir diese erstklassigen Zeugnisse zum Sprechen bringen wollen.

Aufschlußreich ist schon allein die sprachliche Form, in die viele von Mohammeds Anspielungen auf zeitgeschichtliche Ereignisse eingekleidet sind. Es handelt sich um eine merkwürdige Art von Zeitsätzen, die mit der arabischen Partikel id̠ »als«, »(damals) als«, beginnen und meist eliptisch sind, d. h. nur einen Vordersatz, aber keinen Nachsatz haben. Z. B. Sure 3, 121 (handelt von der Schlacht am Uḥud): »Und (damals) als du in der Frühe von deiner Familie weggingst, um die Gläubigen in Stellungen zum Kampf (gegen die ungläubigen Mekkaner) einzuweisen . . .« (ohne Nachsatz). Derartige eliptische Zeitsätze sind typisch für koranische Anspielungen auf Episoden aus der Geschichte, die zugleich Heilsgeschichte sind. Dem Inhalt nach verteilen sie sich auf den ganzen Zeitraum, in dem sich die Heilsgeschichte abgespielt hat, von der Erschaffung Adams bis zur Zeitgeschichte des Propheten. Und jedesmal sind es nur kurze Anspielungen, Hinweise auf Episoden. Was geschehen ist, wird – was die Form der Darstellung angeht – als bekannt vorausgesetzt und nur mehr in die Erinnerung zurückgerufen. Diese geschichtlichen Anspielungen, die im Koran sehr beliebt und auch für die darin verwerteten biblischen Geschichten charakteristisch sind, werden manchmal durch kurze Vorbemerkungen eingeleitet und damit ausdrücklich in einen erbaulichen Zusammenhang einbezogen. So heißt es z.B. 7, 69: »Gedenket doch (der Zeiten), als er (Gott) euch, nachdem das Volk von Noah nicht mehr da war, als Nachfolger einsetzte und euch ein Übermaß an Körperwuchs verlieh ...«; oder 5, 11 (im Hinblick auf einen Vorgang aus der Zeitgeschichte des Propheten): »Ihr Gläubigen! Gedenkt der Gnade, die Gott euch erwiesen hat! (Damals) als (gewisse) Leute am liebsten ihre Hand nach euch ausgestreckt hätten, worauf er (Gott) ihre Hand von euch zurückhielt ...« Die Hinweise gelten durchweg auch da, wo sie nicht mit einer solchen Vorbemerkung eingeleitet sind, irgendeinem denkwürdigen Geschehen, das jeweils in skizzenhaften Umrissen angedeutet und den Hörern ins Gedächtnis zurückgerufen wird, damit sie eine Lehre daraus ziehen.

Wichtig ist, daß alle Geschichte, also auch das Zeitgeschehen, als Heilsgeschichte verstanden wird, d.h. als Geschehen, das sich nach dem Ratschluß Gottes vollzieht und den Menschen zum Heil dient. Der Koran redet damit einer Geschichtsauffassung das Wort, die grundverschieden ist von der Art und Weise, in der man bis dahin in der arabischen Welt zu Ereignissen aus der Geschichte Stellung zu nehmen pflegte. In den Berichten über die Kampftage der alten Araber, die sogenannten Aiyām al-ʿArab, tritt zwar der Erzähler bescheiden (oder weil er nicht anders kann?) hinter dem Geschehen und den handelnden Personen zurück. Dafür rücken aber die einzelnen geschichtlichen Gestalten mit ihrem Handeln oder Leiden in den Mittelpunkt des Interesses. Die Betrachtungsweise ist im wesentlichen anthropozentrisch. Immer sind einzelne Menschen oder Gruppen von Menschen, nämlich Sippen oder Stämme, die Helden des Tages. Das gilt erst recht von der altarabischen Poesie. Die Dichter, von Mohammed als großsprecherisch bezeichnet (26, 226: »sie sagen, was sie nicht tun«), ergreifen in eigener Sache oder, was auf dasselbe hinausläuft, als Sprecher ihrer Sippe oder ihres Stammes das Wort und kennen in der Verherrlichung der eigenen Tüchtigkeit und in der Schmähung des Gegners keine Grenzen. Sie schwelgen geradezu im Gefühl menschlicher Selbstherrlichkeit.

Nicht so Mohammed. Der Geschichte gegenüber vertritt er im Gegensatz zur üblichen anthropozentrischen eine theozentrische Betrachtungsweise. Bedeutende Erfolge wie die Schlacht bei Badr oder die Einnahme von Mekka werden nicht, was dem Empfinden der alten Araber und wohl auch mancher Mitkämpfer des Propheten entsprochen hätte, der Tüchtigkeit der muslimischen Partei zugeschrieben, sondern einzig und allein dem Wirken Gottes. Nirgends finden wir ein Wort des Stolzes, dafür um so mehr Äußerungen frommer Demut. So heißt es Sure 9, 25: »Gott hat euch (doch) an vielen Orten zum Sieg verholfen, (so) auch am Tag von Ḥunain . . .« (gemeint ist der Sieg über die Hawāzin und Ṯaqīf nach der Besetzung von Mekka). Sure 3, 123: »Gott hat euch (doch seinerzeit) in Badr zum Sieg verholfen, während ihr (eurerseits) ein bescheidener, unscheinbarer Haufe waret. Darum fürchtet Gott! Vielleicht werdet ihr (ihm) dankbar sein.« Sure 8, 17: »Und nicht ihr habt sie (nämlich die Ungläubigen, die in der Schlacht bei Badr gefallen sind) getötet, sondern Gott. Und nicht du hast damals jenen Wurf ausgeführt (oder: jenen Pfeilschuß abgegeben), sondern Gott. Und (dies geschah) damit er die Gläubigen einer guten Prüfung (d. h. einem Gnadenerweis?) von sich unterziehe.« Sure 3, 166f.: »Und was euch am Tag, da die beiden Haufen aufeinanderstießen, (als Unglück) traf (gemeint ist der Mißerfolg in der Schlacht am Uḥud), geschah mit Gottes Erlaubnis, und damit er die Gläubigen (als solche) erkenne, * und die Heuchler.« Sure 3, 160 wird Mohammeds theozentrische Einstellung zum Kriegsgeschehen geradezu als Regel formuliert, von der es keine Ausnahme gibt. Die Stelle lautet: »Wenn Gott euch zum Sieg verhilft, gibt es für euch niemand, der (über euch) siegen könnte. Wenn er euch aber im Stich läßt, wer könnte euch dann, nachdem er (als Helfer) ausgefallen ist, zum Sieg verhelfen? Auf Gott sollen die Gläubigen (immer) vertrauen.«

Aus einer solchen theozentrischen Sinndeutung heraus ist schließlich auch ein eigenartiger lexikalischer Sachverhalt zu verstehen. Die Einnahme von Mekka wird im Koran als fatḥ bezeichnet (57, 10). Dieses Wort ist deshalb in der Folgezeit in der Bedeutung »Eroberung« verwendet worden. In der Form der Mehrzahl (futūḥ, »Eroberungen«) ist es in Fachkreisen vor allem aus Buchtiteln allgemein bekannt (Futūḥ al-buldān, Futūḥ aš-Šām). Ursprünglich hatte es aber einen wesentlich anderen, mehr religiösen Sinn. Mit dem koranischen fatḥ ist genaugenommen immer eine (göttliche) »Entscheidung« oder ein (von Gott verheißener oder verliehener) »entscheidender Erfolg« gemeint (vgl. äthiopisch fetḥ »Urteilsspruch«, »Recht«). Mohammed hat demnach die Einnahme von

Mekka nicht als einen eigenen Sieg empfunden, sondern – in aller Demut – als einen Erfolg, der ihm und den Seinen von Gott beschieden worden ist.

Konsolidierung im Innern

Man tut dem Propheten Unrecht mit der Behauptung, er sei nur während seines Aufenthalts in Mekka seiner religiösen Sendung treu geblieben, in Medina dagegen zum Staatsmann und Machtpolitiker geworden. Umgekehrt kann natürlich auch niemand bestreiten, daß die Emigration von Mekka nach Medina Mohammed in eine neue Lage versetzt und vor Aufgaben gestellt hat, die ihrerseits stark politisch bedingt waren und so nur von einem Staatsmann mit Aussicht auf Erfolg in Angriff genommen werden konnten. Der Prophet besaß die Voraussetzungen dazu. Er verfügte über eine besondere staatsmännische Begabung und fand nun Gelegenheit, sich ihrer zu bedienen. Er hat sie in den Dienst der großen, heilsgeschichtlichen Sendungsaufgabe gestellt, der er sich weiterhin verpflichtet fühlte, und ist so der Gefahr entgangen, den Willen zur Macht über sich selber Herr werden zu lassen.

Die Lage, in die er sich unmittelbar nach der Hiğra hineinversetzt sah, war für ihn neuartig und ungewohnt. In Mekka hatte er seine Autorität nur über eine kleine, ihm und seiner Sache treu ergebene Gefolgschaft ausgeübt, während er als Einzelperson seiner Sippe verhaftet blieb und unter ihrem Schutz stand. Nachdem er den Sippenschutz hatte aufgeben müssen und als nahezu mittelloser Emigrant in Medina eingetroffen war, erwarteten nicht nur seine Mitemigranten, die Muhāğirūn, sondern auch die inzwischen hinzugekommenen Neugläubigen von Medina (er bezeichnete sie später als Anṣār, »Helfer«), daß er eine Art politische Rolle spielen sollte. Selbst diejenigen Mediner, die noch nicht zum Islam übergetreten waren, und mit ihnen die Juden, drängten ihn zu einer politischen Stellungnahme. Als Außenseiter mit einem bedeutenden eigenen Anhang, den Muhāğirūn, und mit vielen Parteigängern aus den verschiedenen einheimischen Stämmen und Sippen mußte er sich notgedrungen in das etwas verworrene, aus dem Gleichgewicht geratene Kräftespiel des medinischen Gemeinwesens einbeziehen lassen. Daß er die schwierige Aufgabe mit Erfolg gelöst hat, können wir aus dem Endergebnis der Entwicklung ablesen. Mohammed ist schließlich als Alleinherrscher anerkannt worden und hat damit zugleich die Grundlagen für die Errichtung eines zentral geleiteten arabisch-islamischen Reiches geschaffen. Aber im Anfangsstadium war alles noch unsicher. Er mußte behutsam vorgehen.

Es ist hier nicht der Ort, der geschichtlichen Entwicklung genauer nachzugehen. Dafür sind auch die einzelnen Etappen zu ungleichmäßig dokumentiert. Immerhin ist eine vertragliche Abmachung, die sogenannte Gemeindeordnung von Medina, im Wortlaut auf uns gekommen. Sie stammt vermutlich aus der Mitte des 2. Jahres der Hiğra (Ende 623) und dient der Regelung der internen Verhältnisse in dem immer noch im Entstehen begriffenen muslimisch-medinischen Gemeinwesen. Sie läßt uns die Problematik der damaligen Situation deutlich erkennen, wenngleich viele Einzelheiten noch unklar sind und die Einheitlichkeit des Dokuments neuerdings überhaupt in Frage gestellt worden ist. Mohammed hatte sich weitgehend, aber noch nicht endgültig durchgesetzt. Die Sippen und Stämme waren erst teilweise in der höheren Einheit der neuen Gemeinschaft (Umma) aufgegangen. Wenn nicht alles trügt, dokumentiert die Gemeindeordnung ein entwicklungsgeschichtliches Zwischenstadium: Der Organismus einer einheitlichen Umma mit Mohammed als dem Träger der göttlichen Autorität an der Spitze war bereits im Entstehen begriffen, aber noch nicht ausgereift.
Ohne Zweifel haben die kriegerischen Unternehmungen, die zuerst mit Mohammeds Einwilligung, später auf seinen Befehl oder unter seinem persönlichen Kommando durchgeführt wurden, die Stellung des Propheten wesentlich gestärkt. Den ersten großen Prestigegewinn brachte die Schlacht bei Badr ein (März 624). Mohammed konnte es nun schon wagen, einen der großen jüdischen Stämme im Weichbild der Stadt anzugreifen und außer Landes zu verweisen (April 624). Einen (vor der Eroberung von Mekka) letzten großen Machtzuwachs erwirkte der Zug nach Ḥudaibīya, obwohl dieses Unternehmen zu keinem äußeren Erfolg führte, ja nach Ansicht der daran beteiligten Muslime sogar mit einem Mißerfolg endete (628). Zur Zeit des Uḥudkrieges (625) hat der Prophet – vielleicht zum erstenmal – zum Gehorsam gegen Gott und seinen Gesandten aufgefordert (z. B. 8, 46; 47, 33). Nach Ḥudaibīya hatte er das nicht mehr nötig. Er verfügte jetzt über mehr Autorität als irgend ein arabischer Stammesführer. Die Einwohner von Medina und der weiteren Umgebung der Stadt hatten sich unter seiner Führung – zum ersten Mal in der Geschichte – zur religiös-politischen Gemeinschaftsform der Theokratie zusammengeschlossen.

Die »Heuchler«

Während Mohammed in Mekka nur eine kleine Minderheit für seine Lehre hatte gewinnen können, liefen ihm die Einwohner von

Medina in Scharen zu. Schon bald nach der Hiğra war – wenn man von den Juden absieht – ein großer Teil der Bevölkerung zum Islam übergetreten. Die Zahl der Muslime ging in die Hunderte, im Lauf der Jahre sogar in die Tausende. Ein solcher Massenzustrom von Gläubigen hatte natürlich auch seine Nachteile. In vielen Fällen mag der Übertritt zur neuen Religion aus Nützlichkeitsgründen vollzogen worden sein. Oft wird auch das Beispiel einflußreicher Sippen- oder Stammesangehöriger bei den bis dahin noch Unentschiedenen den Ausschlag gegeben haben. Jedenfalls setzte die Annahme des Islam in der Zeit nach der Hiğra ein viel geringeres Maß an Glaubensgewißheit und Opferbereitschaft voraus als in den Jahren, die der Hiğra vorausgingen. Um so größer wurde die Zahl der bloßen Mitläufer.

Der Prophet bekam das bald zu spüren. Neben den Juden, die aus ihrer ablehnenden Haltung keinen Hehl machten, und den wenigen Einheimischen, die ihrem alten heidnischen Glauben treu geblieben waren, stand ihm eine mehr oder weniger geschlossene Gruppe von »Gläubigen« gegenüber, die es vorerst nicht viel weiter als bis zu einem Lippenbekenntnis gebracht hatten. Im Koran wird oft auf sie angespielt. In den frühesten Stellen werden sie als Leute bezeichnet, »die in ihrem Herzen eine Krankheit haben«, später auch als Munāfiqūn, ein Ausdruck, der wohl auf das äthiopische Manāfeq »Zweifler«, »Häretiker«, zurückzuführen ist und meist mit »Heuchler« übersetzt wird. Die koranische Polemik gegen die »Herzkranken« und Munāfiqūn ist fast ebenso heftig wie die gegen die Juden.

Mohammed warf den »Heuchlern« öfters ihre Unehrlichkeit vor. »Sie sagen mit dem Mund, was sie nicht im Herzen haben« (3, 167). »Sie würden Gott gern betrügen . . . Wenn sie sich zum Gebet aufstellen, tun sie es nachlässig, wobei sie von den Leuten gesehen werden wollen. Ihre Gedanken sind kaum einmal auf Gott eingestellt.« (4, 142). »Wenn die Heuchler zu dir kommen, sagen sie: ›Wir bezeugen, daß du der Gesandte Gottes bist‹. Und Gott weiß (ohnehin), daß du sein Gesandter bist. Aber Gott bezeugt, daß die Heuchler lügen.« (63, 1). Unter der geistigen Führung von ʿAbdallāh Ibn Ubai, der in ganz Medina großes Ansehen genoß und trotz seines Übertritts zum Islam dem Propheten und der Partei der eigentlichen Gläubigen jahrelang kühl, wenn nicht mißgünstig gegenüberstand, stellten die »Heuchler« eine politisch beachtliche Bevölkerungsgruppe dar. Mohammed mußte immer mit ihnen rechnen. Geradezu gefährlich wurden sie für ihn dadurch, daß sie mit den »Ungläubigen«, insbesondere mit den Juden, freundschaftliche Beziehungen unterhielten. »Verkünde den Heuchlern, daß sie (dereinst) eine schmerzhafte Strafe zu erwarten haben,* sie, die die Ungläubigen statt der Gläubigen zu Freunden nehmen! Hoffen sie (etwa), bei ihnen Macht (und Ansehen) zu finden? Alle Macht kommt (nur) Gott zu.* ... Gott wird die Heuchler und die Ungläubigen allesamt in der Hölle versammeln.« (4, 138–140). »Ihren ungläubigen Brüdern von den Leuten der Schrift« (gemeint sind wohl die Banū Naḍīr) versprachen sie, sie würden im Fall ihrer Vertreibung mit ihnen wegziehen und im Fall eines Krieges ihnen Hilfe leisten (59, 11). Mohammed hielt ihnen wohl vor, daß das leere Versprechungen seien (59, 12). Trotzdem mußte er sich durch ihre Haltung bedroht fühlen. Im Grabenkrieg (627) zog sich ein Teil von ihnen unter dem Vorwand, ihre Häuser beschützen zu müssen, vom Kampf zurück (33, 13). Es war ihnen aber zuzutrauen, daß sie im Ernstfall mit dem Feind gemeinsame Sache machen würden (33, 14). Kurz zuvor, beim Kriegszug gegen die Banu l-Muṣṭaliq, hatten gewisse »Heuchler« gedroht, wenn man erst wieder in Medina sei, werde die mächtigere Partei die geringere aus der Stadt vertreiben (vgl. 63, 8).

Die hier angeführten koranischen Belege sprechen eine deutliche Sprache. Erst die Vernichtung der Banū Quraiẓa (April 627) scheint die Gefahr, die dem Propheten und seiner Gefolgschaft von seiten der »Heuchler« drohte, gebannt zu haben. Vorher war sie in jeder Krisenzeit sehr ernst zu nehmen. Die Zeitgenossen empfanden das sicher deutlicher als die späteren Historiker, die die geschichtliche Entwicklung von ihrem Endergebnis her beurteilt und Ibn Ubai als einen gehässigen und mißgünstigen Gegner gezeichnet haben, der mit seiner Böswilligkeit dem Propheten wohl Schwierigkeiten machte, aber von vornherein zur Erfolglosigkeit verurteilt war. Jedenfalls aber ging Mohammed aus dem zähen Ringen als Sieger hervor. Mit einer Mischung von Geduld, unbeirrbarer Festigkeit und ehrlicher Entrüstung hat er sich immer wieder mit seinen lauen Glaubensgenossen auseinandergesetzt. Er verstand sich jedoch auch auf die Kunst, abzuwarten und Situationen ausreifen zu lassen. Schließlich löste sich alles in Wohlgefallen auf. In Ḥudaibīya war ʿAbdallāh ibn Ubai, bisher sein gefährlichster Gegenspieler, mit auf seiner Seite. Und als er Ende 630 starb, sprach der Prophet über ihm das Totengebet.

Nach der Hiğra hatte Mohammed zum erstenmal Gelegenheit, mit geschlossenen Bevölkerungsgruppen jüdischen Bekenntnisses Fühlung zu nehmen. Daß es nach einiger Zeit zu einer schweren Auseinandersetzung kam, die schließlich zur Vertreibung bzw. Vernichtung der drei großen jüdischen Stämme von Medina führte, ist schon weiter oben berichtet worden (S. 117 ff.). Im Hinblick auf die späteren Lebensjahre des Propheten ist dem aber noch einiges hinzuzufügen. In diesem Zusammenhang erhebt sich auch die Frage nach der Stellung, die Mohammed in der Zeit nach der Hiğra, insbesondere in den letzten Jahren seines Lebens, den Christen gegenüber eingenommen hat. Beide Problemkreise, die Judenfrage und die Christenfrage, hängen eng zusammen. Der Prophet hatte ursprünglich sowohl das Judentum als auch das Christentum als gleichberechtigte, im wesentlichen identische und mit dem Islam übereinstimmende Religionen anerkannt, wurde dann aber von Juden wie Christen in dieser seiner Voraussetzung enttäuscht und mußte nunmehr versuchen, die tatsächlichen Gegebenheiten mit seinem heilsgeschichtlichen Weltbild in Einklang zu bringen. Im letzten Stadium der Entwicklung hat er denn auch zu beiden Religionsgemeinschaften in ganz ähnlicher Weise Stellung genommen. Im einzelnen sind jedoch auch wieder Unterschiede festzustellen. Deshalb empfiehlt es sich, Mohammeds Verhalten zu den Juden (vor allem nach der Ausrottung der Banū Quraiẓa) und zu den Christen (seit der Hiğra) je für sich zu betrachten.

Die Banū Quraiẓa waren – um mit den Juden zu beginnen – im Anschluß an den Grabenkrieg (627) massakriert worden, weil sie im Gemeinwesen von Medina einen Fremdkörper darstellten und bei nächster Gelegenheit wieder zu einem Gefahrenherd hätten werden können. Die Judenfrage als solche war damit noch nicht endgültig geklärt. Vermutlich lebte weiterhin eine Anzahl von Angehörigen der jüdischen Glaubensgemeinschaft in einer Art Diaspora unter den arabischen Stämmen und Sippen der Stadt. Außerdem gab es immer noch geschlossene jüdische Siedlungen in einigen im Norden gelegenen Oasen. In Ḫaibar, der wichtigsten dieser Oasen, waren seinerzeit die vertriebenen Banū Naḍīr untergekommen (625). Sie hatten in der Folgezeit begreiflicherweise gegen den Propheten intrigiert und sich mittelbar auch an der Koalition beteiligt, die 627 zur Belagerung von Medina führte.

Bald nach der Rückkehr von Ḥudaibīya brach Mohammed zum Kriegszug gegen Ḫaibar auf. Die verschiedenen jüdischen Burgen der Oase wurden nacheinander genommen, blieben dann aber – und das ist wichtig – mitsamt den ausgedehnten Landgütern ihren bisherigen Eigentümern überlassen mit der Auflage, daß sie künftig die Hälfte des Ernteertrags an die Muslime abzuführen hätten. Unter ähnlichen Bedingungen nahm Mohammed die Unterwerfung der jüdischen Siedlungen von Fadak, Wādi l-Qurā und Taimā' an. Damit war ein Weg gefunden, um eine weitere Koexistenz von Muslimen und Juden zu ermöglichen. Die Juden wurden (anders als wenige Jahre zuvor die Banū Quraiẓa) am Leben gelassen. Sie brauchten weder auszuwandern noch ihrem Glauben abzuschwören, mußten sich aber zu einer beträchtlichen, von Ernte zu Ernte wiederkehrenden Naturalleistung verpflichten.

In dem Abkommen mit Taimā' taucht in diesem Zusammenhang das Wort ǧizya auf, das später zum terminus technicus für die Kopfsteuer der den Muslimen unterworfenen »Leute der Schrift« werden sollte und übrigens auch schon Sure 9, 29 in diesem Sinne verwendet wird (s. u.).

Den Christen gegenüber war Mohammed noch lange nach der Hiǧra freundlicher gesinnt als den Juden. Das lag zum Teil daran, daß die Christen in Medina sicher nur schwach vertreten waren und deshalb keinesfalls zu einer politischen Gefahr werden konnten. Auch hatte der Prophet anscheinend noch keine Gelegenheit zur Unterhaltung mit theologisch gebildeten Vertretern des christlichen Glaubens gehabt. Sonst wäre aus der Unterhaltung leicht ein Streitgespräch geworden. Kurzum, er war – man kann fast sagen – des Lobes der Christen voll. »Du wirst bestimmt finden, daß die Juden und Heiden gegen die Gläubigen am feindseligsten eingestellt sind, daß aber diejenigen, die sich als Christen (Naṣārā) bezeichnen, ihnen in Liebe am nächsten stehen . . .« (5, 82; vgl. die beiden nächsten Verse). Mit der Zeit hat Mohammed aber doch auch zu Einzelheiten der christlichen Lehre kritisch Stellung genommen, teilweise in scharfer Form. Zusammenfassend (und vergröbernd) könnte man etwa sagen, daß er die Juden wegen ihrer Unbotmäßigkeit gegen Gott und aus anderen Gründen *moralisch* verurteilt, zuweilen vielleicht auch verachtet und gehaßt hat, daß er dagegen die Christen mehr wegen gewisser *dogmatischer* Behauptungen und Fehlschlüsse rügen zu müssen glaubte. Wir haben dabei weniger an seine Polemik gegen den Kreuzestod Jesu zu denken, da die betreffende Stelle (4, 157) eher gegen die Juden als gegen die Christen gerichtet ist, als vielmehr an die Ablehnung der Lehre von der Göttlichkeit und Gottessohnschaft Jesu. Nach Sure 5, 116 bestreitet Jesus, nachdem ihn Gott mitsamt seiner Mutter (vgl. 5, 17) lebendig zu sich genommen hat, zu den Menschen gesagt zu haben, sie sollen sich ihn und seine Mutter an Gottes statt zu Göttern nehmen. Mohammed fordert seinerseits die

Christen auf, nicht von Trinität zu sprechen (4, 171). Die Lehre von der Gottessohnschaft Jesu wird mit derselben Begründung abgelehnt wie die heidnische Vorstellung von den Töchtern Allāhs: Gott war immer darüber erhaben, sich Kinder zu nehmen (19, 34f.).

In Sure 9, 29–33 wird schließlich die Kampfansage an die Christen (und Juden) in aller Schärfe formuliert – die kriegerischen Auseinandersetzungen mit christlichen Stämmen und Truppenkontingenten im byzantinischen Grenzgebiet (seit 629) mögen den Ton dieser Offenbarung mitbestimmt haben. Sie lautet: »Kämpft gegen diejenigen, die nicht an Gott und den jüngsten Tag glauben und nicht für verboten erklären, was Gott und sein Gesandter für verboten erklärt haben, und nicht der wahren Religion angehören, – von denen, denen die Schrift gegeben worden ist, – (kämpft gegen sie) bis sie kleinlaut aus der Hand (d. h. für jede Person?, oder: willig?) Tribut entrichten! * Die Juden sagen: ʿUzair (d. h. Esra) ist der Sohn Gottes. Und die Christen sagen: Christus ist der Sohn Gottes. Das sagen sie nur so obenhin, und gleichen damit denen, die schon früher ungläubig waren. Diese gottverfluchten (Leute) (wörtlich: Gott bekämpfe sie)! * Sie haben sich ihre Gelehrten (aḥbār) und Mönche an Gottes Statt zu Herren genommen, und Christus, den Sohn der Maria, wo ihnen doch nur befohlen worden ist, sie sollen einen einzigen Gott verehren, außer dem es keinen Gott gibt. Gepriesen sei er! (Er ist erhaben) über das, was sie (ihm) beigesellen. * Sie wollen das Licht Gottes ausblasen (?) (wörtlich: mit ihrem Mund auslöschen). Aber Gott will sein Licht unbedingt in seiner ganzen Helligkeit erstrahlen lassen – auch wenn es den Ungläubigen zuwider ist. * Er ist es, der seinen Gesandten mit der Rechtleitung und der wahren Religion gesandt hat, um ihr zum Sieg zu verhelfen über alles, was es (sonst) an Religion gibt, – auch wenn es den Heiden zuwider ist.«

Der Text gibt an einigen Stellen zu Fragen Anlaß. Vor allem ist nicht sicher, ob der einleitende Vers 29 mit dem folgenden organisch zusammenhängt. Auch könnte der Passus »von denen, denen die Schrift gegeben worden ist« erst nachträglich eingefügt worden sein. Wenn man jedoch, was nahe liegt, das Ganze als durchgehende Einheit betrachtet und alle Emendationsversuche auf sich beruhen läßt, muß man eben annehmen, daß Mohammed den Unglauben der »Leute der Schrift« in vergröbernder Weise dem der Heiden gleichgesetzt hat. Im übrigen werden Juden und Christen in derselben Kategorie zusammengefaßt, nämlich als »Leute der Schrift«, die durch ihre Irrlehren ungläubig, ja geradezu heidnisch geworden sind. Die Juden haben Esra (!), die Christen Christus zum Sohn Gottes erklärt. Jene haben ihre Gelehrten, diese ihre

Mönche und Christus, den Sohn der Maria, sich zu Herren genommen, anstatt Gott allein zu verehren, wie ihnen befohlen worden war. Deshalb sollen sie so lange bekämpft werden, bis sie die Herrschaft des Islam anerkennen und unterwürfig ihre Abgabe entrichten. Noch zu Lebzeiten des Propheten ist nach dieser grundsätzlichen Regelung verfahren worden. Nach seinem Tod aber blieb sie maßgebend für die Behandlung der Hunderttausenden von Christen und Juden, die in den von den arabischen Heeren eroberten Ländern ansässig waren und nunmehr ihren Glauben und Kultus aufrecht erhalten konnten, sofern sie sich dazu bereit fanden, an ihre neuen, muslimischen Herren eine besondere Untertanensteuer zu bezahlen.

Die Beduinenstämme

Die Kämpfe gegen die jüdischen Kolonien von Medina und Ḫaibar sowie gegen die Quraišiten von Mekka haben unter den kriegerischen Unternehmungen, die von Mohammed und den Seinen in den Jahren nach der Hiǧra durchgeführt worden sind, die größte historische Bedeutung. Die einzelnen Etappen in der Kriegführung mit Mekka waren zugleich wichtige Abschnitte in dem Entwicklungsprozeß, den das junge islamische Gemeinwesen durchzumachen hatte, um seine Selbständigkeit und seinen Fortbestand zu sichern. Man darf aber darüber nicht die vielen kriegerischen Unternehmungen vergessen, die in all den Jahren sozusagen nebenher liefen, und die zum weitaus größten Teil gegen Beduinen, d. h. also gegen Bevölkerungsgruppen mit nomadischer Lebensweise, gerichtet waren. Diese Unternehmungen gegen Beduinenstämme reihen sich, wenn man sie in ihrer Gesamtfolge überblickt, ebenfalls in den Entwicklungsprozeß ein, der die islamische Gemeinde zu einem überragenden, weit ausgreifenden politischen Machtgebilde hat wachsen und reifen lassen. Wenn man sie aber je für sich allein betrachtet, treten die Eigenheiten der beduinischen Lebensform meist so sehr in den Vordergrund, daß von einem »heiligen Krieg«, wie er eigentlich von seiten der Muslime hätte geführt werden müssen, so gut wie nichts übrig bleibt. Kein Wunder, daß sie trotz ihrer großen Zahl (Wāqidī zählt insgesamt 74 Feldzüge) im Koran nur wenig Spuren hinterlassen haben.
Für den Historiker ist es ungemein schwierig, sich in dem Wirrwarr der Berichte über die einzelnen Expeditionen zurechtzufinden, das Wesentliche vom Unwesentlichen zu scheiden und dem Gang der Entwicklung auf die Spur zu kommen. Das liegt zum Teil

an der Art und Weise, in der die Geschehnisse uns überliefert sind. Ibn Hišām und Ṭabarī, besonders aber Wāqidī und Ibn Saʿd stellen jeweils das Material einer Einzelunternehmung zusammen, ohne weiter nach der Bedeutung zu fragen, die ihr im Rahmen des Gesamtgeschehens zukommt. Sie schreiben nicht eigentlich Geschichte, nämlich die Geschichte Mohammeds oder des werdenden arabisch-islamischen Gemeinwesens, sondern reihen Geschehnisse aneinander, die sich zu Lebzeiten Mohammeds von Fall zu Fall abgespielt haben, wobei sie allerdings bemüht sind, die Katalogisierung der Ereignisse nach chronologischen Gesichtspunkten vorzunehmen. Doch ist die Schwierigkeit auch in der Sache selber begründet. Was im Lauf der Jahre zwischen Mohammed und den Beduinen vorgefallen ist, läßt sich deshalb so schwer übersehen und unter einheitlichen Gesichtspunkten zusammenfassen, weil sehr oft Zufälle und günstige oder ungünstige Gelegenheiten das Gesetz des Handelns vorgeschrieben haben. Improvisationen spielten dabei eine große Rolle. Meist ging es nur darum, eine augenblickliche Situation geschickt auszunützen. Der Prophet mußte von Fall zu Fall mit den verschiedenen partikularistisch eingestellten, auf ihre Handlungsfreiheit bedachten Beduinengruppen und -grüppchen zurechtzukommen und sich nicht selten mit Verlegenheitslösungen zufriedenzugeben, um wenigstens das Gesicht zu wahren. Wenn das Ganze doch im Sinn einer historischen Entwicklung abgelaufen ist, darf man nicht einen groß angelegten Plan dahinter suchen. Man könnte eher von einer Art historischem Gravitationsgesetz sprechen. Der Einfluß, den Mohammed hie und da im beduinischen Milieu gewinnen konnte, gab dem von ihm geführten Stadtstaat von Medina mehr und mehr Gewicht, worauf immer weitere Stämme und Stammesgruppen von dem neuen Kräftefeld angezogen wurden und ihrerseits einen politischen oder auch religiösen Anschluß für vorteilhaft hielten. Damit soll keineswegs bestritten werden, daß bei alledem Mohammeds unbeirrbares Sendungsbewußtsein mit im Spiel war und eine weitreichende und nachhaltige Wirkung ausgestrahlt hat.

Der Gang der Entwicklung kann hier nicht nachgezeichnet werden, sei es auch nur mit groben Strichen. Die ungeheure Stoffmasse bleibt selbst bei einer so sachgemäßen und straffen Aufgliederung, wie W. Montgomery Watt sie in »Muhammed at Medina« vorgenommen hat, noch erdrückend genug. Nur auf einige Gesichtspunkte allgemeiner Art soll kurz hingewiesen werden.

Zuerst hat Mohammed begreiflicherweise mit beduinischen Einheiten Fühlung aufgenommen, deren Weidegebiete in der näheren Umgebung von Medina lagen. Unter ihnen scheint er verhältnismä-

ßig früh Fuß gefaßt zu haben. Als er die Kreise weiter zog, bekam er im Hinterland von Mekka stärkeren Widerstand zu spüren. Seiner Einflußnahme war hier durch die mit den Quraišiten verbündeten Stämme ein Riegel vorgeschoben. Im Krieg mit Mekka spielten dann beduinische Kontingente auf beiden Seiten immer eine wichtige Rolle. Die Mekkaner hätten die Belagerung von Medina (627, Grabenkrieg) ohne Beteiligung von Beduinenstämmen unmöglich durchführen können. Umgekehrt bedurfte Mohammed beim Zug nach Ḥudaibīya der Unterstützung durch seine beduinischen Verbündeten. Die Eroberung von Mekka wurde nicht zuletzt dadurch ermöglicht, daß er die meisten Beduineneinheiten des Vorfelds auf seine Seite hatte ziehen können.
Je weiter sich die Kreise der Expansionsbewegung zogen, um so weniger führten kriegerische Mittel zum Ziel. An ihre Stelle traten die Mittel des mündlichen Verhandelns und der Propaganda. Besonders in den späteren Jahren trafen Abordnungen von zum Teil weit entfernten Stämmen in Medina ein, um ihren Anschluß an die islamische Umma anzubieten, oder auch nur zu dem Zweck, genauere Erkundigungen einzuziehen. Nach der Eroberung von Mekka wurde das so zur Regel, daß man das Jahr 9 der Hiǧra (April 630 bis April 631) später allgemein als das »Jahr der Abordnungen« bezeichnet hat. Größere kriegerische Unternehmungen wurden nur noch im byzantinischen Grenzgebiet durchgeführt. Öfters begaben sich auch umgekehrt muslimische Abordnungen in entfernte Stämme, um dort eine Art Katechumenenunterricht zu geben, wie das seinerzeit Muṣʿab ibn ʿUmair von Mekka aus in Medina gemacht hatte. Ein solcher Auftrag war allerdings nicht immer ungefährlich. Im Sommer 625 fiel eine derartige aus sechs Gläubigen bestehende Mission, die in Medina eigens angefordert worden war, unterwegs einem verräterischen Überfall zum Opfer. Vier wurden niedergemacht, die beiden übrigen gefangen genommen, an zwei Mekkaner verkauft und von diesen zur Rache für ihre bei Badr gefallenen Väter hingerichtet.
Vom Glaubenseifer der zum Islam übergetretenen Beduinen hat Mohammed – sicher mit Recht – keine hohe Meinung gehabt. In Sure 49, 14 heißt es: »Die Beduinen sagen: ›Wir sind gläubig‹. Sag: Ihr seid nicht (wirklich) gläubig. Sagt lieber: ›Wir haben den Islam angenommen‹. Der Glaube ist euch noch nicht ins Herz eingegangen.« Immerhin sind damit regelrechte Muslime gemeint. Wir haben aber Grund zu der Annahme, daß in etlichen Stämmen der Islam nur als eine politische Macht anerkannt worden ist, ohne daß ein Übertritt zur islamischen Religion vollzogen worden wäre, und daß Mohammed sich mit einer so minimalen Sympathieerklärung

zufriedengegeben hat. So begnügte er sich zuweilen mit den Wirkungsmöglichkeiten, die durch die bloße Kontaktaufnahme gegeben waren. Das Weitere konnte er um so eher der Zukunft überlassen, als er überzeugt war, daß der von ihm verkündeten Religion der Endsieg zufallen würde. Schließlich sind ja dann auch Stämme in so fernen Außenbezirken wie Baḥrain und ʿUmān noch zu seinen Lebzeiten in den Sog der neuen Bewegung gekommen.
Wenn der Prophet auch bereit war, bei einer ersten Kontaktaufnahme mit Vertretern von Beduinenstämmen weitgehende Zurückhaltung zu üben, so hatte er doch ganz bestimmte Forderungen zu stellen, sobald ein regelrechter Übertritt zum Islam in Frage kam. Selbstverständlich mußte der bisherige Götzendienst aufgegeben und Mohammed als Gesandter Gottes anerkannt werden. Der Verpflichtung auf den Gehorsam gegen Gott und seinen Gesandten entsprach als Gegenleistung die Schutzgarantie (ḏimma, amān) von seiten der islamischen Umma. Zwei weitere Pflichten scheinen vielen Neubekehrten weniger genehm gewesen zu sein: die Pflicht des gottesdienstlichen Gebets (ṣalāt) und die der Almosensteuer (zakāt, gelegentlich auch als ṣadāqa bezeichnet). In den entsprechenden Verträgen werden sie, vielleicht gerade deswegen, mit besonderer Betonung aufgeführt.
Man kann sich vorstellen, daß die undisziplinierten Beduinen es als eine starke Zumutung empfunden haben, sich den täglichen Gebetsexerzitien unterwerfen zu müssen. Aber Mohammed konnte nicht darauf verzichten. Die Ṣalāt kommt in der Reihenfolge der religiösen Pflichten des Islam unmittelbar hinter dem Glaubensbekenntnis (das als Haupt- und Kernstück natürlich an der Spitze stehen muß). Ebensowenig konnte der Prophet den Beduinen die Entrichtung der Almosensteuer erlassen. Ursprünglich waren zwar die Mittel zur Unterstützung von Armen und Notleidenden aus freiwilligen Beiträgen einzelner Gemeindeglieder aufgebracht worden. Aber allmählich war daraus eine regelrechte Pflicht geworden, zumal der Kreis der Unterstützungsbedürftigen nach der Hiǧra bedeutend angewachsen war und schließlich auch die Ausgaben »auf dem Weg Gottes« (vgl. 9, 60), d.h. für die Kriegführung, irgendwie auf die Allgemeinheit umgelegt werden mußten, soweit die Einnahmen aus der Kriegsbeute nicht dazu ausreichten. So war die Verpflichtung der Neubekehrten auf die Zakāt unumgänglich. Die Beduinenstämme, die zum Islam übergetreten waren, mußten sich sogar darauf gefaßt machen, alljährlich, wenn die Zakāt fällig war, von einem Agenten (ʿāmil) Mohammeds aufgesucht zu werden, der im Grunde genommen nichts anderes war als ein Steuereintreiber. Man kann es ihnen nicht verdenken, daß sie bei ihrem

Übertritt eine solche Verpflichtung besonders ungern in Kauf genommen haben. Und man braucht sich nicht darüber zu wundern, daß in der großen Abfallbewegung (ridda), die nach Mohammeds Tod unter den Beduinen Zentralarabiens einsetzte, gerade die Frage der Weiterzahlung der Zakāt zu einem wichtigen Streitpunkt geworden ist.

Die Abschiedswallfahrt

Das »Jahr der Abordnungen« scheint der immer noch im Entstehen begriffenen arabisch-islamischen Umma einen gewaltigen Zuwachs an Macht und Ansehen eingebracht zu haben. Als es zu Ende ging, konnte Mohammed es wagen, die bis dahin heidnisch gebliebenen Araber, die ihm nunmehr nur noch einen passiven Widerstand entgegenzusetzen hatten, durch massive Drohungen einzuschüchtern und damit schließlich zum Einlenken zu zwingen. Während der Wallfahrt (März 631) sagte er ihnen in aller Form den Kampf an, allerdings nicht persönlich, da er selber, ebenso wie im Vorjahr, noch nicht an der sogenannten Großen Wallfahrt, dem Ḥağğ, teilnahm. Die Proklamation wurde von einem eigens damit beauftragten Vertrauensmann – angeblich war es Mohammeds Schwiegersohn ʿAlī, der nachmalige vierte Kalif – vor versammelter Menge verlesen.
Leider läßt sich der Wortlaut nicht mehr mit Sicherheit ausmachen. Er ist zwar, zum mindesten teilweise, in Sure 9, 1–37 enthalten. Dieser ganze Abschnitt weist aber viel Unstimmigkeiten auf, und wir müssen deshalb annehmen, daß er aus verschiedenen heterogenen Teilen zusammengesetzt oder zusammengewachsen ist. Bezeichnenderweise steht die im einzelnen ebenfalls zweifelhafte Kampfansage an die »Leute der Schrift« (9, 29, siehe oben S. 142f.) im gleichen Zusammenhang. Die bisherigen Versuche, die Widersprüche des Textes aufzuhellen und die einzelnen Teilstücke chronologisch zu ordnen, haben noch nicht zu einem wirklich befriedigenden Ergebnis geführt. Immerhin sind folgende Verse (oder Teile von Versen) ohne weiteres klar und lassen sich, solange nicht das Gegenteil bewiesen ist, am besten eben auf die Wallfahrt des Jahres 631 beziehen: Vers 28: »Ihr Gläubigen! Die Heiden sind ausgesprochen unrein. Daher sollen sie der heiligen Gebetsstätte nach diesem ihrem Jahr (d. h. nachdem sie dieses Jahr noch da waren) nicht (mehr) nahekommen. Und wenn ihr etwa fürchtet, (deswegen) zu verarmen, so wird euch Gott durch seine

Huld (auf andere Weise) reich machen, wenn er will. Gott weiß Bescheid und ist weise.« (Der zweite Teil des Verses richtet sich speziell an die Mekkaner, die fürchten mußten, daß ihr bisheriger Wohlstand durch das hier angekündigte Zuzugsverbot für heidnische Pilger stark beeinträchtigt werden würde.) Vers 3 a: »Eine Ansage von seiten Gottes und seines Gesandten an die Leute (allesamt, veröffentlicht) am Tag der Großen Wallfahrt des Inhalts, das Gott der Heiden ledig ist (d. h. ihnen keinen Schutz mehr gewährt), (er) und sein Gesandter.« Vers 5: »Wenn nun die heiligen Monate abgelaufen sind, dann tötet die Heiden, wo (immer) ihr sie findet, greift sie, umzingelt sie und lauert ihnen überall auf! Wenn sie sich aber bekehren, das Gebet verrichten und die Almosensteuer geben, dann laßt sie ihres Weges ziehen! Gott ist barmherzig und bereit zu vergeben.«

Die Proklamation war in einem scharfen Ton abgefaßt, gab aber gleichzeitig zu erkennen, daß die Feindseligkeiten eingestellt werden sollten, sobald die Heiden sich doch noch eines Bessern besinnen würden. Dementsprechend hat sie auch gewirkt. Es kam keineswegs zu einem Heidenpogrom. In der Überlieferung findet sich keine Spur davon. Wohl aber scheinen die Heiden, soweit sie im Ausstrahlungsbereich der islamischen Umma lebten, unter dem Druck der Proklamation wie der allgemeinen Lage, die sich immer mehr zu ihren Ungunsten verschob, eingelenkt und – zum mindestens äußerlich – den Islam angenommen zu haben. Im besonderen gilt das natürlich für diejenigen, die auch weiterhin an der Wallfahrt teilzunehmen gedachten.

Als der Prophet im folgenden Jahr selber die Wallfahrt nach Mekka machte (März 632) – sie sollte zu seiner »Abschiedswallfahrt« werden, denn ein Vierteljahr darauf hat er für immer die Augen geschlossen –, war der Erfolg, wie erwartet, eingetreten. Das ursprünglich heidnische Fest wurde, nachdem es schon vor Jahren mit Hilfe der Abrahamlegende ideologisch seines polytheistischen Charakters entkleidet worden war, zum erstenmal ausschließlich von Pilgern gefeiert, die sich zur monotheistischen Religion des Islam bekannten. Mohammed übernahm im gesamten Zeremoniell die Führung. Die arabischen Überlieferer und Historiker haben sich nachträglich alle Mühe gegeben, diese von ihm persönlich geleitete Feier in den Einzelheiten festzuhalten – zur Erinnerung an seine letzte bedeutende Amtshandlung und zugleich zum Vorbild für die kommenden Generationen. Wir brauchen nicht allen ihren bis ins kleinste gehenden Angaben Glauben zu schenken, können aber annehmen, daß die Wallfahrtszeremonien so, wie sie im islamischen Gesetz vorgeschrieben sind, im großen und ganzen schon damals vom Propheten begangen worden sind. Der Ḥağğ ist seither ein rein islamisches Fest.

Die Person des Propheten

Mohammed war im Grund seines Wesens ein religiöser Mensch. In seiner Religiosität liegt der Schlüssel zum Verständnis seiner Persönlichkeit. Aber eine so eigenartige, zeit- und umweltbedingte geschichtliche Erscheinung läßt sich natürlich nie voll und ganz erfassen. Ein letzter Rest wird immer rätselhaft bleiben. Wenn im folgenden zu einigen umstrittenen Seiten von Mohammeds Persönlichkeit und Charakter Stellung genommen wird, geschieht das wohl in der ehrlichen Absicht, dem arabischen Propheten möglichst gerecht zu werden, zugleich aber in der Überzeugung, daß all unser Erkennen Stückwerk bleibt und zu einem guten Teil subjektiv bedingt ist. Jeder Historiker tritt eben mit den Grundanschauungen, die ihm und seiner Zeit eigen sind, und unter den Gesichtspunkten, die er für besonders wichtig und aufschlußreich hält, an den Gegenstand seiner Untersuchung heran.

Die Wahrhaftigkeit des Propheten

Der Vorwurf der Unehrlichkeit, der jahrhundertelang bis herunter in die neueste Zeit immer wieder mit mehr oder weniger Entrüstung gegen den Propheten erhoben worden ist, läßt sich verhältnismäßig leicht entkräften. Mohammed war kein Betrüger. Unsereinem mag es merkwürdig und widerspruchsvoll vorkommen, wenn jemand von irgendwelchen Gewährsmännern ausländischer Herkunft über Geschehnisse der Vorzeit unterrichtet wird, diese Geschehnisse nachträglich in der Landessprache zwar neu formuliert, aber im Grund genommen eben doch nur nachbildet und daraufhin behauptet, der Wortlaut – und mit ihm die Sache – sei ihm von Gott als Offenbarung eingegeben worden. Der arabische Prophet hat aber an diesem Sachverhalt keinen Anstoß genommen. Er war vielmehr ehrlich überzeugt, in seinen Verkündigungen lauter echte Offenbarungen zu übermitteln. Er war seiner Sache sogar so sicher, daß er den Einwand seiner Gegner, er lasse sich von einem ausländischen Gewährsmann unterrichten, mit eigenen Worten aufgriff und in einem polemischen Offenbarungsspruch sozusagen verewigte, die Sache also eher bestätigte als widerlegte. Nach dem, was im Kapitel über Mohammeds Sendungsbewußtsein über diesen Punkt ausgeführt worden ist (S. 63ff.), braucht hier nicht mehr näher darauf eingegangen zu werden. Wir müssen dem

Propheten als Übermittler von Offenbarungen die subjektive Ehrlichkeit zuerkennen.

Ob er es sich im Lauf der Zeit mit dem Offenbarungsempfang (wenn wir diesen Ausdruck benützen dürfen) nicht gelegentlich zu leicht gemacht hat, ist eine andere Frage. Auch dieser Punkt ist bereits zur Sprache gekommen (S. 65 ff.). Wir können damit rechnen, daß der von ʿĀ'iša überlieferte Ausspruch »Gott hat es eilig, dir deinen Willen zu tun« tatsächlich einmal gefallen ist, und zwar im Hinblick auf einen Offenbarungsspruch, der für den Propheten hinsichtlich der Frauen gewisse Sonderrechte festlegte (33, 50f.). Wir können weiter als sicher annehmen, daß Mohammed in schwierigen Situationen auf eine entsprechende Offenbarung geradezu gewartet hat. Und wir tun dem historischen Sachverhalt kaum Gewalt an, wenn wir vermuten, daß in solchen Fällen seine eigenen Gedanken und wohl auch seine eigenen Neigungen und Wünsche in seinem Unterbewußtsein wirksam geworden sind und so den Inhalt der betreffenden Offenbarung, die zuerst erwartet wurde und schließlich auch eintrat, mit bestimmt haben. Aber wieder ist es Mohammed selber, der unsere Bedenken entschärft und entkräftet, indem er – ein Zeichen für sein gutes Gewissen – von sich aus in Offenbarungstexten auf die Möglichkeit einer Selbsttäuschung eingeht (17, 73f.; 22, 52). Die Gefahr der Selbsttäuschung oder, wie er sich ausdrückt, der Beeinflussung durch den Teufel mag seiner Meinung nach hin und wieder tatsächlich vorgelegen haben; aber in der letzten Phase der Entwicklung hat sich jedesmal Gott eingeschaltet und für die richtige und endgültige Formulierung Sorge getragen. Deshalb läßt sich der Verdacht, Mohammed habe gelegentlich eine Offenbarung bewußt und absichtlich zur Sanktionierung eigener Ansichten und zur Verwirklichung persönlicher Wünsche mißbraucht, ebenfalls nicht aufrecht erhalten.

Der Begriff der Ehrlichkeit oder Wahrhaftigkeit läßt sich nun allerdings auch noch in einem weiteren Sinn fassen. Wir denken dabei an die Frage – und sie ist in der Tat oft und ernsthaft gestellt worden –, ob nicht Mohammed der prophetischen Sendung, auf die er sich während seines Aufenthalts in Mekka mit dem ganzen Gewicht seiner Persönlichkeit verlegt hatte, nach seiner Emigration nach Medina untreu geworden ist, mit anderen Worten, ob nicht mit den in Medina gegebenen Möglichkeiten einer staatsmännischen Betätigung der wahre Kern von Mohammeds Natur zum Durchbruch gekommen ist. Man müßte dann annehmen, daß das prophetische Sendungsbewußtsein, das er in Medina zur Schau trug, nicht echt und in der Tiefe seines Wesens verwurzelt war.

Als Leiter des muslimischen Gemeinwesens von Medina zeigt sich uns Mohammed in der Tat in einem anderen Licht als in der Zeit vor der Hiğra. Aus einem eindringlichen Prediger von Gottes Güte und Allmacht, einem enthusiastischen Verkünder des kommenden Gerichts und dem Anführer einer bedrängten religiösen Minderheit war sozusagen über Nacht eine politisch bedeutende, auch außerhalb seiner Gemeinde geachtete und gefürchtete Persönlichkeit geworden. An Stelle der rein ideologischen Auseinandersetzung mit den Gegnern trat nun auch das Mittel der Kriegführung, gelegentlich sogar das des politischen Mordes (s. u.). Die Einehe mit Ḫadīğa, die für die mekkanische Periode kennzeichnend gewesen war, wurde in Medina im Lauf der Zeit von einer regelrechten Haremswirtschaft abgelöst (s. u.). Man muß schon den Dingen auf den Grund gehen, um verstehen zu können, daß Mohammed sich trotz alledem in seinem Wesen nicht geändert hat, und daß er auch in der neuen Umgebung seiner prophetischen Sendung treu geblieben ist.

Vor allem dürfen wir als Historiker nicht in den Fehler verfallen, den arabischen Propheten an dem uns vertrauten Vorbild Jesu zu messen, der von sich sagte, daß sein Reich nicht von dieser Welt sei. Mohammed hat in einem gesellschaftlichen Gefüge gelebt, in dem der einzelne sich noch in ein einheitliches, allumfassendes Gemeinschaftsleben einbezogen wußte. In Mekka war der Bereich der Religion nicht, wie in der Welt des Urchristentums, aus demjenigen der Staatlichkeit ausgeklammert. Daher hatte der Prophet auch keinen Grund, einem introvertierten religiösen Individualismus das Wort zu reden und »dem Kaiser zu geben, was des Kaisers ist«. Nur notgedrungen nahm er es in Kauf, daß seine Anhängerschaft viele Jahre lang auf eine Minderheit beschränkt blieb. Der erhoffte Erfolg war eben bis dahin nicht eingetreten. Mit der Emigration nach Medina eröffnete sich ihm zum erstenmal die Möglichkeit, seine Gefolgsleute in einer geschlossenen und unabhängigen Einheit zusammenzufassen. Von da ab folgte fast zwangsläufig ein Schritt auf den andern, bis schließlich die umfassende arabisch-islamische Umma Wirklichkeit geworden war. Mohammed war bei alledem keineswegs von Machthunger getrieben. Im Gegenteil. Auch für die größten militärischen und politischen Erfolge hat er, wie wir feststellen konnten (S. 134), in tiefer Demut Gott allein die Ehre gegeben. In seiner Grundhaltung hatte sich nichts geändert. Sein Sendungsbewußtsein war gleich geblieben wie, wir möchten sagen, in der guten alten Zeit, – er selber hätte vielleicht eher gesagt: wie in der bösen alten Zeit.

Was unsereinem bei der Betrachtung der Geschichte Mohammeds besonders mißfallen mag, ist die Tatsache, daß der Prophet in der Auseinandersetzung mit den Ungläubigen bald nach der Emigration nach Medina auch zu den Mitteln des Krieges gegriffen hat, und daß der Krieg um des Glaubens willen oder, wie es auf arabisch heißt, »das Sich-Abmühen auf dem Weg Gottes« (al-ǧihād fī sabīli llāh) an mehreren Stellen des Korans den Gläubigern geradezu zur Pflicht gemacht wird. Wir gehen, wenn wir dies mißbilligen, von der Voraussetzung aus, daß bei der Entscheidung von Glaubensfragen auf Gewaltanwendung verzichtet werden müsse, und können uns sogar auf den islamischen Grundsatz berufen, daß im Glauben kein Zwang ausgeübt werden dürfe. Eigentlich hätte sich Mohammed, so meinen wir wohl, in seiner weiteren Missionsarbeit auf die alleinige Kraft seines Glaubens verlassen müssen, wie etwa die christlichen Einsiedler, die sich aus dem Kulturland in die Syrische Wüste zurückgezogen hatten und durch ihre vorbildliche Frömmigkeit auf die in der Umgegend zeltenden Araber eine starke Wirkung ausübten, oder wie die zeitgenössischen arabischen Ḥanīfen, jene ernsten Gottsucher, die an dem heidnischen Glauben ihrer Väter irre geworden waren und sich zu einem höheren Glauben durchgefunden hatten. Das sind aber mehr oder weniger müßige Spekulationen. Wir müssen auf dem Boden des historischen Sachverhalts bleiben und versuchen, die unumstößliche Tatsache, daß Mohammed die Kriegführung in den Dienst seiner Sache gestellt hat, irgendwie zu verstehen.
Gewiß, Mohammed hätte ein Ḥanīf werden können. Er hätte dann nicht das Odium auf sich nehmen müssen, seinen Glauben mit Waffengewalt zu propagieren. In Wirklichkeit vertrat er nun aber gerade nicht den Typus jener individualistischen Gottsucher, die nur auf ihr eigenes Seelenheil aus waren. Mohammeds Größe und Einmaligkeit zeigt sich eben darin, daß er sich immer der menschlichen Gemeinschaft, der er angehörte, verbunden fühlte und auf sie einzuwirken bestrebt war. Nachdem er sich selber erst einmal zur Erkenntnis der göttlichen Wahrheit durchgerungen hatte, glaubte er sich verpflichtet, auch seine mekkanischen Landsleute und darüber hinaus alle Araber auf den Weg des Heils zu führen. Als echter, kollektiv empfindender Araber blieb er den ungeschriebenen Gesetzen jener Gemeinschaft unterworfen, in die er hineingeboren war. In Mekka hat er sich als Glied seiner Sippe und seines Stammes gefühlt. Als er durch die Hiǧra, die »Lossagung«, aus seinem natürlichen Verband ausgeschieden war, schloß er an seiner

neuen Wirkungsstätte die mit ihm emigrierten mekkanischen Glaubensgenossen und die für den Islam gewonnenen Mediner zu einem neuen Verband, dem der islamischen Umma, zusammen. Dieser hatte mit denselben Mitteln wie die arabischen Stämme und Stammverbände um seinen Bestand zu kämpfen. Raubzüge und kriegerische Unternehmungen auf Kosten fremder Einheiten galten aber in dem genannten Milieu als durchaus normale Begleiterscheinungen des Daseins. Sie schienen geradezu lebensnotwendig zu sein. So ist das neugeschaffene muslimische Gemeinwesen von Medina zwangsläufig in die Rolle einer politisch-kämpferischen Machtgruppe hineingewachsen. Man wird dem Propheten unter diesen Umständen kaum einen Vorwurf daraus machen dürfen, daß er hin und wieder eine Expedition auf Raub ausgeschickt und außerdem regelrechte kriegerische Unternehmungen durchgeführt hat.

Wenn hier überhaupt Kritik am Platz ist, hat sie sich auf diejenigen Fälle zu beschränken, in denen der Prophet sich nicht an die allgemein anerkannten Kriegsregeln gehalten hat. So fragt man sich mit Recht, ob es nötig war, bei der Belagerung der Banū Naḍīr Palmen umhauen zu lassen. Auch die Zeitgenossen haben einen derartigen Verstoß gegen das arabische Kriegsrecht übel vermerkt (s. S. 123). Weiter ist der Fall Naḫla (Januar 624, s. S. 126) in diesem Zusammenhang zu erwähnen. Auf ausdrückliche Anordnung des Propheten wurde bei diesem Unternehmen eine mekkanische Karawane noch vor Ablauf des allgemein als unverletzlich geltenden Monats Rağab überfallen und ausgeraubt. Dabei kam einer der Begleiter ums Leben. Auch Mohammeds Anhänger waren über diesen Rechtsbruch bestürzt, wenn nicht gar empört. Sie beruhigten sich erst, nachdem ihn der Prophet mit der folgenden etwas verklausulierten Offenbarung gerechtfertigt hatte: »Man fragt dich nach dem heiligen Monat, (nach) Kämpfen in ihm. Sag: In ihm Kämpfen wiegt schwer. Aber (seine Mitmenschen) vom Weg Gottes Abhalten – und nicht an ihn Glauben –, und (Gläubige) von der heiligen Kultstätte (Abhalten), und deren Anwohner daraus Vertreiben, (all das) wiegt bei Gott schwerer. Und der Versuch, (Gläubige zum Abfall vom Islam) zu verführen (al-fitna), wiegt schwerer als Töten« (2, 217). Anlaß zu Bedenken gab schließlich auch die Leichtigkeit, mit der sich Mohammed gelegentlich über vertragliche Bindungen hinwegsetzte. Schon allein die Befürchtung, daß Vertragspartner einen Vertragsbruch begehen könnten (und nicht etwa der bereits erfolgte Vertragsbruch), war für ihn Grund genug, ihnen den Vertrag »in gleicher Weise hinzuwerfen« (8, 58), d. h. ohne Rücksicht auf vertragliche Bindungen den Präventivkrieg gegen sie zu eröffnen.

Am schwersten wird Mohammed dadurch belastet, daß er einzelne jüdische Gegner, die ihm – das sei zugegeben – besonders gefährlich schienen, durch Mord hat beseitigen lassen. Wir beschränken uns auf die Erwähnung der beiden krassesten Fälle. Ein gewisser Kaʿb ibn al-Ašraf hatte nach der Schlacht bei Badr in Liedern offen für die Mekkaner und gegen Mohammed Partei ergriffen. Einige von Mohammeds Getreuen übernahmen die Aufgabe, ihn umzubringen, und erhielten die ausdrückliche Erlaubnis, zu sagen, was sie für passend fänden, d. h. ihm etwas vorzulügen. Sie erschlichen sich daraufhin sein Vertrauen, lockten ihn bei Nacht aus dem Haus und ermordeten ihn. Der andere Fall: Ein Jude namens al-Usair ibn Rāzim (oder Rizām) hatte von Ḫaibar aus die Banū Ġaṭafān zu einem Angriff auf Medina ermuntert. Eine Gruppe von Freiwilligen übernahm die Aufgabe, ihn unschädlich zu machen. Sie suchten ihn in Ḫaibar auf, erbaten als Unterhändler Sicherheit für ihr Leben und sagten ihm auf seine Bitte ebenfalls Sicherheit zu. Nachdem sie ihn überredet hatten, mit ihnen nach Mekka aufzubrechen, um sich vom Propheten beschenken und mit der Herrschaft über Ḫaibar belehnen zu lassen, ermordeten sie ihn unterwegs mit fast allen seinen Begleitern.

Man kann darüber streiten, ob es bei der Ermordung von Kaʿb ibn al-Ašraf und al-Usair ibn Rāzim genau so zugegangen ist, wie es hier kurz wiedererzählt wurde. Die Berichte der Historiker weichen in Einzelheiten voneinander ab. Daß aber in beiden Fällen ein heimtückischer Vertrauensbruch begangen worden ist, kann nicht bezweifelt werden. Auch können wir als sicher annehmen, daß Mohammed das Vorgehen gutgeheißen hat. Er ist als der geistige Urheber der Mordtaten zu bezeichnen. Es fragt sich nur, wie wir darüber urteilen sollen.

Von unserem Standpunkt aus verabscheuen wir natürlich derartige heimtückische Mordtaten. Wir haben aber weiter zu fragen, ob Mohammeds Zeitgenossen die Verwerflichkeit seiner Handlungsweise so empfunden haben wie unsereiner. Wahrscheinlich haben sie das nicht getan. Vermutlich war der Prophet (und mit ihm seine Parteigänger) der Ansicht, daß in der Auseinandersetzung mit einem Gegner, der seinerseits gegen ihn und seine Sache intrigiert hatte und dadurch äußerst gefährlich geworden war, jedes Mittel erlaubt sei, also auch Mord. Auch schien ihm der Erfolg der Aktion recht zu geben. Nach der Ermordung von Kaʿb »gab es keinen Juden, der nicht für sein Leben gefürchtet hätte« (Ibn Hišām 552; Ṭabarī I 1372; vgl. Wāqidī, 192 übers. Wellhausen 98; Ibn Saʿd II,

I, 22). Die Gesinnungsgenossen des Ermordeten waren für lange Zeit eingeschüchtert und außerstande, etwas gegen den Propheten zu unternehmen. Die folgende Stelle aus Wāqidī scheint die zeitgeschichtliche Situation, aus der heraus die Mordtaten, wenn nicht gerechtfertigt, so doch einigermaßen verstanden werden können, gut zu beleuchten. Auch wenn sie nicht in allen Einzelheiten für bare Münze genommen zu werden braucht, ist sie doch psychologisch aufschlußreich.

Im Anschluß an den Bericht über die Ermordung des Kaʿb heißt es: »Da bekamen es die Juden und die Heiden, die es mit ihnen hielten, mit der Angst zu tun. Sie kamen am nächsten Morgen zum Propheten und sagten: ›Bei unserem Gefährten, einem unserer Herren, ist man heute Nacht (in seine Wohnung) eingedrungen. Und man hat ihn heimtückisch umgebracht, ohne daß wir von einer Sünde oder einer Untat wüßten (die er sich hätte zu Schulden kommen lassen).‹ Da sagte der Gesandte Gottes: ›Wenn er sich ruhig verhalten hätte (qarra) wie andere, die die gleiche Einstellung haben wie er, wäre er nicht gemeuchelt worden (uġtīla). Aber er hat schlecht von uns gesprochen (qāla minnā l-aḏā) und uns mit Liedern geschmäht. Jeder von euch, der das tut, verfällt dem Schwert.‹ . . .« (Wāqidī 192, übers. 98). Wenn wir den Text richtig verstehen, richtete sich der Protest der Juden nicht gegen den Mord als solchen, sondern dagegen, daß ein Mord begangen worden war, ohne daß das Opfer sich vorher eines Verbrechens schuldig gemacht hatte. Um sich zu rechtfertigen, brauchte Mohammed nur das entsprechende Verbrechen – Hetzreden und Schmählieder gegen die Muslime – namhaft zu machen.

Mohammed und die Frauen

Im Abendland hat man jahrhundertelang bis in die neueste Zeit immer wieder daran Anstoß genommen, daß der Prophet nach der Hiǧra von der Einehe zur Vielehe übergegangen ist und im Lauf der Zeit mit insgesamt 13 Frauen in ehelicher Gemeinschaft gelebt hat. Im besonderen wirft man ihm in dieser Hinsicht zweierlei vor: erstens, daß er Zainab, die schöne Frau seines Adoptivsohnes Zaid, geehelicht hat, nachdem dieser – anscheinend ihm zuliebe – sich von ihr geschieden hatte; zweitens, daß er den Kreis der zur Heirat erlaubten Frauen für seine Person weiter als für die übrigen Gläubigen gezogen und über dieses sein Sonderrecht sogar eine eigene Offenbarung (33, 50f.) verkündet hat.

Die bloße Tatsache, daß Mohammed in Medina nicht mehr wie in

Mekka monogamisch gelebt hat, kann ihm nun allerdings nicht gut zum Vorwurf gemacht werden, es sei denn, man legt einen Maßstab an ihn an, der historisch nicht vertretbar ist. Der Prophet gehörte einem Milieu an, in dem die Polygamie, genauer gesagt die Polygynie, die Mehrfrauenehe, gang und gäbe war. Wenn er vor der Hiǧra mit Ḫadīǧa die Einehe aufrecht erhalten hat, so lag das vor allem daran, daß diese seine erste Frau ihm von Haus aus wirtschaftlich überlegen war und daher auch im ehelichen Zusammenleben eine Sonderstellung beanspruchen konnte. Nach ihrem Tod brauchte er sich in dieser Hinsicht keine Zurückhaltung mehr aufzuerlegen, zumal keine der Frauen, die später in seinen Gesichtskreis traten und für eine Ehelichung überhaupt in Frage kamen, mit der Verstorbenen auch nur einigermaßen vergleichbar war. Nachdem er in Medina erst einmal festen Boden unter den Füßen gewonnen hatte, wurde der Übergang zur Polygynie fast zur Selbstverständlichkeit. Man könnte sogar sagen, daß er es seiner Stellung schuldig war, mehr als eine Frau in seinem Haus zu haben. Im übrigen ist zu bedenken, daß einige der von ihm eingegangenen Ehen gleichzeitig der Versorgung von Frauen dienten, deren Männer in den Schlachten von Badr und am Uḥud gefallen waren, und daß bei seinen Heiraten oft auch politische Überlegungen mit im Spiel waren.

Die Frage, wie der Prophet dazu kam, in Heiratsangelegenheiten für seine Person gewisse Sonderrechte in Anspruch zu nehmen, ist damit freilich noch nicht beantwortet. Tatsächlich hat er sich nur bis zum Jahr 625 auf vier legitime Ehefrauen beschränkt, eine Zahl, die nach der üblichen Auslegung von Sure 4, 3 dem einzelnen Gläubigen als Höchstmaß zugestanden war. Im Jahr 626 nahm er sich eine fünfte Frau (sie starb allerdings bald nach der Hochzeit und wird deshalb hier nicht weiter mitgerechnet), 627 eine fünfte und sechste, 628 eine siebente und achte und 629 eine neunte. In Sure 33, 50f. sucht er diesen Sachverhalt zu rechtfertigen. Hier werden die verschiedenen Arten von Frauen (und Sklavinnen) aufgezählt, die ihm als Ehefrauen erlaubt sind: seine bisherigen Gattinnen; die als Kriegsbeute erworbenen Sklavinnen; seine mit ihm emigrierten Cousinen; schließlich »eine (d. h. jedwede) gläubige Frau, wenn sie sich dem Propheten schenkt, und wenn der Prophet (seinerseits) sie heiraten will. (Das gilt) speziell für dich, im Gegensatz zu den (anderen) Gläubigen. * Wir wissen wohl, was wir ihnen (d. h. den Gläubigen) hinsichtlich ihrer Gattinnen und ihres Besitzes (an Sklavinnen) zur Pflicht gemacht haben. (Dies) damit du dich nicht bedrückt zu fühlen brauchst (wenn du zusätzliche Rechte in Anspruch nimmst). Und Gott ist barmherzig und bereit zu vergeben.«

Zur Sache ist nicht viel zu sagen. Auf Grund der führenden Stellung, die er in der Gemeinde innehatte, fühlte Mohammed sich trotz gewisser Bedenken (Vers 51) berechtigt, mit mehr als nur vier Frauen gleichzeitig verheiratet zu sein. Auch seine Frauen sollten eine Sonderstellung einnehmen. Sie wurden zu »Müttern der Gläubigen« erklärt (33, 6), eine Bezeichnung, die zugleich bedeutete, daß sie nach seinem Tod keine neue Ehe mehr eingehen durften. Im übrigen ist zu bemerken, daß die Sonderrechte, die Mohammed für sich in Anspruch nahm, doch auch wieder begrenzt waren. Nur diejenigen Frauen standen ihm zusätzlich zur Heirat frei, die sich ihm von sich aus dazu anboten. Schließlich hat er seiner Heiratsfreudigkeit sogar selber einen Riegel vorgeschoben, indem er die folgende Offenbarung verkündete: »Künftig sind dir weder (weitere) Frauen (zur Ehe) erlaubt, noch (ist es dir erlaubt) Gattinnen (die du schon hast) gegen sie auszutauschen, auch wenn dir ihre Schönheit gefallen sollte. Ausgenommen dein Besitz (an Sklavinnen)« (33, 52). Es ist anzunehmen, daß diese Verkündigung nach seiner letzten Heirat, der vom März 629, erfolgt ist. Der Prophet war damals etwa 60 Jahre alt. Gegenüber den Reizen weiblicher Schönheit war er – das entnehmen wir dem Wortlaut – immer noch aufgeschlossen. Er mag sogar mit dem Gedanken gespielt haben, die eine oder andere seiner gealterten Gattinnen gegen eine junge Frau einzutauschen, hat dann aber endgültig auf eine solche Möglichkeit verzichtet. Die Offenheit, mit der hier in einem heiligen Text über diese Dinge gesprochen wird, wirkt verblüffend und zugleich entwaffnend. Sie bricht jeder weiteren Kritik die Spitze ab.
Der Fall von Mohammeds Heirat mit Zainab liegt nicht ganz so einfach, wie es auf den ersten Blick den Anschein hat. Fest steht, daß der Prophet die Frau seines Adoptivsohnes Zaid diesem sozusagen weggeheiratet hat. Er sah sie eines Tages in Zaids Wohnung im bloßen Untergewand und war gleich ganz begeistert von ihr. Als Zaid durch Zainab davon hörte, erbot er sich sofort, sie ihm abzutreten. Die Geschichte endet damit, daß Zaid tatsächlich auf sie verzichtete, worauf Mohammed sie sich selber zur Frau nahm. Zur Entlastung des Propheten ist allerdings anzuführen, daß Zainab ehedem gegen ihren Willen mit Zaid verheiratet worden war, daß sie ihn nach dem besagten Zwischenfall erst recht ablehnte, und daß Mohammed seinerseits das Angebot Zaids zuerst nicht annehmen wollte, diesen vielmehr ausdrücklich aufforderte, Zainab zu behalten. In Sure 33, 37 kommt die ganze Angelegenheit zur Sprache. Die Stelle lautet: »Und (damals) als du zu demjenigen, der von Gott und von dir Wohltaten empfangen hatte, sagtest: ›Behalt deine Gattin für dich und fürchte Gott!‹, und in dir geheimhieltest,

was Gott (doch) offenkundig machen würde, und Angst vor den Menschen hattest, während du eher vor Gott Angst haben solltest! Als dann Zaid sein Geschäft mit ihr erledigt (d. h. sich von ihr geschieden) hatte, gaben wir sie dir zur Gattin, damit die Gläubigen sich (künftig) wegen (der Ehelichung) der Frauen ihrer Nennsöhne nicht bedrückt fühlen sollten (nämlich sie zu heiraten), wenn sie (d. h. die Nennsöhne) ihr Geschäft mit ihnen erledigt haben. Und was Gott anordnet, wird (unweigerlich) ausgeführt.«
Gegen Schluß des Verses wird Mohammeds Heirat mit der früheren Frau seines Adoptivsohnes damit gerechtfertigt, daß die Gläubigen künftig, dem Beispiel des Propheten folgend, unbedenklich Frauen von »Nennsöhnen« würden heiraten können. Eine derartige Rechtfertigung wirkt trotz der Gesichtspunkte, die W. M. Watt zu ihren Gunsten anzuführen weiß (Medina 330), wenig überzeugend. Zwar hat Mohammed die Sitte, Adoptivsöhne als eigentliche Söhne zu bezeichnen, abgestellt (33, 4f.). Das Adoptionsverhältnis wurde damit deutlich von der Blutsverwandtschaft unterschieden. Dementsprechend sind auch in der Liste der zur Heirat verbotenen Frauen ausdrücklich die Ehefrauen der *leiblichen* Söhne genannt (4, 22). Diese Regelung brauchte aber den Gläubigen vom Propheten nicht persönlich vorexerziert zu werden. Jedenfalls ist in der ersten Vershälfte von 33, 37 von etwas ganz anderem die Rede. Mohammed hatte einen geheimen Gedanken gehegt, nämlich den Wunsch, Zaid möge sich von Zainab wirklich scheiden, so daß er selber sie würde heiraten können. Er hatte diesen seinen persönlichen Wunsch unterdrückt, weil er fürchtete, die Leute würden es ihm sonst übel vermerken. So haben schon die ältesten Kommentatoren den Text verstanden. Und der fromme Ḥasan von Baṣra (gest. 728) bemerkt dazu, dies sei der schlimmste dem Propheten geoffenbarte Vers; wenn Mohammed etwas von der Offenbarung hätte unterschlagen wollen, hätte er es sicher mit ihm gemacht (Ṭabarī, Kommentar XXII, 9). Kein Wunder, daß der Fall Zainab von Ibn Isḥāq überhaupt nicht, von Ibn Hišām nur im Vorbeigehen erwähnt wird.

Der Theokrat

Ibn Hišām gibt in seiner Mohammedbiographie innerhalb eines Abschnitts über die »Heuchler« von Medina folgenden Bericht des bekannten, 712 verstorbenen Überlieferers ʿUrwa ibn az-Zubair wieder: »Der Gesandte Gottes ritt zu Saʿd ibn ʿUbāda, um einen Krankenbesuch bei ihm zu machen . . . Da kam er an ʿAbdallāh ibn

Ubai (s.o. S. 198) vorbei, der sich, umgeben von Männern aus seinem Volk, im Schatten seiner Burg Muzāḥim aufhielt. Als der Gesandte Gottes ihn sah, glaubte er nicht an ihm vorbeiziehen zu dürfen, ohne abzusteigen. Er stieg also ab, grüßte und setzte sich eine Weile hin. Dann rezitierte er Koran, lud (die Anwesenden) ein, sich Gott zuzuwenden, lenkte die Gedanken auf ihn, gab Ermahnungen und verkündete die frohe Botschaft (vom Paradies) und die Warnung (vor der Höllenstrafe). Bei alledem saß er (d.h. Ibn Ubai) erhobenen Hauptes da, ohne ein Wort zu sagen. Als aber der Gesandte Gottes schließlich mit seiner Ansprache fertig war, sagte er: ›Du da! Es gibt nichts Schöneres, als was du da erzählst, vorausgesetzt, daß es wahr ist. Setz dich deshalb in deinem Haus hin, und wenn einer zu dir kommt, dann erzähl es ihm! Aber den, der nicht zu dir kommt, brauchst du nicht damit zu belästigen. Trag nicht, wenn er bei sich zu Haus in Gesellschaft ist (fī maǧlisihī), etwas an ihn heran, wovon er nichts wissen will!‹« Der Bericht schließt damit, daß Mohammed verärgert, aber ohne etwas zu unternehmen, aufgebrochen sei und den beabsichtigten Krankenbesuch ausgeführt habe (Ibn Hišām 412f.).

Was ʿUrwa hier so anschaulich erzählt, gibt zu denken, vorausgesetzt, daß wir es mit einer historischen Begebenheit zu tun haben, und dafür scheint einiges zu sprechen. Mohammed mußte sich von Ibn Ubai, der als Anführer der »Heuchler« galt und großes Ansehen genoß, öffentlich in einer durch kalte Sachlichkeit verletzenden Art zurechtweisen lassen. Und das, nachdem er die bedrückenden Verhältnisse von Mekka hinter sich gelassen hatte und in Medina von weiten Kreisen der Bevölkerung begeistert aufgenommen worden war. Er verfügte eben, vor allem in den ersten Jahren nach der Hiǧra, über keine wirklichen Machtmittel. Wie ein arabischer Saiyid oder Schaich mußte er immer wieder das Gewicht seiner Persönlichkeit zur Geltung bringen. Und das war nur in einem freien Spiel der Kräfte möglich. Um so höher haben wir die Tatsache zu veranschlagen, daß es ihm im Lauf der Zeit gelungen ist, als nahezu unumschränkter Herrscher über das Gemeinwesen von Medina anerkannt zu werden. Er verstand sich auf die Kunst, Menschen zu führen. Männer wie Abu Bekr und ʿOmar, die späteren Kalifen, waren ihm sein Leben lang, ja über seinen Tod hinaus in unwandelbarer Treue verbunden. Auch in schwierigen Situationen wie bei Ḥudaibīya besaß der Prophet genug Autorität, um seine Meinung durchzusetzen und seine Anhänger vor übereilten Schritten zurückzuhalten. Dabei war es wohl weniger seine gewinnende Art, die den Widerspruch gegen seine Anordnungen verstummen ließ, als vielmehr die Sicherheit seiner Glaubensüberzeugung, in der und aus der heraus er zu leben und zu handeln wußte. Wer so wie er von einem Sendungsbewußtsein erfüllt und von einem heiligen Fanatismus beseelt war, mußte auf seine Umgebung geradezu faszinierend wirken, soweit sie ihn nicht etwa von vornherein ablehnte. Man traute ihm, dem Gottgesandten und Propheten, grundsätzlich eine höhere Einsicht zu und erkannte deshalb seine Entscheidungen auch in den vielen alltäglichen Fällen an, in denen er nicht gleich eine Offenbarung zur Hand hatte, sondern nur seine persönliche Meinung vertrat.

Selbstverständlich hat die stetige Zunahme an Macht und die Notwendigkeit, immer wieder neue Aufgaben in Angriff zu nehmen und zu meistern, auf die Person des Propheten zurückgewirkt. Er ist allmählich selbstsicherer geworden und hat auch von sich aus mehr Macht beansprucht. Bereits in der Gemeindeordnung von Medina aus dem Jahr 623 (s.o. S. 137) nahm er für den Fall, daß Streitfragen auftauchen sollten, das Amt des Schiedsrichters für sich in Anspruch. Dabei wählte er allerdings die Formulierung, daß »Gott und sein Gesandter« zuständig seien: das Entscheidungsrecht stand ihm nicht in eigener Person zu, sondern nur in seiner Eigenschaft als Vollzugsorgan des göttlichen Willens. Er fing an, sich einen Propheten zu nennen, eine Bezeichnung, die er in der Zeit vor der Hiǧra ausschließlich auf die Übermittler der biblischen Offenbarung angewandt hatte. In Sure 33, 7 steht er sogar an der Spitze der Sondergruppe von Propheten, von denen Gott eine Verpflichtung entgegengenommen hat. Bald war er nicht mehr nur ein Prophet, der mit anderen in gleicher Weise am Prophetentum teilhatte. Er wurde der Prophet schlechthin, oder gar das »Siegel der Propheten«. In demselben Sinn einer größer werdenden Selbstsicherheit und eines zunehmenden Machtanspruchs ist es zu verstehen, wenn in den aus der medinischen Periode stammenden Teilen des Korans immer wieder zum Gehorsam gegen Gott und den Gesandten aufgefordert wird. In Sure 33, 36 kommt dieser Gedanke besonders eindringlich zur Geltung: »Wenn Gott und sein Gesandter eine Angelegenheit entschieden haben, steht es keinem Gläubigen, weder Mann noch Frau, zu, von sich aus eine freie Wahl zu treffen. Wer gegen Gott und seinen Gesandten widerspenstig ist, ist (damit vom rechten Weg) offensichtlich abgeirrt.« Schließlich ist in diesem Zusammenhang auch noch darauf hinzuweisen, daß Mohammed in Medina wie ein großer arabischer Stammesfürst einen Dichter, Ḥassān ibn Ṯābit, in seinen Dienst genommen hat. Er tat das nicht etwa aus Freude an der Dichtkunst – von ihr hat er nie viel gehalten –, sondern aus machtpolitischem Interesse. Er brauchte, vor allem im Verkehr mit den Beduinen-

stämmen und deren Abordnungen, jemanden, der sich auf die Kunst verstand, seinen Meister und Gönner und dessen Partei mit dem üblichen Wortschwall zu rühmen und, wenn nötig, die Gegenpartei zu verunglimpfen und lächerlich zu machen.
Er hatte also nichts dagegen einzuwenden, daß seine Gegner gelegentlich mit der Waffe der Schmähdichtung bekämpft wurden. Im alten Arabien gehörte das mit zur Kriegführung. Er selber war jedoch gegen derartige Angriffe und Hetzreden äußerst empfindlich. Wer gegen Mohammed und seine Partei Schmäh- und Hetzgedichte verfaßte oder in Umlauf setzte, mußte sich auf die hinterhältigsten Vergeltungsmaßnahmen gefaßt machen. Etliche von solchen Dichtern wurden deshalb im ausdrücklichen Auftrag des Propheten ermordet, geächtet oder hingerichtet. So mußten nach der Schlacht bei Badr die beiden quraišitischen Gefangenen Naḍr ibn al-Ḥāriṯ und ʿUqba ibn Abī Muʿaiṭ ihre früheren Spottreden mit dem Tode büßen. Asmā', eine Mutter von fünf Söhnen, deren jüngster noch im Säuglingsalter war, wurde auf ihrem nächtlichen Lager ermordet, weil sie mit Versen gegen Mohammed und seine Parteigänger gehetzt hatte, desgleichen der greise, angeblich 120 Jahre alte Abū ʿAfak und der jüdische Dichter Kaʿb ibn al-Ašraf. Unter den wenigen Heiden, die nach der Eroberung von Mekka (630) auf die schwarze Liste gesetzt und für vogelfrei erklärt wurden, befanden sich auch zwei Sklavinnen, die auf Mohammed Satiren gesungen hatten.
Man wird den Propheten wegen dieser seiner unversöhnlichen Haltung gegenüber Andersdenkenden, die ihm mit ihrer scharfen Zunge geschadet hatten, nicht moralisch verdammen dürfen. Satiren waren nun einmal eine gefürchtete Waffe. Man schrieb ihnen eine geradezu magische Wirkung zu. Als Kampfmittel waren sie hinterhältig. Wer sich ihrer bediente, hatte, wenn er dem Gegner in die Hände fiel, sein Leben verwirkt. Immerhin gehört es mit zum Charakterbild Mohammeds, daß er sogar gemeinen Mord für erlaubt hielt, um sich derartiger Feinde zu entledigen. Mit etwas mehr Gelassenheit und Milde und einem gewissen Maß von Selbstironie hätte er die verhältnismäßig kleine Meute seiner zungenfertigen Widersacher sich selbst überlassen und mit Mißachtung strafen können, ohne sich an ihnen vergreifen zu müssen. Aber er hat eben seine Person, sein Amt und seine Sache zu ernst genommen, als daß jemand ungestraft darüber hätte lachen dürfen. Wer zur Selbstironie fähig ist und sich über Haßreden aller Art erhaben dünkt, kann nicht zugleich ein Prophet sein, und umgekehrt.

Die Stetigkeit, mit der Mohammed von der Hiğra an seine politische Stellung gefestigt und die Grundlagen zu einer ganz Arabien umfassenden Theokratie geschaffen hat, legt es nahe, in ihm einen großartigen Planer und weitsichtigen Strategen zu sehen. W. Montgomery Watt hat in seinem Werk »Muhammad at Medina« mit Nachdruck darauf hingewiesen, daß die kriegerischen Unternehmungen, die Mohammed in nördlicher Richtung durchgeführt hat bzw. durchführen ließ, mit einem viel größeren Aufwand an Menschen und Material in Szene gesetzt worden sind als die Expeditionen nach dem Süden und Südosten. Watt kommt zu dem Schluß, daß Mohammed sich verhältnismäßig früh darüber klar geworden sei, die Herrschaft über alle Araber anstreben zu müssen; daß er ferner auf Grund von bevölkerungspolitischen Erwägungen eine spätere Expansion der Araber in Richtung auf die im Norden der Halbinsel gelegenen Kulturländer Syrien und Irak vorausgesehen habe; schließlich, daß er schon zu seinen Lebzeiten alles nur Mögliche getan habe, um die Verbindungswege nach Syrien, vielleicht auch nach dem Irak, unter seine Kontrolle zu bringen und so für die notwendig zu erwartende Expansionsbewegung freie Bahn zu schaffen (Chapter IV: »The Unifying of the Arabs« bes. S. 105f., 117, 142, 145f.).

Es lassen sich aber auch gewichtige Gründe für die gegenteilige Vermutung anführen, nämlich dafür, daß Mohammed nicht so weit und zielstrebig vorausgeplant hat. Wenn die kriegerischen Unternehmungen in Richtung Syrien mit besonderem Eifer betrieben worden sind, so kann das auch dadurch bedingt sein, daß Mohammed hier mehr Spielraum hatte als in südlicher und südöstlicher Richtung, wo ihm in den Quraišiten und ihrem Anhang bis zur Eroberung von Mekka ein gewaltiger Machtblock entgegenstand, so daß ein Übergriff etwa auf südarabische Gebiete immer eine fragwürdige Angelegenheit bleiben mußte. Auch wird man dem Propheten kaum zutrauen dürfen, daß er sich über bevölkerungspolitische Probleme, die sich aus einer Befriedung von Innerarabien ergeben könnten, im voraus Gedanken gemacht hat. Wenn es für ihn in diesem Sinn überhaupt ein Problem gegeben hätte, hätte er wohl die Lösung dem lieben Gott überlassen. Vollends abwegig ist es, das Verbot der Kindstötung (6, 137. 151; 17, 31; vgl. 16, 58f.; 81, 8f.) mit der Expansionsplanung in Zusammenhang zu bringen (Medina 271, 277). Man sollte aber die Frage, ob Mohammed die Expansionsbewegung schon mit eingeplant hat, nicht für sich allein betrachten. Man muß vielmehr darüber hinaus fragen, ob und wieweit der Prophet überhaupt in seinem Leben und Wirken zielstrebig gehandelt hat. Die Antwort wird ziemlich negativ ausfallen.

Wirklich zielstrebig war Mohammed nur insofern, als ihm seit seinem Berufungserlebnis unverrückbar die Aufgabe vorschwebte, seine arabischen Landsleute dem rechten Glauben zuzuführen. Wie er dieser Aufgabe im einzelnen nachkommen könnte oder sollte, war nicht näher festgelegt. Das mußte von Fall zu Fall, nach den jeweils gegebenen Möglichkeiten, entschieden werden. Der Prophet hatte so reichlich Gelegenheit, sich in der Kunst des Improvisierens zu üben. Er hat es darin zu einer wahren Meisterschaft gebracht.

Wenn man sich diesen Sachverhalt einmal klargemacht hat, wird man manches in seinem Leben und Wirken, was auf den ersten Blick schwer faßbar zu sein scheint, besser verstehen können, vor allem die tiefgreifende Unterschiedlichkeit in seinem Verhalten vor und nach der Hiğra. In Medina bot sich dem Propheten zum ersten Mal die Gelegenheit, aktiv in das politische Leben einzugreifen. Er hat von dieser Gelegenheit mit einer erstaunlichen Anpassungsfähigkeit Gebrauch gemacht. In der sogenannten Gemeindeordnung hat er aus den tatsächlichen Machtverhältnissen ein provisorisches Fazit gezogen, ohne sich damit für die Zukunft die Möglichkeit eines Kurswechsels oder wenigstens einer Abänderung einzelner Paragraphen zu verbauen. Vielleicht sind gerade die sachlichen Widersprüche, die sich in ihr nachweisen lassen, ein Zeichen dafür, daß sie – als ein Provisorium – im Wortlaut authentisch ist. Gegen die jüdischen Stämme scheint sich Mohammed besonders uneinheitlich und inkonsequent verhalten zu haben. Zuerst nahm er sie als Verbündete mit in die Gemeindeordnung auf. Dann schaltete er nacheinander, von einem Mal zum andern unter härteren Bedingungen, die drei großen jüdischen Stämme aus dem Weichbild von Medina aus. Jedoch ließ er gegenüber den Juden von Ḫaibar insofern wieder Milde walten, als sie nach ihrer Unterwerfung weder zur Emigration gezwungen noch ausgerottet wurden. In all diesen Etappen aber traf er jedesmal das, was ihm unter den gegebenen Umständen erreichbar und zweckmäßig schien. Man könnte die Beispiele beliebig vermehren: sein unterschiedliches Verhalten gegenüber den »Leuten der Schrift« und den »Heiden«; sein großartiger Verhandlungserfolg in Ḥudaibīya, nachdem das Unternehmen so, wie er es eigentlich geplant hatte, nämlich als Wallfahrt nach Mekka, gescheitert war; und so fort. Immer wieder legte der Prophet eine bewundernswerte Fähigkeit an den Tag, aus einer gegebenen Sachlage auf eine ganz undoktrinäre Weise das Beste herauszuholen.

In diesem Sinn müssen wir nun aber auch seine Unternehmungen gegen die arabischen Stämme, im besonderen gegen die im Norden der Halbinsel, betrachten. Mohammed hat, ohne von seinem Fernziel etwas abzustreichen, jeweils aus einer ganz bestimmten Situation heraus gehandelt, unsystematisch, aber darum nicht weniger erfolgreich. Die Expansionsbewegung lag noch im Schoß der Zukunft, damit auch die Geburtsstunde des arabisch-islamischen Weltreichs. Der organisatorische Rahmen war denkbar locker gehalten. Die Theokratie, an deren Spitze er stand, hatte weder eine Verfassung noch sonstwie staatliche Formen. Die Frage, wer später einmal die Nachfolge des Propheten in der Leitung der islamischen Umma antreten sollte, war noch gar nicht aufgetaucht, geschweige denn geregelt. Für den Historiker, überhaupt für jeden, der über die treibenden Kräfte der Geschichte nachzudenken versteht, ist es erstaunlich und lehrreich zugleich, hier, in der Person des arabischen Propheten, einen Menschen vor sich zu sehen, der als Religionsstifter und Staatsmann auf seine Zeitgenossen und auf die Nachwelt eine ungeheure Wirkung ausgeübt hat, und der trotzdem eher ein Improvisator als ein weitsichtiger Stratege genannt zu werden verdient.

Anhang: Literatur und Belegstellen

Der Koran

Unter den Quellen zur Geschichte Mohammeds steht der Koran an erster Stelle. Vor allem deshalb, weil er lauter authentische Aussprüche des Propheten enthält. Die einzelnen Verkündigungen scheinen in durchweg wortgetreuer Überlieferung auf uns gekommen zu sein. Nur in wenigen Fällen haben sich durch die nachträgliche Punktierung und Vokalisierung des an sich feststehenden Konsonantentextes gewisse sachliche Varianten eingeschlichen.
Trotz der im großen und ganzen verläßlichen Überlieferung lassen sich aber die koranischen Texte oft nur mühsam und unsicher für die Geschichte des Propheten und seiner Zeit auswerten. Das liegt an zweierlei Gründen, die sich allerdings nicht reinlich voneinander scheiden lassen. Einmal ist die Ausdrucksweise so knapp und abrupt, daß es uns oft schwer wird, die historische Situation, die eine koranische Verkündigung im Auge hat und als bekannt voraussetzt, aus dem für unsereinen rätselhaften Wortlaut zu rekonstruieren. Zum anderen ist die Sammlung als Ganzes weder nach sachlichen noch nach chronologischen Gesichtspunkten angeordnet. Die Kapitel oder »Suren« sind, wenn man von der ersten, »eröffnenden« Sure und von den beiden letzten (113 und 114), die wohl wegen ihrer merkwürdigen Beschwörungsformeln am Schluß rangieren, absieht, rein äußerlich nach ihrem Umfang aneinandergereiht, und zwar in absteigender Linie, so daß sie von Sure 2 an bis zum Schluß fortlaufend kleiner werden. In mühseliger Forschungsarbeit haben Generationen arabischer und europäischer Gelehrter versucht, die einzelnen Suren chronologisch genauer zu bestimmen.
In den großen Zügen und in vielen Einzelheiten endgültig sind die Ergebnisse, die Theodor Nöldeke in seiner »Geschichte des Qorāns« niedergelegt hat (Göttingen 1860; 2. Auflage, I. Band, bearbeitet von F. Schwally, Leipzig 1909). Nöldeke unterscheidet, dem Vorgang der arabischen Gelehrten folgend, zwischen mekkanischen und medinischen Suren (bzw. Bruchstücken), d. h. zwischen solchen, die vor der Hiğra, und solchen, die nach ihr verkündet worden sind. Die mekkanischen Suren weist er ihrerseits (in Anlehnung an G. Weil) drei verschiedenen Perioden zu. Zur ersten Periode rechnet er die »älteren, leidenschaftlicher bewegten«, zur dritten die »späteren, sich mehr den medinischen nähernden«

Suren, zur zweiten »eine andere Gruppe, die in allmählicher Abstufung von jener zu dieser überleitet«. Dazu bemerkt er wörtlich (2. Aufl., I, 74): »Daß sich unter den mekkanischen Suren zwar einzelne Gruppen ausscheiden lassen, nicht aber eine im einzelnen irgend genaue chronologische Anordnung aufgestellt werden kann, ist mir immer klarer geworden, je genauer ich im Lauf vieler Jahre den Qorān untersucht habe. Manches Indicium, das ich mir zu diesem Zwecke gemerkt hatte, hat sich als unzuverlässig herausgestellt, und manche Behauptung, die ich früher als ziemlich gewiß ausgab, erwies sich bei wiederholter und sorgfältigerer Prüfung als unsicher.«

Régis Blachère gibt in seiner Koranübersetzung (Le Coran. Traduction nouvelle, 2 Bände, Paris 1949/1950, dazu ein Einleitungsband »Introduction au Coran«, Paris 1947) die Suren in der von Nöldeke erarbeiteten chronologischen Reihenfolge. Richard Bell hat sich in seiner schon früher erschienenen Übersetzung (The Qur'ān, Translated, with a critical re-arrangement of the Surahs. 2 Bände. Edinburgh 1937/1939) das Ziel weiter gesteckt. Er geht davon aus, daß die meisten Suren, vor allem die längeren, aus verschiedenen Teil- und Bruchstücken zusammengesetzt sind, und versucht nun, die einzelnen Teilstücke als solche gegeneinander abzugrenzen und so weit als möglich chronologisch genauer zu bestimmen. Vielleicht hat er bei dieser seiner kritischen Analyse manchmal über das Ziel hinausgeschossen. Aber im Grundsätzlichen wird man ihm recht geben müssen. Bei der historischen Auswertung des Korans ist immer darauf zu achten, daß nur wenige Suren in sich einheitlich sind. Es fragt sich von Fall zu Fall, wo man Zäsuren anzusetzen hat. Auch wird man wie Bell mit der Möglichkeit rechnen müssen, daß der Wortlaut einer koranischen Verkündigung gelegentlich von Mohammed selber überarbeitet und wiederverwendet worden ist, so daß sie nunmehr sozusagen aus verschiedenen Schichten besteht.

Literatur: Theodor Nöldeke, Geschichte des Qorāns, bearbeitet bzw. völlig umgearbeitet von F. Schwally, G. Bergsträßer und O. Pretzl, 3 Bde., Leipzig 1909, 1919, 1938. 2. Nachdruck Hildesheim 1970. Josef Horovitz, Koranische Untersuchungen. Berlin und Leipzig 1926. Richard Bell, Introduction to the Qur'ān, Edinburgh 1953. Bell's Introduction to the Qur'ān, completely revised and enlarged by W. M. Watt, Edinburgh 1970. Helmut Gätje, Koran und Koranexegese, Zürich und Stuttgart 1971. Wege der Forschung, Band CCCXXVI: Der Koran. Hgg. von Rudi Paret. Darmstadt 1975. Rudi Paret, Der Koran, Graz 1979 (kurze allgemeine Einführung, mit 31 Bildtafeln).

Die Koranübersetzungen von Bell (englisch) und Blachère (französisch) sind bereits erwähnt worden. Diejenige von Blachère ist in einem einzigen Band neu herausgekommen (Paris 1957). In dieser Ausgabe sind die Suren nicht mehr chronologisch, sondern nach der üblichen Reihenfolge angeordnet. In deutscher Sprache liegt als erste historisch-kritische Übersetzung vor: Rudi Paret, Der Koran. Übersetzung. Stuttgart 1966. Taschenbuchausg. [1]1979. [2]1980. Dazu: Der Koran. Kommentar und Konkordanz, Stuttgart [1]1971. [2]1977. Taschenbuchausg. 1980. Friedrich Rückert, Der Koran, im Auszuge übersetzt, hgg. von August Müller (Frankfurt 1888) vermittelt einen guten Eindruck von der Form des Originals. Bisher viel benützt wurden die etwas überarbeiteten Ausgaben der im Reclam-Verlag 1901 erschienenen Max Henning'schen Übersetzung von Annemarie Schimmel (Stuttgart 1960) und Kurt Rudolph (Leipzig 1968, 4. Auflage 1980.)
An neueren Übersetzungen in außerdeutschen Sprachen sind zu erwähnen: Alessandro Bausani, Il Corano, Florenz 1955. A. J. Arberry, The Koran Interpreted, London 1955 (2 Bände). J. H. Kramers. De Koran, uit het Arabisch vertaald, Amsterdam – Brüssel 1956. Muhammad Hamidullah, Le Coran, Paris 1959. Koranen, Översatt från arabiskan av K. V. Zetterstéen, Stockholm 1917. Andra oförändrade upplagan uitgiven med anmärkningar av Christopher Toll, Stockholm 1979.

Überlieferungs- und Geschichtswerke

Mit Hilfe des koranischen Materials allein könnte man unmöglich eine Mohammedbiographie entwerfen. Die Angaben über die äußeren Lebensumstände und über den Ablauf des zeitgeschichtlichen Geschehens müssen wir einem anderen Zweig der arabischen Literatur entnehmen: dem der Überlieferung (Ḥadīṯ) und der Geschichtschreibung. Dabei stellen »Überlieferung« (im spezifischen Sinn des Worts) und Geschichtschreibung keine in sich selbständigen Literaturgattungen dar. Die Grenzen sind fließend. Die Geschichtschreibung zeichnet sich vor der »Überlieferung« eigentlich nur dadurch aus, daß in ihr eine auf das Geschichtliche begrenzte Auswahl und Anordnung des Stoffes getroffen wird. Im übrigen ist auch sie – soweit sie im vorliegenden Fall in Frage kommt – reine Überlieferungswissenschaft.
Die Überlieferungs- und Geschichtswerke bieten gegenüber dem Koran den Vorteil, daß sie die Geschichte Mohammeds mit viel Einzelnachrichten belegen. Diese Dokumentation hat jedoch bei

aller Reichhaltigkeit und einer scheinbar bis in die kleinsten Kleinigkeiten gehenden Genauigkeit den Nachteil, daß man sich nur mit Einschränkung auf sie verlassen kann. Sie stammt nämlich aus einer verhältnismäßig späten Zeit. Ibn Isḥāq, der Verfasser der ältesten Mohammedbiographie, ist 768 gestorben; Buḫārī, der Autor der ältesten der sechs kanonischen Ḥadīṯ-Sammlungen, 870, also über ein Jahrhundert später; der Historiker Ṭabarī erst 923. Auch wenn man einrechnet, daß diese Autoren ihr Material von früheren Gelehrtengenerationen übernommen haben, läßt sich der Grundbestand des faktisch gesicherten Traditionsstoffes kaum über die erste Hälfte des 8. Jahrhunderts zurückdatieren. Zu dieser Zeit, ein Jahrhundert nach dem Tod des Propheten, war das Mohammedbild schon legendär überwuchert, teilweise auch tendenziös entstellt. Es ist oft schwierig, manchmal sogar unmöglich, aus der Masse des Überlieferten nachträglich das herauszufinden, was als historisch glaubhaft gelten mag. Dem subjektiven Urteil des neuzeitlichen Mohammedbiographen bleibt hier ein weiter Spielraum offen. Auch eine gewissenhafte, methodisch gut fundierte Durcharbeitung des Materials führt immer nur zu Annäherungswerten. Wenn trotzdem im Endergebnis die großen Linien und auch manche Einzelheiten klargestellt sind, liegt dies einesteils an dem Spürsinn begabter Forscher, andernteils daran, daß jeder, der den Stoff neu aufgegriffen hat, auf den Forschungsergebnissen seiner Vorgänger weiterbauen konnte.

Literatur: Ibn Hišām (gest. 834), Sīrat rasūl allāh (eine Überarbeitung der Mohammedbiographie des 768 verstorbenen Ibn Isḥāq), herausgegeben von F. Wüstenfeld, 2 Bände, Göttingen 1858/60; dasselbe, deutsche Übersetzung von G. Weil), Stuttgart 1864; englische Übersetzung von A. Guillaume, London 1955 (»The Life of Muhammad«). Ausführliche Besprechung mit Verbesserungen und Erläuterungen zu einzelnen Stellen der Übersetzung: »Der Islam«, 52, 1957, S. 334–342. Ibn Ishâq, Das Leben des Propheten. Aus dem Arabischen übertragen und bearbeitet von G. Rotter (stark gekürzt), Tübingen 1976. Wāqidī (gest. 823), Kitāb al-Maġāzī, ed. by Marsden Jones, 3 Bde., London 1966; verkürzte deutsche Wiedergabe von J. Wellhausen, Berlin 1882. Balāḏurī (gest. 892), Ansāb al-ašrāf, I, hgg. von Muḥammad Ḥamīdallāh, Kairo 1959. Ibn Saʿd (gest. 845) Kitāb aṭ-Ṭabaqāt (»Biographien Muhammeds, seiner Gefährten und der späteren Träger des Islam . . .«), Band I, 1 und 2; II, 1 und 2, Leiden 1905/1917, 1909/1912 (nur arabisch). Ṭabarī (gest. 923), Ta'rīḫ ar-rusul wa-l-mulūk (Weltgeschichte). Serie 1, III und IV, Leiden 1881/82 und 1890 (nur arabisch); derselbe, Tafsīr (Korankommentar, enthält eine Masse Ḥadīṯ),

XXX Teile in 10 Bänden, Kairo 1321 der Hiğra. Buḫārī (gest. 870), Ṣaḥīḥ (Traditionssammlung), 4 Bände, Leiden 1862–1908; dasselbe, traduit de l'arabe par O. Houdas et W. Marçais, 4 Bände, Paris 1903 bis 1914. Muslim (gest. 875), Ṣaḥīḥ, mit dem Kommentar des Nawawī, 5 Bände, Kairo 1283 d. H. (nicht übersetzt).
Ignaz Goldziher, Über die Entwicklung des Ḥadith (Muhammedanische Studien, II, Halle 1890, 1–274). Rudi Paret, Die Lücke in der Überlieferung über den Urislam (Festschrift Rudolf Tschudi, Wiesbaden 1954, S.147–153).

Neuere Untersuchungen und Darstellungen

An der neueren Mohammed-Forschung haben so viele Gelehrte mitgearbeitet, daß die verschiedenen Beiträge hier unmöglich im einzelnen gewürdigt werden können. Bis zur Zeit des ersten Weltkriegs hat Gustav Pfannmüller ausführlich darüber referiert (Handbuch der Islam-Literatur, Berlin und Leipzig 1923, 115–198). Was er über Leone Caetani's Beitrag zur Mohammed-Forschung gesagt hat (S. 192), mag dahingehend ergänzt werden, daß die beiden ersten Bände des monumentalen Werkes »Annali dell' Islām« (I und II, 1, Mailand 1905/1907), die in der Hauptsache eben der Geschichte des Propheten gewidmet sind, besonders auch wegen der gewissenhaften Zusammenstellung des umfangreichen Quellenmaterials immer ein unentbehrliches Hilfsmittel darstellen werden. Seit der Veröffentlichung von Pfannmüllers Handbuch sind natürlich noch manche neuen Werke über Mohammed erschienen. Aus dem französischen Sprachgebiet sind besonders drei Publikationen zu nennen: das kleine, aber ideenreiche Büchlein »Mahomet, Prophète des Arabes« von H. Holma (Paris 1946, aus dem Finnischen übersetzt); Régis Blachère, »Le Problème de Mahomet« (Paris 1952), bedeutsam vor allem dadurch, daß hier die Problematik in vielen Einzelfragen der Forschung aufgezeigt wird; schließlich M. Gaudefroy-Demombynes, »Mahomet« (Paris 1957), ein Buch von über 700 Seiten, in dem der umfangreiche Stoff allerdings mehr nur gesammelt als wissenschaftlich bewältigt ist. Vor allem sind jedoch zwei Werke zu erwähnen, in denen die Sachlichkeit und Gründlichkeit in der wissenschaftlichen Durchdringung des Stoffs und die Form der Darstellung sich die Waage halten: Frants Buhl, Das Leben Muhammeds, deutsch von H. H. Schaeder (aus dem Dänischen, Leipzig 1930, Nachdruck Heidelberg 1955, 379 Seiten) und Tor Andrae, Mohammed, sein Leben und sein Glaube (aus dem Schwedischen, Göttingen 1932, 160 Seiten; Übersetzungen: italienisch Bari 1934, englisch London 1936, New York 1958, französisch Paris 1945). Buhls Werk zeichnet sich durch ruhige Sachlichkeit aus, das von Andrae durch ein verständnisvolles Eingehen auf die religionspsychologische Thematik. Beide Werke sind gleichrangig und in ihrer Art unübertrefflich. In neuester Zeit ist die Mohammed-Forschung durch die beiden wertvollen Werke von W. Montgomery Watt, »Muhammad at Mecca« und »Muhammad at Medina« in vielen Einzelfragen weiter gefördert worden (Oxford 1953 und 1956, 192 und 418 Seiten). Watt hat sich, zum Teil mit ganz modernen Fragestellungen, in die historischen Quellen vertieft und viel daraus herausgeholt. Seine beiden Bücher (im folgenden zitiert als »Watt, Mecca« und »Watt, Medina«) werden für jeden, der sich in Zukunft ernstlich mit der Geschichte des arabischen Propheten zu befassen gedenkt, unentbehrlich sein. Im übrigen ist die Forschung über Mohammed und den Koran immer noch im Fluß. Untersuchungen über den Aufbau einzelner Suren lassen weitere wertvolle Ergebnisse erwarten. In der Theologischen Literaturzeitung (Leipzig, 105. Jahrgang, Nummer 1, Januar 1980, Spalte 1–19) geht der Religionshistoriker Kurt Rudolph unter dem Titel »Neue Wege der Koranforschung?« ausführlich und verständnisvoll auf zwei problematische Bücher ein, die der Entstehungsgeschichte des kanonischen Korantextes neue Gesichtspunkte abzugewinnen suchen, und von denen besonders das erste vom Leser viel Geduld verlangt: John Wansbrough, Quranic Studies (London 1977) und John Burton, The Collection of the Qur'ān (Cambridge 1977). Als umfassende Mohammedbiographie aus letzter Zeit sei noch erwähnt: Maxime Rodinson, Mohammed, aus dem Französischen (leider etwas mangelhaft) übertragen von Guido Meister, Luzern und Frankfurt 1975.

Belegstellen zu den einzelnen Abschnitten

Einleitung. Die Umwelt

Zur Geschichte der Juden in Arabien: J. Wellhausen, Skizzen und Vorarbeiten, Heft 4, Berlin 1889 (S. 1–64: »Medina vor dem Islam«); A. J. Wensinck, Mohammed en de Joden te Medina, Diss. Leiden 1908; C. A. Nallino, Ebrei e Christiani nell' Arabia preislamica (Raccolta di scritti editi e inediti III, Rom 1941, 87–156), S. 87–121; ders., L'Arabia preislamica (Raccolta III, 1–47), S. 45f.

Zur Geschichte der Christen in Arabien: C. A. Nallino, Ebrei e Christiani (Raccolta III, 87–156), S. 121–156; ders., L'Arabia preislamica (Raccolta III, 1–47), S. 46f.; Henri Charles, Le Christianisme des Arabes nomades sur le limes et dans le désert syro-mésopotamien aux alentours de l'hégire, Paris 1936 (= Bibliothèque de l'École des Hautes Études. Sciences religieuses, LIIe volume).

Altarabische Glaubensvorstellungen: Rosa Klinke-Rosenberger, Das Götzenbuch Kitâb al-Aṣnâm des Ibn al-Kalbî, Übersetzung mit Einleitung und Kommentar, Leipzig 1941; J. Wellhausen, Reste arabischen Heidentums, 2. Ausgabe (Neudruck), Berlin und Leipzig 1927; G. Ryckmans, Les religions arabes prêislamiques, 2e édition, Louvain 1951 (= Bibliothèque du Muséon, Volume 26); Joseph Henninger, Über Sternkunde und Sternkult in Nord- und Zentralarabien (Zeitschrift für Ethnologie, 79, 1954, S. 82–117).

Zur Entstehung des Glaubens an den einen Gott (Allāh): Wellhausen, Reste, S. 215–224; Tor Andrae, Mohammed, Göttingen 1932, S. 19–22; J. Fück, Die Originalität des arabischen Propheten (Zeitschr. der Deutschen Morgenländ. Gesellschaft, 90, N. F. 15, 1936, S. 509–525), S. 515–517; K. Ahrens, Muhammed als Religionsstifter, Leipzig 1935, S. 15–17.

Kultformen, Pilgerfahrt: Wellhausen, Reste, S. 68–147; Snouck Hurgronje, Het Mekkaansche Feest (Verspr. Geschriften, I, Bonn und Leipzig 1923, 1–124); Enzyklopädie des Islam, Artikel Ḥadjdj (A. J. Wensinck), ʿUmra (R. Paret), Ṭawāf (Fr. Buhl), Saʿy (Gaudefroy-Demombynes), Wukụf (R. Paret).

Geisterwelt und Magie: I. Goldziher, Über die Vorgeschichte der Higâ-Poesie (Abhandlungen zur arabischen Philologie, I, Leiden 1896, 1–121); A. Fischer, Kāhin (Enzyklopädie des Islam, II, 1927, 669–671); Paul Arno Eichler, Die Dschinn, Teufel und Engel im Koran, Leipzig 1928, S. 23–29.

Beduinen und Städter: Max Frh. von Oppenheim, Die Beduinen, I, Leipzig 1939, S. 22–36 (»Das Wesen der Beduinen«); W. Caskel, Die Bedeutung der Beduinen in der Geschichte der Araber, Köln und Opladen 1953; C. A. Nallino, Sulla costituzione delle tribù arabe prima dell' islamismo (Raccolta III, 1941, 64–86), S. 76–79; ders., L'Arabia preislamica (Raccolta III, 1–47), S. 34–40, 42–45; Watt, Mecca, S. 16–23, 141–144; ders., Medina, S. 151–180.

Führung und Gefolgschaft: C. A. Nallino, Sulla costituzione delle tribù arabe (Raccolta III, 64–86), S. 64–71; ders., L'Arabia preislamica (Raccolta III, 1–47), S. 36f., 44f.; M. v. Oppenheim, Die Beduinen, I, S. 29–31;

Georg Jacob, Das Leben der vorislâmischen Beduinen, Berlin 1895, S. 163–166 (»Anfänge staatlichen Lebens«); dasselbe, 2. Auflage unter dem Titel Altarabisches Beduinenleben, Berlin 1897, S. 222–225 (»Staatswesen«); Watt, Mecca, S. 8–10, 141–144; ders., Medina, S. 173–180.

Der erste Lebensabschnitt

Zur Deutung von Sure 93 siehe jetzt auch Harris Birkeland, The Lord Guideth, Studies on Primitive Islam, Oslo 1956 (= Skrifter uitgitt av Det Norske Videnskaps-Akademi i Oslo, II. Hist.-Filos. Klasse. 1956. No. 2), S. 13–37; – Charles C. Torrey, The Commercial-Theological Terms in the Koran, Leiden 1892; vgl. P. Boneschi, Kasaba et iktasaba: leur acception figurée dans le Qur'ān (Rivista degli Studi Orientali, 30, 1955, S. 17–53); – W. W. Barthold, Der Koran und das Meer (Zeitschr. der Deutsch. Morgenländ. Gesellsch., Neue Folge 8, 1929, 37–43).

Das Berufungserlebnis

Richard Bell, Mohammed's Call (The Moslem World, 24, 1934, 13–19); ders., Muhammad's Visions (ebenda, 145–154); Watt, Mecca, S. 39–52; Andrae, Mohammed, S. 34–42.

Überlieferungen über die Berufung: Buḫārī, Bad' al-waḥy 2–6; Muslim, Īmān 252–258; Ṭabarī, Annalen I, 1146–56; Ibn Hišām, 150–154; Ibn Sa'd I, 1, 129–132.

Der Inhalt der frühesten Verkündigungen

Zur Deutung der schwierigen Schlußverse von Sure 101 (»dessen Mutter ist hāwiya ...«) siehe C. C. Torrey, Edward G. Browne-Festschrift, Cambridge 1922, 464–471, gegen A. Fischer, Nöldeke-Festschrift, I, Gießen 1906, 33–55. – Christliche Vorbilder zur koranischen Eschatologie: Tor Andrae, Der Ursprung des Islams und das Christentum, Uppsala 1926 (franz. Übersetzung von Jules Roche, Paris 1955). – Zu den Suren 94, 108 und 106 siehe jetzt auch H. Birkeland, The Lord Guideth, Oslo 1956.

R. Bell hat die These von der Priorität der Lehre vom gütigen Schöpfergott in folgenden Veröffentlichungen vorgetragen und begründet: The Origin of Islam in its Christian Environment, London 1926 (S. 69–90); Mohammed's Call; Muhammad's Visions; Muhammad and Previous Messengers (The Moslem World, 24, 1934, 13–19. 145–154. 330–340); The Beginnings of Muhammad's Religious Activity (Glasgow University Oriental Society, Transactions, Volume VII, Years 1934 and 1935, Glasgow 1936, 16–24); The Development of Muhammad's Teaching and Prophetic Consciousness. A public Lecture delivered at the School of Oriental Studies, Nov. 16 1934 (The S.O.S. Bulletin, Cairo, June 1935, 1–9); Introduction to the Qur'ān, Edinburgh 1953 (S. 106f., 115f., 119, 127f.). Siehe auch Harris Birkeland, The Lord Guideth, Oslo 1956; dazu meine Besprechung »Leitgedanken in Mohammeds frühesten Verkündigungen« in Orientalistische Literaturzeitung, 52, 1957, 389–392.

Der Glaube an den allmächtigen Schöpfergott

Helmer Ringgren, Islam, 'aslama and muslim, Uppsala 1949 (= Horae Soederblomianae, II); ders., The Conception of Faith in the Koran (Oriens 4, 1951, 1–20); ders., Die Gottesfurcht im Koran (Donum natalicum H. S. Nyberg oblatum, Uppsala 1954, 118–34); J. Horovitz, Koranische Untersuchungen, Berlin und Leipzig 1926, S. 54f. (aslama), 55f. (āmana), 59f. (kafara), 60f. (ašraka).

Die frühere Heilsgeschichte

Heinrich Speyer, Die biblischen Erzählungen im Qoran, Gräfenhainichen o. J. (1936?), Nachdruck Hildesheim 1961; Wilhelm Rudolph, Die Abhängigkeit des Qorans von Judentum und Christentum, Stuttgart 1922; J. Horovitz, Koranische Untersuchungen, Berlin und Leipzig 1926, bes. S. 1–77 (Die erzählenden Abschnitte des Koran); Richard Bell, Muhammad and Previous Messengers (The Moslem World, 24, 1934, 330–340); ders., Introduction to the Qur'ān, Edinburgh 1953, 119–128 (Stories of punishment; al-mathānī); R. Paret, Das Geschichtsbild Mohammeds (Die Welt als Geschichte, 1951, 214–224).

Zur Deutung der t̠amūdischen Grabbauten als Wohnungen: J. Euting, Tagbuch einer Reise in Innerarabien, II, Leiden 1914, 253f. – Zur Auslegung von Sure 105: H. Birkeland, The Lord Guideth, Oslo 1956, 100f.

Der Unglaube der Mekkaner

Watt, Mecca, 100–153; zur Auswanderung nach Abessinien: ebenda, S. 109–117 (»The Abyssinian Affair«), dazu die Exkurse E, G und H (S. 170–179, 183–186). Zur Vorgeschichte der Auswanderung nach Abessinien äußern sich in ähnlichem Sinn wie ʿUrwa (bei Ṭabarī) auch Ibn Isḥāq (Ibn Hišām 166f.; Ṭabarī, Annalen I, 1174) und Zuhrī (Ibn Saʿd I, 1, 133).

Zu den Varianten kad̠abū und kud̠ibū in Sure 12, 110 siehe I. Goldziher. Die Richtungen der islamischen Koranauslegung, 1952 (Nachdruck), 26–28; Ṭabarī, Kommentar XIII, 47–51.

Die Auseinandersetzung mit den Juden

C. Snouck Hurgronje, Het Mekkaansche Feest (Verspreide Geschriften, I, Bonn und Leipzig 1923, 1–124); A. J. Wensinck, Mohammed en de Joden te Medina, Diss. Leiden 1908; Watt, Medina, 192–220.

Zur Qibla siehe auch Josef J. Rivlin, Gesetz im Koran, Jerusalem 1934, 114–117. – Zum Fasten: Rivlin, ebenda 8–16; Enzyklopädie des Islam, Artikel Ṣawm (C. C. Berg) und Ramaḍān (M. Plessner); F. Goitein, Zur Entstehung des Ramaḍāns (Der Islam. 18, 1929, 189–195). – Zur Einführung des Freitags: Wensinck, Mohammed en de Joden, 111–114; C. H. Becker, Islamstudien I, Leipzig 1924, 477f.; Ibn Saʿd III, 1 83f. S. D. Goitein sucht die Festlegung des Gemeinschaftsgottesdienstes auf den Freitag damit zu erklären, daß dieser Tag sich im vorislamischen jüdischen Medina als Markttag und somit als eine Art Versammlungstag bereits eingebürgert hatte (Le culte du Vendredi musulman: son arrière-plan social et économique. Annales. Economies, Sociètès, Civilisations. Paris 1958, S. 488–500).

Zur Abrahamlegende: Snouck Hurgronje, Het Mekkaansche Feest; Edmund Beck, Die Gestalt des Abraham am Wendepunkt der Entwicklung Mohammeds (Le Muséon, 65, 1952, 73–94); Y (ouakim) M (oubarac), Revue des Études Islamiques, 20, 1952, 156 (= Abstracta Islamica, (X), 976). Y. Moubarac, Abraham dans le Coran, Paris 1958 (= Études musulmanes, 4); Encyclopaedia of Islam, New Edition, III, 1971: Artikel Ibràhìm (R. Paret).

Der Krieg mit den Mekkanern

Watt, Medina, 1–77, 339–343 (List of Expeditions and Dates); Muhammad Hamidullah, The Battlefields of the Prophet Muhammad, Woking 1953.

Jahre der Vollendung

Zur Gemeindeordnung von Medina: J. Wellhausen, Skizzen und Vorarbeiten, Heft 4. Berlin 1889, 65–83; Watt, Medina 221–228. Erwin Gräf, Zeitschrift der Deutschen Morgenländischen Gesellschaft 112, 1963, S. 398–403. – Zur weiteren Entwicklung: Watt, Medina, 228–249 (The Position of Muhammad, The Character of the Ummah).
Die Heuchler: Watt, Medina, 180–191 (The Muslim Opposition). – Christen: Watt, Medina, 315–320 (Islam and Christianity). – Die Beduinen: Watt, Medina, 78–150 (The Unifying of the Arabs).
Zur Almosensteuer: Enzyklopädie des Islam, Artikel Zakāt (J. Schacht); Watt, Medina, 369–372 (Zakāt and Ṣadaqah).
Abschiedswallfahrt: H. Grimme, Mohammed, I, Münster i. W. 1892, 128–133; R. Bell, Muhammad's Pilgrimage Proclamation (Journal of the Royal Asiatic Society, 1937, 233–244); R. Blachère, L'Allocution de Mahomet lors du Pèlerinage d'Adieu (Mélanges Louis Massignon, Damaskus 1956, 223–249).

Die Person des Propheten

Watt, Medina, 321–335 (The Man and his Greatness). – Mohammeds Ehrlichkeit: Caetani, Annali dell'Islam, II, Mailand 1907, 464–476.
Die Ermordung von Kaʿb ibn al-Ašraf und Usair ibn Rāzim: Ibn Hišām, 548–555, 980f.; Wāqidī, 184–93, 566–8, übers. Wellhausen, 95–99, 239f.; Ibn Saʿd II, 1, 21–23. 66f.; Ṭabarī, Annalen, I, 1368–1372, 1759f.
Mohammed und die Frauen: Caetani, Annali dell'Islam II, 476–481; Watt, Medina, 393–399 (Muḥammad's Marriages). Die Angaben über die Frauen, mit denen Mohammed gleichzeitig verheiratet war (S. 143), sind der Zusammenstellung bei Watt (395f.) entnommen; die Konkubinen (Nr. 9 und 13) sind nicht mitgezählt. – Zum Fall Zainab: Ibn Saʿd, VIII, 71–82; Ṭabarī, Annalen, I, 1460–1462, Koran-Kommentar XXII, 9f. (zu Sure 33, 37).
Mohammeds wachsender Machtanspruch: Watt, Medina, 233–238. Selbstbezeichnung Mohammeds als Prophet: J. Horovitz, Koranische Untersuchungen, 47–54.

Geschichtsdaten von der Hiğra bis zum Tod Mohammeds

622

September 622: Hiğra.

623

Gegen Ende 623: Gemeindeordnung von Medina.

624 Januar: Überfall bei Naḫla. Januar/Februar: Bruch mit den Juden.
März: Schlacht bei Badr. April: Vertreibung der Qainuqāʿ.

625

März: Schlacht am Uḥud.
August: Belagerung der Naḍīr. Vertreibung nach Ḫaibar.

626

Dezember 626/
627 Januar 627: Unternehmen gegen die Banu l-Muṣṭaliq.
April: Grabenkrieg. Ausrottung der Quraiẓa.

628 März: Zug nach Ḥudaibīya (Vertrag mit den Mekkanern).
Vermutlich Mai: Kriegszug gegen die Juden von Ḫaibar.

629 März: Wallfahrt nach Mekka laut Vertrag von Ḥudaibīya.

September: Niederlage gegen die Byzantiner bei Mu'ta.

630 Januar: Eroberung von Mekka. Ḥunain. Februar: Belagerung von Ṭā'if.
Februar/März: Ǧiʿrāna (Verteilung der Beute von Ḥunain).

631 April 630 bis April 631: »Jahr der Abordnungen«. Oktober/November: Kriegszug nach Tabūk. März 631: Proklamation während der Wallfahrt.

632 Februar/März: Abschiedswallfahrt.

8. Juni 632: Mohammed stirbt.